全国优秀教材二等奖

"十四五"职业教育国家规划教材

21世纪高等院校智慧健康养老服务与管理专业规划教材

老年社会工作理论与实务

（第二版）

赵学慧 ◎ 主　编

李红武　赵川芳 ◎ 副主编

何振锋　陶书毅　李林子
赵明思　高连云　尚振坤　◎ 参　编

北京大学出版社
PEKING UNIVERSITY PRESS

内 容 简 介

本书立足老年服务领域,以有效开展社会工作专业服务为目标,在职业教育思想指导下,以工作任务为主线,力求教学以学生为主体,激发学生兴趣,提高教学质量和效果。本书分为4个模块共11个项目,系统介绍了老年人的特征、问题及需要,老年社会工作的基本知识、理论方法、技术及其在实务领域的运用。每一模块的编写以行动导向教学理念为指导,以情境导入——知识学习——实务训练及能力培养——实训评估——成果展示等教学环节为主线,生动地结合实践来呈现内容。本书在传授专业知识和培养专业理念、价值观、技能的过程中,还将培养学生思想品质、职业道德、职业精神、综合素质融入其中。本书配有丰富的教学素材,提供信息化教学支持。

本书荣获首届全国教材建设奖(职业教育与继续教育类)二等奖,并入选"十四五"职业教材国家规划教材。

本书可作为高职院校智慧健康养老服务与管理专业及社会工作专业的教材,也可作为相关专业实务工作者的培训教材。

图书在版编目(CIP)数据

老年社会工作理论与实务/赵学慧主编. —2版. —北京:北京大学出版社,2024.1
21世纪高等院校智慧健康养老服务与管理专业规划教材
ISBN 978-7-301-34656-3

Ⅰ.①老… Ⅱ.①赵… Ⅲ.①老年人–社会工作–高等学校–教材 Ⅳ.①C913.6

中国国家版本馆CIP数据核字(2023)第225792号

书　　名	老年社会工作理论与实务(第二版)
	LAONIAN SHEHUI GONGZUO LILUN YU SHIWU(DI-ER BAN)
著作责任者	赵学慧　主编
责任编辑	吴坤娟
标准书号	ISBN 978-7-301-34656-3
出版发行	北京大学出版社
地　　址	北京市海淀区成府路205号　100871
网　　址	http://www.pup.cn　新浪微博:@北京大学出版社
电子邮箱	编辑部 zyjy@pup.cn　总编室 zpup@pup.cn
电　　话	邮购部 010-62752015　发行部 010-62750672　编辑部 010-62756923
印刷者	河北滦县鑫华书刊印刷厂
经销者	新华书店
	787毫米×1092毫米　16开本　15.75印张　416千字
	2013年9月第1版
	2024年1月第2版　2025年8月第5次印刷　(总第16次印刷)
定　　价	55.00元

未经许可,不得以任何方式复制或抄袭本书之部分或全部内容。
版权所有,侵权必究
举报电话:010-62752024　电子邮箱:fd@pup.cn
图书如有印装质量问题,请与出版部联系,电话:010-62756370

第二版前言

习近平总书记在党的二十大报告中明确提出实施积极应对人口老龄化国家战略,发展养老事业和养老产业,优化孤寡老人服务,推动实现全体老年人享有基本养老服务。老年社会工作作为专业化养老服务的重要组成部分,在满足老年人多元化需要,提升老年人的获得感、幸福感、安全感方面发挥着重要作用。老年社会工作专业人才培养将为基本养老服务高质量发展提供有力的支撑。

本书立足养老服务领域,以社会工作专业价值观和理念为基础,以有效地在智慧健康养老服务与管理领域推动社会工作专业化服务为目标,探讨老年社会工作的理论和实务。本书结合智慧健康养老服务与管理专业及社会工作专业学生学习的特点,既突出了社会工作专业的基础性知识的介绍,又强调了社会工作专业在智慧健康养老服务与管理领域的实务能力培养;兼顾了智慧健康养老服务与管理专业学生学习掌握社会工作专业知识和能力,以及社会工作专业学生深入养老服务领域的学习。

本书第一版出版后,得到了许多院校师生和实务工作者的肯定和欢迎,发行数万册,获得首届全国教材建设奖(职业教育与继续教育类)二等奖,被评为"十四五"职业教育国家规划教材,我们为之感到欣慰和鼓舞,在此特向关注本书的读者和同仁们致以衷心的感谢!

根据广大教师、学生、实务工作者的反馈,本书在编写思路和理念上突出以下特点。

1. 教材编写和呈现形式凸显职业教育理念

本书立足于社会工作实务性强的专业特点,以职业教育理念为指导,以学生为中心,以能力教育为本,注重学生的知识学习与能力培养相结合。书中融入大量情境和案例,理论与实务有机结合,知识学习与能力培养并重。

2. 模块化设计,主题突出;内容设计由浅入深,层层递进。

本书突出以老年人为核心和出发点,专业知识讲解逐步递进,由老年人基础知识到社会工作专业基础知识,逐步扩展到养老服务领域专业知识的实务运用。这样编写既有利于初学者由浅入深地学习,有利于不同学习者有针对性地选择模块进行学习,还有利于教师根据不同学生的学习基础和特点,进行模块化教学,提高学习效率。

3. 将教学设计融入教材,突出行动导向教学法理念

每一模块的编写都是以行动导向教学理念为指导,以情境导入——知识学习——实务训练及能力培养——实训评估——成果展示等教学环节为主线呈现内容。将教学设计融入其中,并在知识学习环节穿插思考和讨论,既有利于学生理解和吸收知识,又有利于教师开展教学和提高教学效果。

4. 理论与实务有机结合，知识学习与能力培养并重

本书把理论与实务有机结合起来，既注重理论知识的学习，又注重实务能力的提升。本书设计了大量的情境和案例，将知识学习和能力培养置于实际的养老服务情境中，让学生在情境中学习，使学习更有实际意义，学习更有动机。

本书修订时在突出以上特点的基础上，在内容上做了更新和完善：更新了我国人口老龄化发展现状、特点，更新了《老年人权益保障法》《"十四五"国家老龄事业发展和养老服务体系规划》《老年社会工作服务指南》等相关内容，突出了老年社会工作的政策视角，反映了对新时代老年社会工作人才的要求。同时，在对我国本土老年社会工作经验进行研究总结并运用到教学和教材中，使我国本土经验和知识得到推广和传承的基础上，更新了部分情境、案例，呈现了我国老年社会工作新的发展成果。

本书是教育部职业教育智慧健康养老服务与管理专业资源库中"老年社会工作"课程及教育部职业教育社会工作专业资源库中"老年社会工作基础""老年社会工作实务"课程建设的基础教材，配有丰富的教学素材并已上传至智慧职教平台，提供信息化教学支持，供各位读者参考使用。

本书由赵学慧任主编，李红武、赵川芳任副主编，编写分工如下：项目一由李红武、赵学慧编写；项目二由李红武、赵川芳、何振锋编写；项目三由李红武、赵川芳、赵学慧编写；项目四由陶书毅、赵学慧编写；项目五由陶书毅编写；项目六由李林子编写；项目七由赵明思编写；项目八、项目九由高连云编写；项目十由尚振坤编写；项目十一由赵学慧编写。

本书在编写过程中参考和引用了部分国内外有关研究成果和文献资料，在此向这些国内外学者和贡献实践经验的实务工作者表示感谢！本书编写和出版过程中得到了北京大学出版社的大力支持，在此一并表示感谢！

我国老年社会工作还在不断探索和发展中，加之编者知识、经验、水平所限，书中难免存在一些不足与缺憾，恳请读者批评指正。

赵学慧

2023 年 7 月

本教材配有教学课件或其他相关教学资源，如有老师需要，可扫描右边的二维码关注北京大学出版社微信公众号"未名创新大学堂"（zyjy-pku）索取。

- 课件申请
- 样书申请
- 教学服务
- 编读往来

目 录

模块一 认识老年人 ……………………………………………………………… (1)
　项目一　认知老年人的群体特征 ……………………………………………… (3)
　　任务一　认知老年人的生理特征 …………………………………………… (4)
　　任务二　认知老年人的心理特征 …………………………………………… (9)
　　任务三　认知老年人的社会特征 …………………………………………… (15)
　项目二　了解老年人的需要及权益保障 ……………………………………… (20)
　　任务一　了解老年人的需要及面对的问题 ………………………………… (21)
　　任务二　保障老年人权益 …………………………………………………… (29)
　项目三　了解人口老龄化及从社会工作视角看待老年人 …………………… (40)
　　任务一　了解人口老龄化 …………………………………………………… (41)
　　任务二　从社会工作视角看待老年人 ……………………………………… (49)

模块二 认识老年社会工作 …………………………………………………… (55)
　项目四　认知老年社会工作 …………………………………………………… (57)
　　任务一　认知社会工作 ……………………………………………………… (57)
　　任务二　认知老年社会工作 ………………………………………………… (60)
　　任务三　提升老年社会工作者的知识和能力 ……………………………… (70)
　　任务四　了解老年社会工作的外部环境 …………………………………… (74)
　项目五　掌握老年社会工作理论及应用 ……………………………………… (84)
　　任务一　掌握社会工作理论及应用 ………………………………………… (84)
　　任务二　掌握老年社会生活理论及应用 …………………………………… (93)

模块三 掌握老年社会工作方法和技巧 ……………………………………… (101)
　项目六　掌握个案工作方法 …………………………………………………… (103)
　　任务一　认知老年人个案工作 ……………………………………………… (104)
　　任务二　熟悉老年人个案工作的基本程序 ………………………………… (112)
　　任务三　掌握老年人个案工作会谈的技巧 ………………………………… (121)
　　教学情境　老年人个案工作案例分析 ……………………………………… (129)
　项目七　掌握小组工作方法 …………………………………………………… (137)
　　任务一　认知老年人小组工作 ……………………………………………… (137)
　　任务二　熟悉老年人小组工作的基本程序及注意要素 …………………… (144)
　　教学情境　老年人小组工作案例分析 ……………………………………… (158)

项目八　掌握社区工作方法 …………………………………………………（171）
　　　　任务一　认知老年人社区工作方法 ……………………………………（171）
　　　　任务二　熟悉老年人社区工作的基本模式 ……………………………（176）
　　　　任务三　掌握老年人社区工作的方法和技巧 …………………………（183）
　　　　教学情境　老年人社区工作案例分析 …………………………………（188）

模块四　老年社会工作实务 ………………………………………………（193）
　　项目九　社区老年社会工作 ………………………………………………（195）
　　　　任务　掌握社区老年社会工作内容和方法 ……………………………（195）
　　　　教学情境　社区老年社会工作案例分析 ………………………………（203）
　　项目十　机构老年社会工作 ………………………………………………（209）
　　　　任务　掌握机构老年社会工作内容和方法 ……………………………（209）
　　　　教学情境　机构老年社会工作案例分析 ………………………………（215）
　　项目十一　服务有特殊需要的老年人 ……………………………………（227）
　　　　任务一　服务有认知与情绪问题的老年人 ……………………………（228）
　　　　任务二　服务受虐待和疏于照顾的老年人 ……………………………（234）
　　　　任务三　处理死亡问题与临终关怀 ……………………………………（238）

参考文献 ……………………………………………………………………（245）

模块一

认识老年人

- 项目一　认知老年人的群体特征
- 项目二　了解老年人的需要及权益保障
- 项目三　了解人口老龄化及从社会工作视角看待老年人

项目一　认知老年人的群体特征

项目概览

随着我国老龄化程度的日益加深,老年问题已经成为全社会关注的焦点之一。老年社会工作也成为应对老年问题的重要专业之一,在提升老年人生活质量方面发挥着重要作用。开展老年社会工作,首先应该了解老年人的群体特征。本项目主要从老年人生理、心理及社会三个方面来介绍老年人的群体特征,从而为开展老年社会工作,更好地为老年人服务奠定基础。

学习目标

知识目标:
1. 了解老年人的生理特征及常见的生理性疾病;
2. 了解老年人的心理特征及常见的心理症状;
3. 了解老年人的社会特征及常见的社会不适应特征;
4. 了解老年人生理、心理与社会特征之间的关系。

技能目标:
1. 能够对老年人的身心状况进行初步评估;
2. 能够根据对老年人身心状况的评估,开展相应的服务。

思政目标:
1. 提升学生对老年人的关怀之情;
2. 内化践行尊老敬老爱老传统美德。

何谓老年?对此,学者可谓见仁见智,标准多元,但在众多标准中,日历年龄①无疑是最具操作性的关键标准之一。1956年,联合国发布《人口老龄化及其社会经济后果》,认为当一个国家或地区65岁及以上老年人口数量占总人口比例超过7%时,则意味着这个国家或地区进入老龄化。1982年维也纳第一次老龄问题世界大会,确定"老龄"是指60岁以上的人。

目前,世界卫生组织把60岁作为老年阶段的起始年龄,一般而言,年满60周岁的人被称为老年人。老年是指生物上的人体结构和生理结构上的衰老,受生物学规律和周围环境的制约,具有不可逆转性。② 老年不是一个简单的年龄数字,而是一个动态的发展阶段,即从60周岁进入老年开始,一直到个体生命的结束,这一阶段称为老年期。有学者出于研究的

---

① 仝利民.老年社会工作[M].上海:华东理工大学出版社,2006:3—4.
② 卞国凤,陈宇鹏.老年社会工作方法与实务[M].北京:北京师范大学出版社,2011:1.

方便,将老年期作了进一步的划分,分为60～69周岁、70～79周岁、80周岁及以上3个组别,即低龄老人、中龄老人和高龄老人。也有学者将老年人口分为两个部分:65～74周岁的低龄老人和75周岁及以上的高龄老人。[①]

老年期是个体生命的最后一个阶段。尽管个体间存在各种差异,但从总体来看,处于这一阶段的个体无论在生理上,还是在心理上,以及社会交往上都呈现出相似的不同于其他生命阶段的特征。所以,对老年人群体特征的了解是老年社会工作者更好地为他们提供服务的前提和基础。

任务一 认知老年人的生理特征

情境

> 我看见他戴着黑布小帽,穿着黑布大马褂,深青布棉袍,蹒跚地走到铁道边,慢慢探身下去,尚不大难。可是他穿过铁道,要爬上那边月台,就不容易了。他用两手攀着上面,两脚再向上缩;他肥胖的身子向左微倾,显出努力的样子。这时我看见他的背影,我的泪很快地流下来了。我赶紧拭干了泪。怕他看见,也怕别人看见。我再向外看时,他已抱了朱红的橘子往回走了。过铁道时,他先将橘子散放在地上,自己慢慢爬下,再抱起橘子走。到这边时,我赶紧去搀他。他和我走到车上,将橘子一股脑儿放在我的皮大衣上。于是扑扑衣上的泥土,心里很轻松似的……但最近两年的不见,他终于忘却我的不好,只是惦记着我,惦记着我的儿子。我北来后,他写了一信给我,信中说道:"我身体平安,唯膀子疼痛厉害,举箸提笔,诸多不便,大约大去之期不远矣。"
>
> ——节选自朱自清:《背影》

学生分析:

(1) 父亲的哪些行为触动了作者朱自清的内心?

(2) 父亲行动的迟缓及信中所言体现出老年人哪些典型的特征?

知识导学

个体进入老年期之后最明显的特征就是"老",而人的老化首先体现在生理上,这种生理上的老化不仅体现在老年人的外观形态上,还反映在人体内部的细胞、组织和器官以及身体各功能系统的变化上。

一、老年人的身体形态特征

随着年龄的增长,老年人在身体形态方面表现出不同于其他生命阶段的显著特征,具体

---

① 佟新.人口社会学[M].2版.北京:北京大学出版社,2003:199.

表现在如下几个方面。①

(1) 头发。头发变白是老年人的一个明显特征。大部分人在进入老年期之后,头发会变白,很多老年人还会出现脱发甚至秃顶等情况。

(2) 皮肤。进入老年期之后,人的皮肤皱褶加深,表皮粗糙,缺乏弹性,出现老年疣、老年斑等。

(3) 身高。进入老年期之后,人会出现弯腰驼背等体征,因此身高会逐渐变短。据日本统计资料,从30岁到90岁,男性身高平均降低2.25%,女性身高平均降低为2.5%。

(4) 体重。老年人体重的变化因人而异,有些人随着年龄的增长体重逐渐减轻,变得消瘦,这是因为老年人身体细胞内的液体含量比年轻时大约减少30%～40%;但也有老年人体重逐渐增加,这是因为脂肪代谢功能减退导致脂肪沉积增加,尤其是在更年期内分泌功能发生退化以后更为显著。

(5) 其他。肌肉松弛、牙齿松动脱落、语言缓慢、耳聋眼花、手指哆嗦、行动迟缓、运动障碍等也是常见的老年人的外貌特征。

需要指出的是,上述这些变化在个体间差异很大,它与一个人的健康状况、生活习惯、营养条件、精神状态和意外事件等因素都有密切关系。例如,所谓"一夜白头",就是指有的人在遭受重大精神创伤后,在短期内头发急剧变白,皮肤皱纹增多,顿时显出老态。当然,毛发的变白和脱落程度往往也和家族遗传有关。

此外,长期患有慢性病的人也可能发生未老先衰的现象,这些和年龄不相应的老化现象是一种病理现象,不是自然的生理现象。

二、老年人的生理功能特征

随着个体进入老年期,人体的诸多系统也呈现出老年人特有的功能性特征。具体而言,老年人在心血管系统、呼吸系统、消化系统、运动系统、内分泌系统、神经系统及感觉系统等方面都出现功能性退化,这些功能性退化也导致一些特有的老年病的出现。②

(一) 心血管系统

心血管系统是由心脏和血管构成的循环系统,血液的流动一方面为人体提供所需要的氧气和营养物质,另一方面也将人体的代谢物运送至肾、肺和皮肤等器官排出体外,以保持体内环境的相对稳定及功能的正常发挥。

随着年龄的增长,老年人的心血管系统出现了老化现象,其表现之一是心脏机能下降。进入老年期之后,心脏的心肌逐渐萎缩,心室变得肥厚而缺乏弹性,从而使心脏收缩功能减弱,心跳频率减慢,导致每次输出的血量减少,心脏负荷增加,储备能力和适应能力下降,这些退行性变化又会进一步造成供血不足,从而影响其他器官功能的正常发挥。心血管系统老化的另一个表现是动脉硬化。随着年龄的增长,老年人的动脉弹性降低,血管变得粗糙窄小,导致血流阻力增加,血压上升,进而对机体的主要器官——心、脑、肾等供血不足,造成这些器官的功能性障碍。患有冠状动脉硬化,供给心肌血液不足时,就会引发冠心病,其主要

---

① 黄耀明. 老年社会工作理论与实践[M]. 长春:吉林大学出版社,2008:51—52.
② 仝利民. 老年社会工作[M]. 上海:华东理工大学出版社,2006:61—65.

的表现是心绞痛、心律失常或心肌梗死等。因此,在老年人群体中,心血管系统最常见的疾病就是冠心病、脑血管病及高血压病。

(二) 呼吸系统

呼吸系统是人体中专门负责与外界环境之间进行气体交换的系统,包括上呼吸道、下呼吸道、肺脏、胸廓和呼吸肌。呼吸系统是人体最早出现衰退的系统。

进入老年期之后,一方面,人的肺泡总数逐渐减少,肺脏的柔软性和弹性减弱,膨胀和收缩能力减弱;另一方面,老年人出现骨质疏松,脊柱后凸,肋骨前凸,胸腔形成桶状变形,加上呼吸肌力量的衰弱,限制了肺脏的呼吸运动,造成肺部通气不畅,肺活量下降。老年人呼吸系统的老化容易造成肺气肿和呼吸道并发症,如老年支气管炎等疾病。

(三) 消化系统

消化系统由消化道及消化腺组成。消化道包括口腔、食管、胃、小肠、大肠等器官,消化腺包括唾液腺、胃腺、胰腺、肠腺和肝脏等。消化系统的老化主要指消化道和消化腺的老化。

进入老年期之后,人体牙龈萎缩,牙齿组织老化,容易造成牙齿松动脱落,从而引起食物在口腔内咀嚼不充分,影响食物消化。同时舌肌因老化而萎缩,运动功能减弱,食物在口腔内无法获得充分的搅拌。口腔内唾液分泌量的减少也会导致牙齿咀嚼食物能力的下降。食管的退化导致食物在食管内的蠕动幅度降低,而胃部消化酶分泌的减少,容易造成消化不良。大小肠的萎缩也造成了肠道对食物消化吸收功能的退行性变化,导致便秘。

消化系统的老化导致老年人容易罹患胃炎、便秘及大小便失禁等疾病。

(四) 运动系统

肌肉、骨骼与关节等组成了人体运动的结构基础。随着年龄的增长,老年人肌肉弹性逐渐降低,肌肉变得松弛无力,容易疲劳;而其骨骼方面同样存在弹性与韧性降低的现象,这容易造成老年人骨质疏松,有骨折的危险;关节方面,由于老年人关节结构中的软骨硬度和脆性增加,关节软骨面不平滑,容易发生钙化,骨质增生。

因此,运动系统的老化,容易造成老年人疲劳以及患骨质增生、关节炎等疾病。

(五) 内分泌系统

内分泌系统包括脑垂体、甲状腺、肾上腺、性腺、胰岛等器官。内分泌系统的各器官的重量随着年龄的增长而逐渐降低。内分泌腺体发生组织结构的改变,可引起不同程度的内分泌系统的紊乱,比较典型的如胰岛素分泌的减少容易造成老年糖尿病,性腺的萎缩则会导致老年人出现更年期综合征。

(六) 神经系统

神经系统包括中枢神经系统和周围神经系统。中枢神经系统由大脑和脊髓组成,中枢神经系统之外的其他神经组织集合体称为周围神经系统。

进入老年期之后,人的大脑逐渐萎缩,脑重量减轻,脑细胞数量相应减少 20%~50%。老年人的神经传导功能衰退,对刺激的反应时间延长,大多数感觉减退、迟钝甚至消失。由于神经中枢机能的衰退,老年人变得容易疲劳、睡眠欠佳。此外,由于脑功能失调而出现的智力衰退还容易引发阿尔茨海默病。

(七) 感觉系统

感觉系统的老化主要包括视觉、听觉、味觉、嗅觉、皮肤感觉等感官功能的退行性变化。

视觉上的退化主要表现为老年人均会出现不同程度的视力障碍,比如远视,此外,还易出现视野狭窄、对光亮度的辨别力下降以及老年性白内障等。听觉上的退化表现为老年人对声音的感受性和敏感性持续下降,出现生理性听力减弱甚至耳聋。味觉上的退化则是因为舌面上味蕾数量的减少,使得老年人味觉迟钝,常常感到饮食无味。嗅觉上的退化表现为老年人鼻内感觉细胞逐渐减少,导致嗅觉不灵敏,对从鼻孔吸入的冷空气的加热能力减弱,因此老年人容易对冷空气过敏或患伤风感冒。皮肤感觉的退化表现为老年人的触觉和对温度的感觉减弱,容易造成烫伤或冻伤,另外,痛觉也会变得相对迟钝,使得老年人难以及时躲避伤害性刺激的危害。

三、老年生理性疾病的种类与老年期患病特征

(一)老年生理性疾病的种类

生理衰老是人类生命过程中不可避免的自然现象,在这一过程中,随着人的整个机体在形态、结构与功能等方面的退行性变化,身体的某些部位或器官很容易发生功能性障碍,这些障碍如果得不到及时的排除或减缓,各种疾病就会随之而来。通常,我们把老年期容易出现的疾病统称为老年病,具体而言,老年病可以分为以下3类。

第一,老年人特有的疾病,即一般只有老年人才患的病,如阿尔茨海默病、动脉硬化、老年性耳聋等。

第二,老年人常见的疾病,这类疾病也有可能在中年期就发生,但在老年期表现得更为明显,如冠心病、高血压、糖尿病、慢性支气管炎等。

第三,各个生命阶段都有可能患的疾病,但老年人的发病率和临床表现与青壮年人群有所区别。例如肺炎,儿童、青年、老年人都有可能患上,但老年肺炎患者往往具有症状不典型、病情较严重等特点。

(二)老年期患病特征

老年期患病具有如下几个方面的特征。

1. 患病多样性

由于老年人机体各器官的退化,身体抵抗能力较差,很容易在老化的基础上发生疾病,而且是多种疾病同时存在。据统计,老年人平均同时患有4~6种疾病,有些人甚至患有5种以上疾病。

2. 症状和特征的不典型性

由于老年人机体形态的改变和功能的衰退,反应性减弱,对于疼痛和疾病的反应变得不敏感,因此一些病症往往容易被忽略,最终导致延误治疗。

3. 发病急且快

老年人各器官功能衰退,应激能力及储备能力均减弱,因此,发病后病情可能迅速恶化,甚至导致死亡。

4. 容易引发并发症

由于老年人的免疫功能低,抵抗力差,对外界微生物及其他刺激物的防御能力也弱,所以患病时容易发生并发症。

5. 对治疗反应差

随着年龄的增长,老年人机体内环境的变化使药物在机体内吸收、分布、代谢、排泄及药物反应等方面都发生了变化。服用同样的药物,老年人比青壮年人群耐受性更差,而且容易产生副作用,治疗效果差。另外,由于老年人用药较多,药物之间的相互作用也会影响治疗效果。

6. 病程长,恢复慢,易复发

老年人疾病症状和体征的不典型性会造成病程较长。同时,老年人脏器功能减弱,使得其恢复较缓慢,很难恢复到患病前的健康状况,而且稍不注意,就容易复发。

【思考与讨论】

1. 你如何理解老年人疾病症状与特征的不典型性?
2. 随着年龄的增长,是否每个体在生理特征上都会出现退行性变化?这种变化有差异吗?有怎样的差异?

实训项目

辨识老年人生理功能退化的表现。

【实训目标】

(1) 培养学生对老年人生理性疾病的辨识能力。
(2) 培养学生在具体的工作情境中分析问题、处理问题的能力。
(3) 培养学生能够理解老年人的行为,进而产生关怀之情。

【实训内容与方法】

(1) 阅读下面案例,并思考以下问题:案例中李奶奶的哪些状况是由于机体的退行性变化而造成的?李奶奶的这些变化对其生活带来哪些影响和困扰?你将如何去帮助李奶奶?

(2) 学生以小组为单位,针对以上问题先在组内进行辨识讨论,然后由组长发言,其他成员进行补充。

案例

李奶奶的烦恼

近日,某社工事务所的社工在例行的社区老人探访中,倾听了一位李姓奶奶的诉说。

最近一段时间以来,李奶奶发现自己记性越来越差,总是丢三落四,出门经常忘记带钥匙,好几次都是让社区门卫帮忙给自己的儿子小王打电话,让小王回来开门的,为

此,小王特别生气,告诉她没事不要出去乱跑。现在,为了避免类似状况的发生,李奶奶很少出门,就在家里给小王准备晚餐,可是,小王最近总是对饭菜不满意,总说李奶奶烧的菜太咸了,可是她尝过之后,总感觉不够味,李奶奶认为小王是以饭菜为借口,嫌弃她了。晚上看电视的时候,小王也总嫌弃她开的音量太大,可是声音调小了,她又听不清楚。想看书,她的眼神不好;想与小王聊会儿天,小王总说工作太忙,回家后还要工作。有时候为了避免打扰小王,李奶奶只好呆呆地坐着,有好几次在厨房烧水,结果却忘记关火,差点造成火灾。现在李奶奶感觉自己真是老了,不中用了。

【实训评估】

(1) 评估标准:准确把握老年人生理的退行性变化的典型特征。

(2) 评估方式:以小组为单位进行汇报,根据小组汇报来评定成绩。

任务二 认知老年人的心理特征

情境

　　刘大爷今年72岁,退休前曾是某国企职工,他工作态度认真,性格开朗,对人热情,在单位广受好评。刘大爷59岁时因患糖尿病且病情严重导致双目失明。失明后,刘大爷常年以收音机为伴,只有在万不得已的情况下,才戴上墨镜由老伴儿陪同出门。

　　失明后,刘大爷的情绪非常低落,原先开朗的性格再也不见了,随之而来的是自暴自弃,他认为自己原先是一个可以照顾家庭和他人的人,现在却变成了需要别人照顾的人,每天的饮食起居都需要麻烦别人,即便是在自己熟悉的环境中,他都无法自由活动,连最简单的电话都无法接听。老伴儿和子女曾劝刘大爷常出门走走,但遭到他的拒绝,他把自己完全封闭起来,整日沉浸在失明的痛苦中,甚至还产生过轻生的念头。刘大爷因生理性疾病而导致情绪低落,进而影响其社会交往。

　　随着个体进入老年期,不可避免地会出现机体的退行性变化,机体的退行性变化也会对个体的心理产生影响。

学生分析:

　　刘大爷身体的变化对其产生了怎样的心理影响?你知道老年群体在心理方面呈现出哪些不同于其他生命阶段的典型特征吗?

知识导学

　　在人类个体的生命历程中,生理与心理的发展变化是相辅相成、密不可分的:个体生理的变化会对其心理产生一定的影响,反之亦然。个体进入老年期之后,除了在生理方面会出现这一阶段的典型特征之外,在心理方面也会呈现出不同于其他生命阶段的特征。关注老年人的心理特征并对其予以关心与帮助,有利于促进老年人心理健康水平的提高。

一、老年人认知活动的特征

人的认知是心理活动产生发展的前提和基础。进入老年期之后,人的认知能力呈现出一系列的变化。20世纪50年代以来,一些关注老年心理学的学者对于老年智力与记忆的变化给予了较多的关注,并总结出个体进入老年期之后在智力与记忆方面呈现出不同于其他生命阶段的特征。①

(一) 老年人智力的特征

根据智力在人的一生中的不同发展趋势以及智力和先天禀赋、社会文化因素的关系,可将智力分为晶态智力和液态智力。

晶态智力又称"晶体智力",是与"液态智力"(流体智力)相对应的概念,主要是在后天的生活环境和教育条件下形成的技能、语言文字能力、判断力、联想力、逻辑思维及知识经验等能力,犹如晶体一样在人的一生中不断增长,它与知识文化和经验的积累有直接关系。晶态智力可以保持长时间的稳定,甚至在进入老年期很久之后仍不发生变化。

液态智力是指在处理问题过程中表现出来的主要取决于人的先天禀赋的能力,液态智力主要与神经的生理结构和功能有关,如人的反应速度、知觉整合能力、思维的敏捷性等,这种智力受文化背景和教育的影响较小。液态智力较容易因年龄变化而波动,在远没有进入老年期时就会呈下坡趋势,因此老年人的智力特点是经验性强,但神经反应的敏感性会逐渐变弱。

(二) 老年人记忆的特征

记忆是人类心理功能的重要组成部分,是指人们对于感知过、思考过、体验过或操作过的事物的印象,经过加工保存在大脑中,以后又在一定的条件下以再认、再现的方式表现出来的或者回忆起来的心理过程。成年人的记忆活动随着年龄的增长而发生变化,我们可以从与之相关的3个方面的变化上来了解老年人记忆的特征②。

1. 从记忆的过程来看

从记忆的过程来看,人的记忆分为初级记忆与次级记忆。初级记忆是指人们对于刚刚看过或听过的,当时还在脑子里留有印象的事物的记忆。老年人的初级记忆随着年龄的增长而减退,但较为缓慢,与年轻人的差异并不显著。次级记忆是指对已经看过或听过了一段时间的事物,经过复述或其他方式加工编码,由短时储存转入长时储存,进入记忆仓库,需要时加以提取的记忆,这类记忆保持时间较长。老年人对信息加工效率较低,速度较慢,因此次级记忆随其年龄的增长而衰退的程度明显大于初级记忆。大量实证研究表明,老年人对年轻时发生的事往往记忆犹新,而对于新近发生的一些事情的记忆能力却较差,甚至会出现记忆中的事实混乱、情节支离破碎、张冠李戴的现象。

因此,老年人的初级记忆状况明显好于次级记忆状况。

---

① 仝利民.老年社会工作[M].上海:华东理工大学出版社,2006:81.
② 卞国凤,陈宇鹏.老年社会工作方法与实务[M].北京:北京师范大学出版社,2011:12.

2. 从记忆的内容来看

从记忆的内容来看,人的记忆分为意义记忆与机械记忆。老年人对有逻辑关系和有意义的内容,尤其是一些重要的事情或与自己专业、先前的经验和知识相关的内容,记忆保持较好,这说明目前的信息储存与过去已学过的内容能很好地保持联系,意义记忆保持较好;相反,老年人对于需要死记硬背、无关联的内容很难记住,机械记忆减退较多,保持较差。

由此可见,老年人的意义记忆的减退明显晚于机械记忆。

3. 从记忆的再认来看

从再认活动来看,老年人再认能力明显比再现能力要好。再认是指当事人对于看过、听过或学过的事物再次呈现在眼前时的辨认能力,而再现则是指让曾经的记忆对象在头脑中呈现出来的能力,老年人在再现方面的能力要弱于再认。

总之,老年人的记忆有衰退的趋势,但在衰退出现的时间、速度和程度等方面存在着很大的个体差异,而且记忆的衰退也不是全面衰退,而是部分衰退,主要是次级记忆、机械记忆与记忆的再现能力衰退较快。老年人的记忆衰退与很多因素有关,在一定条件下记忆衰退是可以得到延缓与逆转的。如果采用适当的干预措施(如记忆训练),利用策略改善信息加工过程,可以起到保持并改善老年人记忆能力的作用,这表明老年人记忆功能具有一定的可塑性。

二、老年人情绪情感活动的特征

情绪和情感是人对客观事物是否符合自己的需要而产生的态度和体验。人在认识世界和改造世界的过程中,与周围环境不断互动,与现实事物发生多种多样的联系,对现实事物也会产生一定的态度,这些态度通常是以带着某些特殊色彩的体验形式表现出来的,如喜、怒、哀、乐等。情绪和情感指的就是这种内心的主观体验。

进入老年期后,人的生理机能逐渐老化,健康状况逐渐衰退,离退休后脱离了原有的工作岗位,家中子女又逐渐独立并成家单过,老年人的生活环境和角色地位发生了较大变化,由此引发了老年人的一些情绪和情感方面的变化。

一般而言,老年人在情绪情感方面呈现出如下一些特征。

(1) 老年人关注自身健康状况的情绪增强。随着年龄的增长,健康状况每况愈下,老年人变得更加关注自己的身体,对疾病较为重视。尤其是老年女性,怀疑自己患病和有失眠现象的显著多于老年男性。

(2) 老年人更倾向于控制自己的情绪表现和情感流露。老年人在日常生活中常常会掩饰自己的真实情感,"不以物喜,不以己悲"在老年人身上体现得更为明显。

(3) 消极悲观的负面情绪逐渐占上风。一般来说,老年人比较多地表现出失落感、孤独感、疑虑感、恐惧感等消极的情绪和情感。

(4) 老年人的兴趣发生变化。这种变化主要表现在对事物关注程度的淡化,对事物的关注面趋于狭窄,对新事物缺乏激情等方面。一般而言,老年人的兴趣范围随着年龄的增长而逐渐缩小了,好奇心逐渐减弱,对各种事物的态度变得冷淡,对新鲜事物的探索欲望也渐趋下降,表现出兴趣上的"惰性"。

三、老年人个性心理的特征

个性是一种表现为对现实的态度和相应行为方式的一种比较稳定而持久的心理特征。进入老年期后,人的性格也会发生较大的变化。例如,有些老年人会变得固执、刻板、退缩、墨守成规,对人或事产生明显的偏见,也不听任何劝说;有些老年人变得自私,出现以自我为中心的倾向,对周围亲友很淡漠,不再体贴关心别人,甚至总要求别人服从他,按他的需要行事;还有些老年人变得好猜忌,多疑,对周围人不信任,甚至包括自己的亲人等。因此,人们常说,一些老年人年纪越大,脾气越怪,这实际上就是因年老而出现的性格方面的变化。一般而言,老年人的个性变化大体可分为以下3种类型。

(1) 性格更加成熟。
(2) 年轻时期的某些性格特征在老年期表现得更加显著。
(3) 出现了与年轻时完全相反的性格特征。

需要注意的是,老年人个性变化的程度因人而异。一般而言,适应性较强的老年人不会发生极端的个性变化,与其年轻时期相比个性特征变化不大,并向着更加成熟的方向发展。

四、老年人常见的心理问题及典型症状

由于身体和社会的原因,老年人会出现一些心理问题,这些问题及典型症状具体如下[①]。

(一) 离退休综合征

离退休综合征是指老年人由于离退休后不能适应新的社会角色、生活环境和生活方式而出现焦虑、抑郁、悲哀、恐惧等消极情绪,或因此产生偏离常态的行为的一种适应性的心理障碍,这种心理障碍往往会引发其他生理疾病,影响身体健康。

离退休综合征的典型症状主要表现为:① 躯体出现各种不适症状,如坐卧不安,行为重复,做事犹豫不决,甚至出现强迫性定向行为;② 出现焦虑情绪,由于注意力不集中导致经常做错事,性情变化明显,易急躁和发脾气,对什么事情都不满意,极易产生猜疑和偏见;③ 出现抑郁情绪,退休后,老年人退出了原来充实而忙碌的生活状态,社交圈变小,人际交往的急剧减少使老年人在退休前后的强烈对比中极易陷入抑郁状态,并出现失眠、多梦、心悸等生理反应。

(二) 老年期抑郁症

抑郁症是指以持续的情绪低落为特征的一种情感性的心理障碍,是老年人常见的精神障碍之一。老年期抑郁症在症状上表现出与其他年龄阶段不同的特殊性,具体表现为情绪低落、压抑、焦虑、沮丧、自责,甚至出现自杀倾向和自杀行为,老年期抑郁症一般病程较长,且具有复发倾向。

(三) 阿尔茨海默病

阿尔茨海默病是指老年人因生理、心理机能的衰退,在外界强烈刺激作用下所引起的缓慢发展的智力缺陷症。它是人体脑功能失调的表现,是以脑组织的退行性变化和智力

---

① 卞国凤,陈宇鹏. 老年社会工作方法与实务[M]. 北京:北京师范大学出版社,2011:14—19.

衰退缺损为特征的一种高级神经活动功能障碍,是老年人常见的一种比较严重的精神障碍。

阿尔茨海默病在不同阶段呈现出不同的特征。第一阶段为遗忘期(初期),主要表现为记忆力明显减退,但患者本人未必意识到。比如,出去购物,到了购物场所后却忘记自己要购买什么物品;一些患者在性格上也会有所改变,变得主观、任性、多疑、敏感等。第二阶段为混乱期(中期),突出的表现是对时间、空间的辨认障碍明显加重,记忆力严重衰退,情绪、人格、智力方面出现了严重的障碍,行为紊乱,言语重复,动作幼稚,甚至会出现一些怪异的行为,变得不知羞耻,生活自理能力越来越差。第三阶段为极度痴呆期(晚期),这一阶段患者进入全面衰退状态,智能完全丧失,情绪反应迟钝或缺乏,运动障碍明显,终日卧床,大小便失禁,语言能力丧失,生活不能自理。

(四) 老年疑病

老年疑病就是以怀疑自己患病为主要特征的一种神经性人格障碍。

老年疑病的症状主要表现为:患者长时间相信自己体内某个部分或某几个部分有病;患者对自身的变化特别敏感和警觉,哪怕是一些微不足道的变化,也显得特别关注,并且会不自觉地加以夸大和曲解,形成患有严重疾病的证据;患者常常感到烦恼、忧虑甚至恐慌,怀疑自己生病的严重程度与实际诊断不符,别人劝得越多,就越怀疑自己的病严重;即便面对客观的体检结果和医生的解释,患者依然不能消除疑虑,甚至怀疑医生有故意欺骗和隐瞒的行为。

【思考与讨论】

抑郁症是否是老年阶段特有的心理性疾病?与其他年龄阶段相比,老年期的抑郁症呈现出怎样的特点?

实训项目

分析老年人的心理特征及产生的原因。

【实训目标】

(1) 了解老年人心理的典型特征。
(2) 辨识老年人常见的心理性疾病特征。
(3) 理解老年人的行为。

【实训内容与方法】

(1) 阅读下面的案例,并思考以下问题:
① 案例中叶阿姨存在哪些心理问题?
② 这些心理问题是如何形成的?
③ 你对叶阿姨的行为有了哪些新的认识和理解?

(2) 先由个人阅读并分析案例,针对以上问题写出发言提纲。
(3) 再以小组为单位进行讨论。

案例

多疑的叶阿姨①

叶阿姨今年67岁了,身体状况比较好,除了有时偏头疼外,身体没什么大毛病。可是3年前叶阿姨的妹妹过世了,对叶阿姨造成了很大的打击。叶阿姨的妹妹患乳腺小叶增生,后来转为乳腺癌,做了手术之后癌细胞发生了转移,去世了。从此,叶阿姨的精神状态一直不好,总说身体不舒服,乳房有肿块,而且这个肿块是不固定的,今天在左乳房的上边,明天又换成了右乳房的下边,尽管女儿多次带她去医院做过各种检查,医生反复告知她很健康,乳房没有任何问题,但叶阿姨仍顽固地认为自己已经得了乳腺癌,只不过是早期,不能被医生发现而已,从此她开始变得病恹恹的,连早锻炼也无法继续了,除了经常去医院检查和去书店买防治乳腺癌方面的书籍外,几乎足不出户,性格也变得不合群。当老朋友和老邻居来探望她时,她毫无热情,只是反复跟别人哭诉她的"病情",或者只顾对照书本研究自己的"癌症",把别人冷落在一边。由于她的古怪,上门的人越来越少了。

一天,她正在家查看存折,准备去银行取钱看"病",正巧老朋友王阿姨来看她。当她把王阿姨匆匆打发走以后,忽然变得异常紧张,她马上去王阿姨家里询问其是不是看见了她存折的账号和数额,还一定要王阿姨背出存折的账号,搞得王阿姨莫名其妙。原来叶阿姨怀疑王阿姨看见她的存折了,正想方设法盗取她的存款。尽管为了让她安心,女儿陪着她把存折里的钱取光了,也销了户,但她又认为自己被银行职员跟踪,后来又说有人监视她。叶阿姨的这些行为让家人无所适从,朋友们也断绝了和她的往来。后来情况愈演愈烈,她总说门口和窗前有人徘徊,有人监视她,家人只好加固了门窗,但她还是不放心,整日提心吊胆,吃不香,睡不着,反复强调有人在算计她。时间久了,家人也都对她由无奈而变得厌烦了,觉得她没事找事,不可理喻。

【实训评估】

(1) 评估标准:能准确把握老年人心理的特点及形成原因。
(2) 评估方式:
① 个人的发言提纲可作为一次作业评定成绩。
② 以小组为单位,根据讨论中的表现评定成绩。

---

① 周云芳. 老年人的心理需求与调适[M]. 北京:中国社会出版社,2008:1—3.

项目一 认知老年人的群体特征

任务三 认知老年人的社会特征

情境

刘先生退休之前是某国企财务处副处长,退休前在单位可是大忙人,经常电话铃声不断,几乎没有闲着的时候。但自从退休之后,很少有人找他了,没着没落的刘先生把矛头指向自己的老伴儿,经常无故找碴儿与老伴儿吵架,脾气也变得越来越古怪。刘先生退休前后简直判若两人,可见一些社会角色的丧失往往会对当事人的心理产生极大的影响。

学生分析:
(1) 个体进入老年期之后,其社会角色方面会出现哪些变化?
(2) 这些变化会对个体产生怎样的影响?这种影响是否具有普遍性?
(3) 如何理解老年人的变化?老年社会工作者要开展哪些服务以帮助老年人适应变化及其影响?

知识导学

人不仅是生物意义上的动物,更是社会意义上的存在。个体在与社会的互动中,一方面以其自身独特的能动性不断地创造着人与人、人与自然、人与社会的各种相处之道,另一方面也难以避免地为自身所构建的各种规范所制约。个体进入老年期,不仅在生理和心理方面都表现出这一年龄阶段独有的特征,而且在社会群体与社会组织方面也呈现出相应的变化。个体进入老年期的社会特征集中表现在其社会角色、社会地位与家庭的变化上。

一、老年人社会角色的变化

退休不仅是个体进入老年期的标志,而且是一般意义上职业中断的标志。随着个体的退休,其社会角色也随之发生变化,而与其社会角色相关的生活方式也随之改变,老年人进入一个新的人生阶段。老年人社会角色的变化主要表现在以下两个方面。

(一) 从职业角色转入赋闲角色

在中国目前的社会体制下,一般来说,女性55岁,男性60岁(特殊工种除外)进入退休年龄。个体退休后,在角色上的显著变化就是从职业角色进入了赋闲角色。尽管个体在退休后并不是与原工作单位完全脱离关系,但与其在职期间相比,个体除了享受国家及原单位提供的各项福利之外,不需要继续履行曾经的岗位职责,成为名副其实的赋闲角色,即便部分个体再就业,但其职业角色在他们的生活中所占的比重也比较少,主要仍表现为赋闲角色;而对于农村老年人而言,虽然不涉及退休,但由于其身体状况随着年龄的增长而逐渐衰退,其逐渐退出劳动第一线,即便农村老年人作为传统意义上农业知识和经验的集大成者,随着农村现代化和信息化建设的快速发展,农村老年人头上的这一光环也逐渐暗淡,这进一步加快了老年农民进入赋闲角色的步伐。

(二) 从主体角色演变为依赖角色

随着个体逐渐离开劳动第一线,其社会交往的网络和生活方式的改变,使其在经济、生理及心理方面逐渐从主体角色演变为依赖角色。对于城市离退休老年人而言,尽管在经济方面有一定的保障,但随着年龄增长,其在生理和心理方面的依赖程度也随之加大,主要表现为:在生理方面,随着老年人身体机能的退行性变化,越来越需要子女对其日常起居的照顾;在心理方面,由于生理机能退化不可避免地影响到老年人的社会交往,大部分老年人对子女关注其心理的期望也随之加强。对于农村老年人而言,其在经济、生理和心理方面从主体角色转变为依赖角色的情况表现得也更为明显,尤其是在经济方面。随着老年农民劳动能力的逐渐丧失,其经济上的供养还存在着依赖子女的情况,而随着农村青壮年劳动力向城市流动,传统意义上"黄发垂髫怡然自乐"的景象离我们越来越远,取而代之的是越来越严重的农村老人的空巢化。随着年龄的增长,老年人自理能力的下降,他们更加需要子女对他们日常起居的照料和心理上的关怀。

二、老年人社会地位的变化

社会地位实际上是指伴随社会角色而来的社会责任和社会尊严。一般来说,社会角色重要,社会责任就大,社会尊严就高;社会角色不太重要,社会责任就较小,社会尊严就不太高。随着社会角色发生变化,社会责任和社会尊严也会发生相应变化。老年期是社会角色变化的时期,也是社会地位转变的时期。老年人社会地位变化的典型特征是社会地位呈下降趋势,具体表现在如下几个方面。

(一) 在制度层面,按规定年龄退休

这主要是针对城镇职工而言。一般来说,个体的社会地位往往随着其工作岗位的变化而发生变化。我国实行比较严格的退休制度,尽管个人能力不同,但到了规定的年龄,个体往往不得不退出其职业岗位,随着个体退休,其依附于职业岗位的权力、社会关系、社会影响也会随之减低。

(二) 在经济上,收入明显减少

对城镇职工而言,其退休后可以领到的退休工资及相关福利要远远低于在岗时;对于农民而言,随着老年期的到来,其劳动能力逐渐丧失,收入也相应减少。

(三) 在社会实践中,漠视老年人的合法权益

尽管我国早在1996年就颁布了《中华人民共和国老年人权益保障法》,其中规定了老年人依法享有的诸如人身与财产安全、婚姻自由、被赡养以及参与各项社会事务等的权利,但在具体的社会实践中,漠视甚至侵害老年人合法权益的事件屡屡发生,而受到侵害的老年人要么不知如何维护自身的合法权益,要么抱着家丑不可外扬的思想,往往选择默默忍受。

(四) 在思想上,忽视老年人的价值和作用

不可否认,即便进入老年期,老年人在经济创造、文化传承、政治参与等方面仍然发挥着重要的价值与作用,但随着社会的急速变迁,与年轻群体相比,老年群体所呈现的诸如体力下降、知识更新能力较慢以及稳重有余而创新不足的缺点逐渐显现,加之老年人对自身评价

不高及社会对老年人的价值缺乏全面的认知,造成了老年人社会地位的下降。

由此可见,要想提高老年人的社会地位,除了需要建立健全各项法律制度外,最迫切的也最重要的还是正确认识老年人群体的价值与作用。

三、老年人家庭的变化

老年人退休后,家庭成为其主要的活动场所,老年人对家庭、家人的依赖程度也逐渐增大。随着老年人社交范围向家庭回归,老年婚姻、家庭关系成为影响老年人晚年生活质量的关键性因素,而老年人在家庭中的角色也有着不同程度的变化。

(一)家庭状态对老年人角色的影响

1. 家庭结构状态

家庭生命周期体现了家庭发展变化的过程,它是从发展的角度观察家庭的结构、功能、代际关系的变化及其相互关系的。当家庭结构功能发生变化时,家庭的代际关系也会随之变化,从而形成老年人在家庭中的新特点。从家庭的生命周期来看,老年人的家庭状态处于空巢期、鳏寡期。

(1)空巢期。

空巢是一个形象生动、寓意深远的词,它说明似水流年中代际关系的演变突然到了某一个关键时刻——进入这样一个阶段,其最本质的特征就是家庭代际关系发生了重要的变化,就是父母和子女在居住上开始分离。[①]即子女长大成人后,从父母家庭中相继分离出去,只剩下老年一代独自生活。家庭生命周期理论认为,自某一家庭的最后一个子女长大成人并离家开始单独生活开始,就标志着这个家庭生命进入了空巢期。随着我国人口流动的加剧、人类寿命的普遍延长、居住空间的相对紧张,家庭空巢期持续的时间较长,一般有 20 年的时间。此外,随着家庭空巢逐渐呈现年轻化的趋势,空巢期持续的时间有进一步延长的趋势。

子女的离家不仅给老年父母留下无尽的空虚与孤独,还让父母由最初的家庭支柱的角色转向需要扶持的角色。

(2)鳏寡期。

进入老年期后,失去配偶的可能性日益增大,老年人很容易进入鳏寡期。受中国传统文化的影响,夫妻双方中男性老年人的年龄往往要大于女性;而受男女寿命的影响,女性老年人的比例要高于男性。随着老年夫妇一方先离去,鳏寡期的老年人的社会角色由夫妇二人相互扶持变为独守空巢。

家庭的分化对老年人的生活和心理都会产生一定的影响,子女与老年人的分居以及老年人配偶的去世,不仅使老年人的日常生活难以得到无微不至的照顾和关心,而且对于老年人传统的家庭观念也产生较大的冲击。处于空巢期、鳏寡期的老年人普遍产生强烈的求助需要、亲和需要,个别老年人还有支配需要。

2. 家庭经济状态

对于老年人来说,如果有足够的退休金或养老金,基本的物质生活得以保障,那么经济

---

① 穆光中. 挑战孤独——空巢家庭[M]. 石家庄:河北人民出版社,2002:1.

环境比较宽松,对子女及外界的经济依赖就不会很强;如果老年人既丧失了劳动能力,又没有固定的收入来源,那么经济就会比较拮据,容易产生焦虑不安的情绪。尤其是当老年人生病时,经济拮据往往会延误病情,最终可能导致病情加重甚至因病致残现象的发生,这时老年人的处境会更加艰难。这种情况下,老年人对子女和外界的依赖性就会很强。

(二) 老年人的婚姻状态

1. 丧偶

高丧偶率是各国老年人口的共同特点。目前,在我国的低龄老年人中,男女老年人比例相差不大,老年丧偶率较低;在高龄老年人中,男女比例悬殊,女性老年人丧偶率要远远高于男性老年人。

少年夫妻老来伴。丧偶对老年人心理的影响很大,相关研究表明,老年丧偶者在配偶去世后6个月之内的死亡率要比平均死亡率高40%。丧偶后,老年人的心理变化复杂,悲伤感和孤独感最为典型。许多老年人往往以泪洗面,悲痛欲绝,还会出现茶饭不思,抑郁、疲乏,甚至因过度疲劳而患病,时间久了,还会倍感孤独寂寞,觉得被世界遗忘和抛弃。

2. 离婚

一般情况下,老年人的婚姻稳定性较高,较少有离婚的情况发生,但也有因种种原因而离婚的老年人,离婚的原因主要有:① 长期性格不合,日久积怨成仇,子女未成年时,因养育子女的需要,双方勉强凑合;子女长大之后,双方不愿将婚姻关系继续下去;② 发生婚外恋;③ 更年期不能适应,一些老年人进入更年期后,性格变化比较大,得不到对方的理解与宽容,争吵不断,最终导致离婚。

一般而言,对于要求离婚的一方,离婚后往往感到轻松和如释重负;但被迫离婚的一方则有痛苦与被抛弃的感觉,双方老年人都将面对重新磨合的困扰。

3. 再婚

老年人丧偶或离婚之后,生活中面临种种困难,失去相互贴心、照顾的伴侣,精神上失去依赖,缺少感情交流的对象,特别是在病重时会更加苦恼,常会由此引起情绪波动,失去生活的信心。子女的关心无法替代伴侣的体贴与关心,于是部分丧偶或离婚老年人会选择再婚。晚年有伴侣的老年人,其生活满意度远远高于没有伴侣的鳏寡老年人,有伴侣对于老年人身心健康有很大的帮助。

【思考与讨论】

1. 导致老年人社会角色变化的原因除了年龄因素之外,还有哪些制度化因素?这些制度化因素对老年人社会角色的变化产生了怎样的影响?

2. 在具体的实践中,我们可以通过哪些工作尽量降低制度化因素对老年人社会角色变化造成的负面影响?

实训项目

分析老年人退休后社会角色变化对心理的影响。

【实训目标】

(1) 了解老年人退休后其社会角色会出现哪些变化,这些变化对老年人身心会造成怎样的影响。

(2) 在掌握老年人角色变化特征的基础上,运用社会工作的方法为其提供生活方面的指导。

【实训内容与方法】

(1) 阅读下面的案例并思考以下问题:

① 白女士退休后,其社会角色发生了怎样的变化?这些变化对其有怎样的影响?

② 假如你是一位老年社会工作者,面对白女士的情况,你将为改变白女士的处境提供哪些建议?

(2) 学生针对以上问题提交书面分析报告。

案例

白女士,某医院的退休职工,丈夫早逝,独自一人将三个孩子抚养成人。退休前,白女士是医院外科最出色的专家之一。她在业务方面出类拔萃,常被患者点名要其主刀做手术,没有手术的时候,她经常被邀请到外地讲学或作为专家参加会诊。

退休之后,她与自己的小儿子生活在一起。儿子、儿媳工作也十分繁忙,虽然在一个屋檐下生活,但一天都见不着面。孙子学业压力也很大,平时回家一吃完饭,便到自己的房间写作业,难得与奶奶进行交流。习惯于繁忙工作的白女士一下子清闲下来,感觉十分不适应,好在她工作时就养成阅读的好习惯,退休之后,她订阅了大量的医学杂志,平时无事时,依然了解医学前沿的相关知识,倒也过得十分充实。

最近一段时间,白女士感觉眼睛十分不舒服,经常觉得眼前一片模糊,更不用说读书看报和照顾孙子了,连自我照顾都变得十分困难,这给白女士造成了很大的打击,一向开朗的她变得沉默寡言,总感觉自己变成了一个废人,成为家人的负担。

【实训评估】

(1) 评估标准:报告的内容全面、准确,能够把握老年人社会角色变化的主要内容及对其生活的影响。

(2) 评估方式:根据学生提交的报告的质量评定成绩。

项目二 了解老年人的需要及权益保障

老年人的需要是客观存在的,如何不断创造条件满足老年人不同层次的需要,体现了社会的公平与正义,是社会文明进步的标志。全面了解并准确评估老年人需要是开展老年社会工作服务的基础,是确保服务效果的关键。本项目主要介绍老年人的需要、面对的问题以及老年人权益保障相关内容。

知识目标:
1. 了解老年人的需要;
2. 了解老年人疾病与医疗有关的问题;
3. 了解老年人日常生活照料相关问题;
4. 了解老年人精神慰藉相关问题;
5. 了解老年人社会参与相关问题;
6. 了解老年人权益保障的主要内容及责任;
7. 了解老年社会工作者在老年人权益保障中的作用及介入方法。

技能目标:
1. 能够识别老年人的需要,并能根据老年人的需要设计针对性的服务;
2. 能够从老年人权益保障的视角为老年人提供相应的服务。

思政目标:
1. 提升学生服务老年人的使命感;
2. 增强学生对老年人权益保障的意识;
3. 弘扬孝亲敬老传统美德。

项目二　了解老年人的需要及权益保障

任务一　了解老年人的需要及面对的问题

【情境】

某社区的王奶奶今年84岁,虽然有一个女儿,但女儿常年疾病缠身,自顾不暇。王奶奶已经独居20多年了。

十年前的一次社区义诊中,经检查发现王奶奶患了高血压,后来又查出心脏也不好,但高昂的治疗费用让王奶奶负担不起,即使买了药,王奶奶也没有按规定足量服药,而是采取减半服用,以降低费用。王奶奶家里的很多药都是邻居送给她的,有的已经快要过期了。5年前,王奶奶因为一次意外摔倒,造成腿部和腰部粉碎性骨折。据王奶奶讲述,当时她摔倒在地上,很长一段时间后才硬撑着爬起来,在家躺了几天之后,实在熬不住了,才打电话让一个远房亲戚将她送到医院。医生检查之后,建议王奶奶做手术,且至少需要住院一个月。王奶奶一听说要做手术,还要住院,当即要求回家。在家躺了三个月后,王奶奶的左腿由于骨头错位,比右腿短了一截。

王奶奶没有退休工资,每个月女儿给其300元生活费,加上政府给80岁以上老人的300元生活补贴和100元的养老券,不看病,不住院,勉强能维持其日常生活。王奶奶说:"我没工资,84岁,残、痴、老、空巢。"短短的11个字概括了王奶奶晚年生活的无助与无望。

学生分析:

王奶奶用"我没工资,84岁,残、痴、老、空巢"来概括自己的现状,这一概括传达出像王奶奶这样贫困的空巢老人所面临的生存困境。那么,为了让像王奶奶这样的老年人的晚景不再凄凉,我们应该从哪些方面来满足他们的需要呢?换言之,老年个体存在哪些需要?在满足这些需要方面又存在着怎样的困境呢?

【知识导学】

服务对象的需要是社会工作者提供服务的基础和指南,服务对象的需要满足情况是服务结束评估和服务成效分析的重要因素,因此了解老年人需要是老年社会工作服务中非常重要的一个环节。需要是人脑对生理和社会需求的反应,是个体对内部环境和外部生活条件的稳定要求,是其赖以生存和发展的必要条件。有学者将老年人需要界定为"老年人由于生理、心理以及社会环境的变化导致其在老年阶段自身资源相对不足或出现困境,从而产生有赖于其他社会成员提供的各种物质和非物质的需要"。① 一个容易与需要产生混淆和通用的概念是

---

① 刘一玲.农村老年人养老需求及其影响因素研究——基于桂林市X、L、G县的调查[D].广西师范大学硕士学位论文,2007:11.

"需求",借助经济学中需求的定义,即在一定的时期,在每个价格水平下,消费者愿意并且能够购买的商品数量。需求既体现了消费者的需要,也强调了购买的能力,有了需要并具备购买能力才形成需求。而在社会工作服务中不依据服务对象的购买力来决定是否提供服务,对于弱势群体的服务需要,一般是通过社会政策来满足。因此这里使用"需要"一词。

随着我国经济的发展,特别是随着老龄化社会的到来,越来越多的专家和学者开始关注并研究老年人不同层次的需要及需要满足中存在的问题。老有所养,老有所医,老有所教,老有所学,老有所为,老有所乐这6个"老有"是对目前我国老年人需要的多层次性的高度概括,也给我们为满足老年人需要提供服务指明了方向。其中,老有所养是核心,是其他5个"老有"的前提和基础。老有所养就是满足老年人衣、食、住、行的基本需要以及生活照料和精神慰藉的特殊需要。老有所医是重点和保障,就是满足老年人看病治病的需要,这也是老年人生活中最关心的问题。老有所教是通过思想政治教育,使广大老年人做到政治坚定,思想常新,理想永存。老有所学也是许多老年人生活的组成部分,即根据自己的爱好,学习掌握一些新知识和新技能,既能陶冶情操,又能丰富生活。老有所为是很多老年人晚年生活不可缺少的组成部分,他们用自己掌握的知识和技能,继续为我国和谐社会建设做出新的贡献。老有所乐内容极其丰富,通过开展各种各样适合老年人特点的文体活动,为老年人增添欢乐,使其幸福安度晚年。这6个"老有"在提法上各有侧重,互不重复,但实质上,却是联系密切、相辅相成的统一的整体。①

需要分为个人需要和社会需要。个体的集合形成社会,个体需要的集合形成社会需要。本部分所介绍的老年人需要主要是对老年人群体生存和发展来说最为基础的需要。从个人需要来看,老年人生理、心理及所处环境的不同,他们的需要及需要满足方式也会存在差异。因此社会工作服务过程中,社会工作者在了解老年人社会需要的基础上,还需识别老年人的个人需要。

一、老年人的需要

(一) 经济保障需要

在传统社会中,老年人主要以家庭养老为主,以亲友互助为补充,老年人依靠子女提供经济供养。子女赡养父母在中国已有几千年的历史,忠孝观念使大部分中国老年人通过家庭子女等非正规体系得到经济保障和照顾。但是随着经济的发展,城市化和家庭规模小型化的发展,传统的家庭养老功能呈弱化趋势。现代社会中,养老退休金、老年社会保险金已经成为老年人经济保障的重要支撑。有些老年人随着退休后收入减少,随着身体衰退导致的医疗支出增加,最终造成经济困难,生活陷入困境。

(二) 健康维护需要

老年期是疾病多发阶段。老年人的机体抵抗力明显下降,会出现各种机体功能衰退,例如认知功能减退,认知速度减慢,反应迟钝,近期记忆减退;胃肠蠕动减慢,消化功能下降,加之牙齿松动,咀嚼困难,更加剧了消化功能的衰减;骨质疏松,易发生骨折;听力下降导致与人交流困难,容易产生孤独感和疑心,增加了发生危险的可能性。而且,老年人离退休后,其

---

① 黄耀明. 老年社会工作理论与实践[M]. 长春:吉林大学出版社,2008:76-101.

社会角色转变,心理上一时难以适应,可能会出现抑郁症状,抑郁症状又会导致其身心疾病加重。老年人一旦生病,容易引发并发症且恢复起来也比较缓慢。尤其是经济困难时,老年人患病后得不到及时治疗,往往导致卧床不起,需要长期照料,这给老年人及其家人都带来极大的痛苦。

所以,老年人对健康更加关注,对健康维护的需要增加。建立健康的生活方式有利于老年人保持健康,所以老年人需要了解保持健康及预防疾病的方法,掌握医学常识,能够积极处理健康和疾病问题。例如,老年人需要了解适合自己的营养饮食,通过健康饮食,预防老化,减少疾病的发生;需要进行适当的运动,以保证在日常生活中不易受伤,保持正常的生活状态。

(三) 日常生活照料的需要

老年人日常生活照料包括日常生活帮助、家务援助、改善生活环境、提高生活质量等内容。从其性质来看,既有一般性的非专业性照顾和帮助,也有专业性的护理和看护服务。老年人日常生活照料贯穿于老年人晚年生活的全部过程。随着我国人口老龄化速度加快,高龄老人不断增多,一方面使得需要照料的老年人口数量增多,另一方面也造成老年人需要照料的时间延长。相关研究发现,在 65 岁及以上的老年人中,85% 的人患有一种以上慢性病,并且慢性病的发生率随着年龄的增长而增加。1/5 的老年人需要洗澡、穿衣、吃饭等日常生活化活动的援助,1/5 的老年人需要做饭、理财等工具性日常生活活动的援助。

(四) 精神慰藉需要

随着社会的发展,传统的"养老观"受到了挑战。"老有所养"已经不单纯是经济或物质上的供养,更应该在保障物质供养的基础上为老年人提供丰富的精神供养。精神赡养主要关注老年人心理或精神上的需要,并尽量给予慰藉和满足。精神赡养的实质是满足老年人的精神需要。老年人的精神需要可以分为 3 个维度:自尊的需要、期待的需要和亲情的需要,与此对应的"满足"是人格尊重、成就安心和情感慰藉。

人格尊重满足的是老年人的自尊需要。老年人有自主决策和得到尊重的权利。老年人有自主决定个人事务(如再婚、去公共机构养老等)的权利,也有参与家事决策的权利。老年人有自己的生活方式和思维方式,只要彼此无害,就要尊重老人作为一个独立的生命主体的选择权。

成就安心就是要通过成就自己的人生来满足父母的期待心理。老年人对儿女的"期待需要"具有普遍性,为人父母者都希望儿女有美好的前程,儿女有成就间接地实现了老年父母深层的心理需要。从结果上看,子女自身的平安、健康和幸福,对老年父母的精神世界构成了巨大的安慰。所以,要真正理解老年人的内心世界,为人子女应自立自强,满足父母的期待心理。

情感慰藉主要是子女对父母提供精神关怀。父母大多希望儿女通过美好的言语和行为表达出对自己的关怀和照护。老年人在情感上比较脆弱,苦闷时的慰藉,孤独时的交流,精神上的寄托,无不对老年人的生活质量、生命质量产生重大影响,这个时候就特别需要儿女的支持。对老年人而言,家有着格外重要的意义。

(五)社会参与和融入社会的需要

老年人需要表达自己的意愿,维护自身的权益,发挥余热,社会参与是老年人的重要需要。老年人渴望更充分地融入社会,在晚年发挥更大的社会作用,老年人需要多方面地、深度地参与社会生活,而不是象征性地参与或被动地参与一些活动。

现代社会科技的快速发展,在带给我们丰富的物质生活的同时,也改变了我们的生活方式。手机、计算机、网络等现代化工具的应用,给生活带来了方便快捷,但对于老年人来说却是挑战,例如,一些老年人不会用智能手机,不会在网上挂号,出门买菜不会扫码支付等。此外,社会其他方面的发展变化也会给老年人的生活带来不同程度的紧张和惶恐,导致一些老年人害怕与社会接触,进而与社会脱节。但也有一些老年人希望认识新事物,愿意尝试新事物、体验新事物,希望与社会发展同步。因此,应帮助老年人学习新生事物,融入不断变化的生活环境,从多方面消除由于社会的发展变化给老年人带来的不利影响。

(六)婚姻家庭的需要

对老年人来说,家人(包括配偶、子女、孙子女、亲戚等)是其最重要的支持源。老年人与家人的关系,要么以血缘为基础,要么有婚姻关系作为联系,家人的支持可以是非条件性的,而且又可以是实时的,所以老年人有维持和向往美好婚姻家庭生活的需要。老年期容易出现一些变化,如丧偶。丧偶是人生最痛苦的生活事件之一,老年人需要应对丧偶带来的挑战及适应新的生活。与丧偶密切相关的一个话题是再婚,有些丧偶老人在精神上孤独,在生活上无助,希望能够再寻找合适的伴侣,重新组织家庭。

二、老年人面临的问题

老年人面临的问题包括因个人身体的老化而导致的问题,以及由社会人口老龄化而导致的问题。老年人面临的问题主要包括以下几个方面。

(一)疾病与医疗相关的问题

1. 老年人的健康需要不断增加

与老龄化相伴而来的是老年人医疗和照料方面需要的增加。随着年龄的增长,老年人的免疫力和抵抗力不断降低,老年人健康水平总体在逐渐下降,增龄伴随的认知、运动、感官功能下降以及营养、心理等健康问题日益突出,进入高龄期后生活不能自理的老年人比例明显上升。老年人需要更多的医疗保健服务来维持健康。

2. 养老护理人才短缺

作为支撑老年人健康晚年的重要力量,养老护理人才肩负着我国养老服务高质量发展的重要使命。与老年人日益增长的生活照料、医疗保健、康复护理等多层次、多元化、专业化养老服务需求相比,养老护理人才队伍尤其是高素质专业人才队伍仍存在数量短缺、专业能力不强、社会地位偏低、流失率较高等问题,制约着养老照护服务扩量提质。目前,政府已在探索建立养老护理人才的规范化管理制度。2022年,国务院印发《"十四五"国家老龄事业发展和养老服务体系规划》,提出"完善养老护理员薪酬待遇和社会保险政策""拓宽人才培养途径"等要求。国家卫健委印发的《全国护理事业发展规划(2021—2025年)》提出"推动医疗机构建立完善护理岗位管理制度""探索建立和发展医疗护理员职业队伍",推动建立一支有专业素养、能满足社会需求的养老护理员队伍,促进整个社会养老体系的正常运转。

3. **医疗保障体系需进一步优化**

现有的医疗保障对于老年人的需求仍有一定的不足。一方面,目前中国老年人口数量庞大,医疗资源有限,导致医疗服务供需不平衡。另一方面,有些老年人的医疗需求比较复杂,需要的医疗服务和药品费用较高,而老年人的退休金等收入相对较低,难以承担高额的医疗费用。此外,老年人的医疗保障体系也存在不少问题,如地域差异、医保报销限制等。为了保障老年人的健康,政府已经采取了一系列措施,包括加大医疗资源的投入、建立社区医疗机构、推进医保制度改革等。但是,仍需要进一步完善医疗保障体系,减轻老年人看病的负担,提高医疗服务的质量和效率,为老年人提供更好的医疗保障。

(二)日常生活照料相关的问题

随着生活节奏的加快和传统家庭结构的小型化,老年人的日常照料问题引起广泛的社会关注,传统的以家庭照料模式为主的老年人照料方式受到严峻的挑战。目前,我国的人口老龄化相对超前于经济社会的现代化,社会养老能力积累相当有限,老年照料的基础设施建设和相关的社会服务远远满足不了日益增多的照料需要。同时,这种供需矛盾由于老年人平均寿命的延长而日益加剧,老年人的照料问题已经成为老龄保障工作亟待解决的问题。

1. **老年人照料的资源供给有限**

在我国,老年人的照料一直以来主要由家庭负担,机构设施照料所占的比例较小,最初只有少数无劳动能力、无依无靠、无生活来源的"三无"老年人的照料工作由国家予以保障,而邻里之间的自发的互助行为对散居老年人的照料也起到一定的补充作用。然而,随着工业化、城市化发展,家庭日趋小型化,加之农村年轻人口向城镇流动,使得传统的家庭照料资源减少,支持家庭照料的基础不断削弱。20世纪80年代以来,民政部在传统的机构养老的基础上,推出了社区服务的新模式,但我国目前的大部分养老机构提供的养老服务比较单一,要么只为孤寡老人提供生活照料,要么为老人提供娱乐场所,缺乏针对老年人的个性化服务。老年人所需的社会服务与社会可以提供的服务之间存在差距。

2. **家庭照料面临诸多困境**

当前,我国人口老龄化速度加快,养老负担不断加重,独生子女家庭面临的老年人照料负担更重。城市化、家庭小型化、女性职业化、离婚率上升和年轻人口的高流动性等,使得家庭照料老年人的功能受损,特别是空巢、独居和失独老人缺乏家庭照料的问题尤为严重。另外,一方面,随着家庭结构的变化,家庭的重心转移到孩子身上,而同样需要照料的老年人在家庭中的地位受到了挑战,子女不愿意照顾老年人或照顾不周的情况时有发生。另一方面,人们的观念发生改变,改革开放、市场经济所带来的新的生活方式、价值观念、伦理道德更容易被年轻人接受,传统的思想观念受到冲击,两代人之间容易产生代沟,加之城市住房相对紧张,很多年轻人与长辈分开居住,这为老年人照料带来了困难。

(三)老年人精神慰藉相关的问题

1. **对老年人的精神赡养重视不够**

与发达国家不同,中国的老龄化是在经济欠发达的背景下出现的。由于对人口老龄化

的社会经济负担的担忧,我们将更多的注意力放在了物质赡养方面。长期以来,只要谈到老龄问题和老年保障,首先想到的就是经济上的养老和物质保障,很少涉及老年人的精神赡养和精神保障。

但随着物质生活水平的不断提高,人们越来越认识到:仅从物质上或经济上谈"老有所养"已经不够,我们还需要倡导对老年人的精神赡养。事实上,随着经济的发展和社会保障制度的完善,经济上具备自我养老能力的老年人在逐年增多,经过社会和家庭的努力,老年人的物质赡养方面有了很大的改善,但老年人的精神需要和精神生活方面的问题却越来越突出。

老年人的精神赡养是客观需要的,因为老年人的心理素质会弱化,具体表现为进取心较差,风险承受能力较弱,情感脆弱,害怕孤寂,容易灰心等,而经济上的供养不能代替精神上的赡养。在现实生活中,许多物质无忧、生活富庶的老人同样存在"老有所养"的问题,这就是以孤寂苦闷为表征的"精神养老"问题。

2012年8月,全国妇联老龄工作协调办、全国老龄办、全国心系系列活动组委会共同发布"新二十四孝"[①]行为标准,其内容大多指向对父母的精神关怀。

2. 家庭对老年人的精神赡养职能减弱

长期以来,老年人的精神慰藉同经济支持和生活照料一样,是与家庭养老联系在一起的。老人与子女以及孙辈共同居住,共同生活,享受天伦之乐。中国的传统伦理道德观念更加强化了家庭在老年人精神慰藉上的作用,也加强了老年人对家庭成员的精神依赖。但现代社会的快速发展使得人口年龄结构和家庭结构发生了变化,加之人们思想观念的变化,传统的家庭养老受到了极大的冲击。现代社会,很多子女与老人是分开居住的,老年空巢家庭非常普遍。

3. 老年人的精神赡养状况不容乐观

世界卫生组织指出,健康不仅仅是没有身体的缺陷和疾病,还要有完整的生理、心理状态和社会适应能力。换言之,健康就是身心健康的统一体,是一种身心协调的和谐状态。然而,老年人由于多方面的原因,会普遍产生一定的"精神疲惫感",出现"无用感、排斥感、内心空虚和厌烦、孤独、害怕"等复杂的情感。这就要求社会为他们的心理和精神健康提供必要的物质设施和保障机制。

从我国的现实情况而言,尽管政府和社会以及家庭在这方面做了不少工作,特别是家庭在满足老年人情感需要方面取得了一定的效果,但整体状况不容乐观。活动场所缺乏、社区组织引导不到位以及老年人自身文化素质较差等因素导致老年人文化娱乐活动参与率低,闲暇生活单调,很多老年人有孤独感。

德国医学家胡夫兰德在《人生长寿法》中指出,一切不利的影响因素中,最能使人短命夭亡的,莫过于不良的情绪和恶劣的心境,如忧虑、颓废、惧怕、贪婪、怯懦、嫉妒和憎恨等。研

---

① 新二十四孝的具体内容为:1. 经常带着爱人、子女回家;2. 节假日尽量与父母共度;3. 为父母举办生日宴会;4. 亲自给父母做饭;5. 每周给父母打个电话;6. 父母的零花钱不能少;7. 为父母建立"关爱卡";8. 仔细聆听父母的往事;9. 教父母学会上网;10. 经常为父母拍照;11. 对父母的爱要说出口;12. 打开父母的心结;13. 支持父母的业余爱好;14. 支持单身父母再婚;15. 定期带父母做体检;16. 为父母购买合适的保险;17. 常跟父母做交心的沟通;18. 带父母一起出席重要的活动;19. 带父母参观你工作的地方;20. 带父母去旅行或故地重游;21. 和父母一起锻炼身体;22. 适当参与父母的活动;23. 陪父母拜访他们的老朋友;24. 陪父母看一场老电影。

究发现,得到社会及家庭安慰、体贴的老人要比那些与子女关系不融洽、得不到关心爱护的老人寿命长10~15年。因为当老人得到来自家庭和社会的亲情关爱时,会感到心情舒畅,从而有益于身心健康;反之,忽视老人的精神需要,极易使老人产生消极情绪,这对很多疾病的发生、发展起到推波助澜的作用。因此,全社会应当高度重视老年人的精神需要,高度关心老年人的精神赡养问题的解决。

(四) 老年人社会参与方面的问题

"健康、参与、保障"是积极老龄化的三个支柱。积极应对人口老龄化强调增强老年人的社会参与。老年人退休后离开工作岗位、儿女离家、身体机能逐渐衰退,导致老年人与原有的社会联系逐渐减少。同时,疾病、失能、配偶及有亲密关系的人去世,也可能造成老年人的社会接触非常有限。这会对老年人的生理和心理健康产生负面影响。相关研究表明,尽管老年人社会参与的发展相比过去在不断进步,但在积极老龄化的具体实践中,"参与"仍然是相对薄弱的。我国老年人社会参与现状主要表现为以下几个方面。[①]

1. 老年人社会参与比例较低

全国范围内未进行社会参与的老年人比例将近40%,老年人社会参与的比例较低,这将不利于积极老龄化和健康老龄化的发展。[②] 产生这一现象的原因可能有以下几点:一是老年人自身参与意愿较低;二是相关社会活动的宣传力度较小,参与途径较少,老年人对于信息的获取能力相对较弱,识别信息的能力不足,从而挫败了其社会参与的积极性、热情和信心;三是不同群体对于老年人的认知偏差,传统观念中人们将老年人视为社会上的弱势群体,否认老年人的能力,对老年群体存在偏见,而家庭中的其他成员也认为老年人应减少与社会的接触,以降低意外发生的概率,或是居家帮助照顾幼小孩童,老年群体的社会参与和隔代抚养间存在矛盾。

2. 老年人社会参与类型单一

娱乐性活动属于较集中和易实现的活动,普遍受到大部分老年人的喜爱,但对于那些更具发展性的活动,老年人的参与比例还很低。志愿性、服务性参与形式对于老年人力资源的利用和开发相对不足。

3. 农村老年人社会参与不足

总体来说,农村老年群体社会参与低于城镇老年群体。在经济活动参与中,农村老年人参与比例较城镇高,这是由于农村老年人较多没有固定工作且没有退休这一概念,为维持生计需要从事农业生产等属于经济领域的工作,从而提升了经济活动参与比例。但在其他类型的社会参与中,农村老年人相对于城镇老年人普遍不足,这主要是由于农村地区缺乏相应的参与条件或设备,组织宣传不足,居住环境封闭等。相关研究表明,我国农村女性老年人社会参与水平普遍低于男性老年人,女性老年人较多参与家务型活动,男性老年人则较多参与社交型活动。

4. 外部环境支持程度不足

老年人的素质相比过去已经大幅提高,不论是身体素质、道德素质还是业务素质等,其

---

① 田聪慧,王二辰.老年人社会参与现状、困境及路径探析[J].社会与公益.2021,12(05):82-84.
② 同上.

对社会参与的需要不断提高。尽管如此,老年群体进行社会参与依旧需要外部提供相应的环境支持。首先,老年人社会参与缺乏法律支持,这便无法从真正意义上保障老年人社会参与的权益。其次,老年人社会参与的信息交流和学习平台建设不完善,无法全面满足当下老年人的需要。数字化时代是全民参与的时代,老年人是不可忽视的重要群体,只有供需匹配,才能更好地实现其社会参与。

【思考与讨论】

缺乏对老年人精神健康的关注会对老年人产生怎样的影响?作为一名老年社会工作者,你可以做些什么呢?

实训项目

老年人的需要分析。

【实训目标】

(1) 培养学生辨识老年人的具体需要的能力。

(2) 探究造成老年人困境的原因。

(3) 激发学生为老年人服务的使命感。

【实训内容与方法】

(1) 阅读下面的案例,并思考以下问题:

① 案例中的李伯、陈伯的晚年生活面临哪些问题?他们有哪些需要?

② 什么原因导致了案例中李伯、陈伯的需要未被满足?

③ 你认为案例中的李伯、陈伯哪些方面需要帮助或支持呢?

(2) 先由个人阅读并分析案例,针对以上问题写出发言提纲。

(3) 再以小组为单位进行集体讨论。

案例

李伯78岁,3年前查出患有肾癌,曾一度精神萎靡,在老伴儿的关心与帮助下,病情逐渐好转,心态也有了好的转变。但好景不长,李伯再次受到巨大打击,老伴儿突发意外离世,李伯精神崩溃,长期痛哭导致右眼失明,左眼视力迅速下降,现阶段在借助药物治疗。李伯的两个女儿都已出嫁,很少回来陪伴父亲,李伯感觉很孤单,身体状况也越来越差。他平日很少出门,感觉自我照顾也越来越困难。

陈伯63岁,3年前退休,曾做管理工作多年,忙忙碌碌,勤勤恳恳,有很好的口碑。陈伯的儿女都在外地工作,一年难得回来几次,家中常年只有陈伯与老伴儿两人。退休

项目二 了解老年人的需要及权益保障

后他每天就是帮着老伴儿买菜、做家务,感觉时间过得很慢,十分无聊,常坐在那里叹气。陈伯觉得自己有很多精力,还能干很多事情,不能现在就闲下来,他很想出去找点事情做,但也没找到什么事情。老伴儿发现他不像以前那么开朗了,问他有什么烦心事,他也不说;老伴儿劝他到公园走走,他也不感兴趣。陈伯不知道怎么安排生活,心中十分失落,闷闷不乐。

【实训评估】

1. 评估标准:能准确辨识老年人的需要并能探究老年人需要未被满足的原因。
2. 评估方式:
(1) 根据个人的发言提纲评定成绩。
(2) 以组为单位,根据分享讨论中的表现评定成绩。

任务二 保障老年人权益

情境

张妈妈今年70岁,她早年丧偶,一个人含辛茹苦将唯一的儿子养大。张妈妈退休后,由于上了年纪,腿脚不便,就和儿子一家三口同住,还帮忙照顾孙子好几年。在此期间,张妈妈与儿子、儿媳的关系并不很好,尤其是婆媳关系比较紧张。孙子今年6岁,该上小学了,儿子决定在市中心再买一套房子,搬过去住,张妈妈满心欢喜。可是儿子、儿媳却以地方小为由,坚持要一家三口搬去新家,将张妈妈一个人留在老房子住,张妈妈顿时傻了,不知道怎样处理才好。她开始担心起自己的晚年生活,觉得自己无依无靠,很孤单,开始变得整天闷闷不乐,心事重重。

学生分析:

1. 案例中反映出张妈妈的哪些权益没有得到有效的保障?
2. 老年社会工作者应如何为张妈妈提供帮助以保障其权益?

知识导学

在我国,老年人是指60周岁以上的公民。国际上通常把60岁以上的人口占总人口比例达到10%,或65岁以上人口占总人口的比例达到7%作为国家或地区进入老龄化社会的标准。我国自20世纪末进入老龄化社会以来,老年人口数量和占总人口的比重持续增长。2021年5月公布的《第七次全国人口普查公报》显示,60岁及以上人口为264 018 766人,占18.70%,其中65岁及以上人口为190 635 280人,占13.50%。与2010年第六次全国人口普查相比,0~14岁人口的比重上升1.35个百分点,15~59岁人口的比重下降6.79个百分

点,60岁及以上人口的比重上升5.44个百分点,65岁及以上人口的比重上升4.63个百分点。① 人口老龄化已成为需要全社会普遍关注的重大问题,在这种情况之下,尤其要关注老年人的权益保障问题。2021年,习近平总书记对老龄工作作出重要指示,贯彻落实积极应对人口老龄化国家战略,把积极老龄观、健康老龄化理念融入经济社会发展全过程,加大制度创新、政策供给、财政投入力度,健全完善老龄工作体系,强化基层力量配备,加快健全社会保障体系、养老服务体系、健康支撑体系。要大力弘扬孝亲敬老传统美德,落实好老年优待政策,维护好老年人合法权益,发挥好老年人积极作用,让老年人共享改革发展成果、安享幸福晚年。《中华人民共和国老年人权益保障法》(以下简称《老年人权益保障法》)明确规定,国家保障老年人依法享有的权益。老年人有从国家和社会获得物质帮助的权利,有享受社会服务和社会优待的权利,有参与社会发展和共享发展成果的权利。

老年人权益是指老年人依照国家法律法规享有的各项权利和利益的总称,老年人权益既包括老年人与其他群体共同享有的政治、经济、文化、社会生活等方面的权利和利益,也包括老年人作为社会特殊群体所享有的特殊权利和利益。《老年人权益保障法》明确规定,国家和社会应当采取措施,健全保障老年人权益的各项制度,逐步改善保障老年人生活、健康、安全以及参与社会发展的条件,实现老有所养、老有所医、老有所为、老有所学、老有所乐。《中华人民共和国国民经济和社会发展第十四个五年规划和2035年远景目标纲要》(以下简称《十四五规划》)提出:"构建养老、孝老、敬老的社会环境,强化老年人权益保障。"

一、老年人权益保障的主要内容

《老年人权益保障法》于1996年8月29日第八届全国人民代表大会常务委员会第二十一次会议通过,2018年12月29日第十三届全国人民代表大会常务委员会第七次会议第三次修正。老年社会工作者在实践中要按照专业价值理念、方法和技巧为服务对象提供服务,这种服务一定要在现有的法律法规的框架之下来提供。因此,能否全面、深入地把握行业相关的法律法规及政策并自觉地遵守,是衡量老年社会工作者职业水平的主要标准之一。老年社会工作者要清晰地知道,老年人权益是受法律保障的。老年社会工作者在制订服务计划或为老年服务对象提供服务的时候,必须以法律为依据,在现有的法律法规框架下开展工作。

下面介绍《老年人权益保障法》关于家庭赡养与扶养、社会保障、社会服务、社会优待、宜居环境、参与社会发展等六个方面的主要内容。

(一)家庭赡养与扶养

老年人有权获得其子女以及其他依法负有赡养义务的人的赡养与扶助。《老年人权益保障法》对老年人的家庭赡养与抚养作出了专门规定,主要有家庭赡养、抚养与监护、婚姻、财产与继承等几个方面。

1. 家庭赡养

(1)责任主体。《老年人权益保障法》规定:"国家建立和完善以居家为基础、社区为依托、机构为支撑的社会养老服务体系。""老年人养老以居家为基础,家庭成员应当尊重、关心

---

① 数据来源于国家统计局第七次全国人口普查公报(第五号)。

和照料老年人。"《十四五规划》提出:"推动养老事业和养老产业协同发展,健全基本养老服务体系,大力发展普惠型养老服务,支持家庭承担养老功能,构建居家社区机构相协调、医养康养相结合的养老服务体系。"

赡养人是指老年人的子女以及其他依法负有赡养义务的人。赡养人应当履行对老年人经济上供养、生活上照料和精神上慰藉的义务,照顾老年人的特殊需要。赡养人应当使患病的老年人及时得到治疗和护理;对经济困难的老年人,应当提供医疗费用。对生活不能自理的老年人,赡养人应当承担照料责任;不能亲自照料的,可以按照老年人的意愿委托他人或者养老机构等照料。

(2) 住房。老年人有权居住在条件良好的房屋;老年人自有或承租住房,子女或者其他亲属不得侵占。《老年人权益保障法》第十六条规定:"赡养人应当妥善安排老年人的住房,不得强迫老年人居住或者迁居条件低劣的房屋。老年人自有的或者承租的住房,子女或者其他亲属不得侵占,不得擅自改变产权关系或者租赁关系。老年人自有的住房,赡养人有维修的义务。"

(3) 承包地。赡养人有义务耕种或者委托他人耕种老年人承包的田地,照管或者委托他人照管老年人的林木和牲畜等,收益归老年人所有。

(4) 精神慰藉。家庭成员应当关心老年人的精神需要,不得忽视、冷落老年人。与老年人分开居住的家庭成员,应当经常看望或者问候老年人。

(5) 赡养人的禁止行为。赡养人不得以放弃继承权或者其他理由,拒绝履行赡养义务。赡养人不履行赡养义务,老年人有要求赡养人付给赡养费等权利。赡养人不得要求老年人承担力不能及的劳动。

2. 扶养与监护

老年人与配偶有相互扶养的义务。由兄、姐扶养的弟、妹成年后,有负担能力的,对年老无赡养人的兄、姐有扶养的义务。

经老年人同意,赡养人之间可以就履行赡养义务签订协议。赡养协议的内容不得违反法律的规定和老年人的意愿。基层群众性自治组织、老年人组织或者赡养人所在单位监督协议的履行。

《老年人权益保障法》第二十六条规定:"具备完全民事行为能力的老年人,可以在近亲属或者其他与自己关系密切、愿意承担监护责任的个人、组织中协商确定自己的监护人。监护人在老年人丧失或者部分丧失民事行为能力时,依法承担监护责任。"

3. 婚姻

老年人有按照自己的意愿决定和处理婚姻问题的权利。《老年人权益保障法》第二十一条规定:"老年人的婚姻自由受法律保护。子女或者其他亲属不得干涉老年人离婚、再婚及婚后的生活。赡养人的赡养义务不因老年人的婚姻关系变化而消除。"

4. 财产

《老年人权益保障法》第二十二条规定:"老年人对个人的财产,依法享有占有、使用、收益和处分的权利,子女或者其他亲属不得干涉,不得以窃取、骗取、强行索取等方式侵犯老年人的财产权益。"

老年人可以按照自己的意愿占有、使用和处分其个人所有的财产,也可以依法将其财产

出售、转让,不必征得其子女或者亲属的同意。认为父母的财产理所应当属于子女所有的认识是片面的,子女干涉老年人依法处分个人财产,甚至强行索取、占有老年人财物的行为是违法的。

5. 继承

《老年人权益保障法》第二十二条规定:"老年人有依法继承父母、配偶、子女或者其他亲属遗产的权利,有接受赠与的权利。子女或者其他亲属不得侵占、抢夺、转移、隐匿或者损毁应当由老年人继承或者接受赠与的财产。老年人以遗嘱处分财产,应当依法为老年配偶保留必要的份额。"

(二) 社会保障

老年人有从国家和社会获得保障的权利。《老年人权益保障法》在第三章明确规定了老年人的社会保障权,从而确立了老年人的生活保障、医疗保障、住房保障、社会福利、社会抚养等方面的权利。

1. 生活保障

老年人有从国家和社会获得生活保障的权利。《老年人权益保障法》第二十八条规定:"国家通过基本养老保险制度,保障老年人的基本生活。"国家逐步开展长期护理保障工作,保障老年人的护理需求。对生活长期不能自理、经济困难的老年人,地方各级人民政府应当根据其失能程度等情况给予护理补贴。

老年人无劳动能力、无生活来源、无赡养人和扶养人,或者其赡养人和扶养人确无赡养能力或者扶养能力的,由地方各级人民政府依照有关规定给予供养或者救助。对流浪乞讨、遭受遗弃等生活无着的老年人,由地方各级人民政府依照有关规定给予救助。

2. 医疗保障

老年人有从国家和社会获得医疗保险和医疗救助的权利。《老年人权益保障法》第二十九条规定:"国家通过基本医疗保险制度,保障老年人的基本医疗需要。享受最低生活保障的老年人和符合条件的低收入家庭中的老年人参加新型农村合作医疗和城镇居民基本医疗保险所需个人缴费部分,由政府给予补贴。有关部门制定医疗保险办法,应当对老年人给予照顾。"

3. 住房保障

地方各级人民政府在实施廉租住房、公共租赁住房等住房保障制度或者进行危旧房屋改造时,应当优先照顾符合条件的老年人。

4. 社会福利

老年人有从国家和社会获得社会福利的权利。《老年人权益保障法》第三十三条规定:"国家建立和完善老年人福利制度,根据经济社会发展水平和老年人的实际需要,增加老年人的社会福利。国家鼓励地方建立八十周岁以上低收入老年人高龄津贴制度。国家建立和完善计划生育家庭老年人扶助制度。农村可以将未承包的集体所有的部分土地、山林、水面、滩涂等作为养老基地,收益供老年人养老。"

《"十四五"公共服务规划》提出,"逐步提升老年人福利水平,完善经济困难高龄失能老年人补贴制度。"

5. 社会扶养

老年人有从国家和社会获得社会扶养的权利。《老年人权益保障法》第三十六条规定："老年人可以与集体经济组织、基层群众性自治组织、养老机构等组织或者个人签订遗赠扶养协议或者其他扶助协议。负有扶养义务的组织或者个人按照遗赠扶养协议,承担该老年人生养死葬的义务,享有受遗赠的权利。"

(三) 社会服务

老年人有从国家和社会获得生活照顾服务的权利。为了保证老年人享受生活照顾的实现,《老年人权益保障法》从以下几个方面做了规定。

1. 城乡社区养老服务

《老年人权益保障法》第三十七条规定:"地方各级人民政府和有关部门应当采取措施,发展城乡社区养老服务,鼓励、扶持专业服务机构及其他组织和个人,为居家的老年人提供生活照料、紧急救援、医疗护理、精神慰藉、心理咨询等多种形式的服务。对经济困难的老年人,地方各级人民政府应当逐步给予养老服务补贴。"

《十四五规划》提出:"完善社区居家养老服务网络,推进公共设施适老化改造,推动专业机构服务向社区延伸,整合利用存量资源发展社区嵌入式养老。强化对失能、部分失能特困老年人的兜底保障,积极发展农村互助幸福院等互助性养老。"

2. 老年志愿服务

《老年人权益保障法》第三十八条规定:"发扬邻里互助的传统,提倡邻里间关心、帮助有困难的老年人。鼓励慈善组织、志愿者为老年人服务。倡导老年人互助服务。"

3. 养老服务设施建设

《老年人权益保障法》第三十八条规定:"地方各级人民政府和有关部门、基层群众性自治组织,应当将养老服务设施纳入城乡社区配套设施建设规划,建立适应老年人需要的生活服务、文化体育活动、日间照料、疾病护理与康复等服务设施和网点,就近为老年人提供服务。"第四十条规定:"地方各级人民政府和有关部门应当按照老年人口比例及分布情况,将养老服务设施建设纳入城乡规划和土地利用总体规划,统筹安排养老服务设施建设用地及所需物资。公益性养老服务设施用地,可以依法使用国有划拨土地或者农民集体所有的土地。"第四十一条规定:"政府投资兴办的养老机构,应当优先保障经济困难的孤寡、失能、高龄等老年人的服务需求。"

《十四五规划》提出:"深化公办养老机构改革,提升服务能力和水平,完善公建民营管理机制,支持培训疗养资源转型发展养老,加强对护理型民办养老机构的政策扶持,开展普惠养老城企联动专项行动。"

4. 老年医疗卫生服务

《老年人权益保障法》第五十条规定:"各级人民政府和有关部门应当将老年医疗卫生服务纳入城乡医疗卫生服务规划,将老年人健康管理和常见病预防等纳入国家基本公共卫生服务项目。鼓励为老年人提供保健、护理、临终关怀等服务。国家鼓励医疗机构开设针对老年病的专科或者门诊。医疗卫生机构应当开展老年人的健康服务和疾病防治工作。"

5. 养老服务人才队伍建设

《老年人权益保障法》第四十七条规定:"国家建立健全养老服务人才培养、使用、评价和激励制度,依法规范用工,促进从业人员劳动报酬合理增长,发展专职、兼职和志愿者相结合的养老服务队伍。国家鼓励高等学校、中等职业学校和职业培训机构设置相关专业或者培训项目,培养养老服务专业人才。"

《老年人权益保障法》第五十一条规定:"国家采取措施,加强老年医学的研究和人才培养,提高老年病的预防、治疗、科研水平,促进老年病的早期发现、诊断和治疗。"

6. 养老服务监督管理

《老年人权益保障法》第四十二条规定:"国务院有关部门制定养老服务设施建设、养老服务质量和养老服务职业等标准,建立健全养老机构分类管理和养老服务评估制度。各级人民政府应当规范养老服务收费项目和标准,加强监督和管理。"

《老年人权益保障法》第四十四条规定:"地方各级人民政府加强对本行政区域养老机构管理工作的领导,建立养老机构综合监管制度。县级以上人民政府民政部门负责养老机构的指导、监督和管理,其他有关部门依照职责分工对养老机构实施监督。"

根据《老年人权益保障法》第四十五条的规定,县级以上人民政府民政部门依法履行监督检查职责,可以采取以下措施:① 向养老机构和个人了解情况;② 进入涉嫌违法的养老机构进行现场检查;③ 查阅或者复制有关合同、票据、账簿及其他有关资料;④ 发现养老机构存在可能危及人身健康和生命财产安全风险的,责令限期改正,逾期不改正的,责令停业整顿。县级以上人民政府民政部门调查养老机构涉嫌违法的行为,应当遵守《中华人民共和国行政强制法》和其他有关法律、行政法规的规定。

(四) 社会优待

老年人有从国家和社会获得优待和照料的权利。对老年人的社会优待主要体现在社会服务、法律服务、医疗服务、公共服务等方面。

1. 社会服务优待

《老年人权益保障法》第五十四条规定:"各级人民政府和有关部门应当为老年人及时、便利地领取养老金、结算医疗费和享受其他物质帮助提供条件。"第五十五条规定:"各级人民政府和有关部门办理房屋权属关系变更、户口迁移等涉及老年人权益的重大事项时,应当就办理事项是否为老年人的真实意思表示进行询问,并依法优先办理。"

2. 法律服务优待

《老年人权益保障法》第五十六条规定:"老年人因其合法权益受侵害提起诉讼交纳诉讼费确有困难的,可以缓交、减交或者免交;需要获得律师帮助,但无力支付律师费用的,可以获得法律援助。"

3. 医疗服务优待

《老年人权益保障法》第五十七条规定:"医疗机构应当为老年人就医提供方便,对老年人就医予以优先。有条件的地方,可以为老年人设立家庭病床,开展巡回医疗、护理、康复、免费体检等服务。"

4. 公共服务优待

《老年人权益保障法》第五十八条规定:"提倡与老年人日常生活密切相关的服务行业为老年人提供优先、优惠服务。城市公共交通、公路、铁路、水路和航空客运,应当为老年人提供优待和照顾。"第五十九条规定:"博物馆、美术馆、科技馆、纪念馆、公共图书馆、文化

馆、影剧院、体育场馆、公园、旅游景点等场所,应当对老年人免费或者优惠开放。"

(五)享受宜居环境

《老年人权益保障法》第六章中提出,国家采取措施,推进宜居环境建设,为老年人提供安全、便利和舒适的环境。国家保障老年人的宜居环境体现在社会和社区两个层面。

1. 社会层面

《老年人权益保障法》第六十二条规定:"各级人民政府在制定城乡规划时,应当根据人口老龄化发展趋势、老年人口分布和老年人的特点,统筹考虑适合老年人的公共基础设施、生活服务设施、医疗卫生设施和文化体育设施建设。"

《老年人权益保障法》第六十四条规定:"国家制定无障碍设施工程建设标准。新建、改建和扩建道路、公共交通设施、建筑物、居住区等,应当符合国家无障碍设施工程建设标准。各级人民政府和有关部门应当按照国家无障碍设施工程建设标准,优先推进与老年人日常生活密切相关的公共服务设施的改造。无障碍设施的所有人和管理人应当保障无障碍设施正常使用。"

2. 社区层面

《老年人权益保障法》第六十五条规定:"国家推动老年宜居社区建设,引导、支持老年宜居住宅的开发,推动和扶持老年人家庭无障碍设施的改造,为老年人创造无障碍居住环境。"

(六)参与社会发展

社会发展权是指老年人依法拥有继续为国家、社会做贡献的权利以及享有文化教育权。《老年人权益保障法》第六十六条规定:"国家和社会应当重视、珍惜老年人的知识、技能、经验和优良品德,发挥老年人的专长和作用,保障老年人参与经济、政治、文化和社会生活。"根据《老年人权益保障法》第六十九条的规定,国家应为老年人参与社会发展创造条件,根据社会需要和可能,鼓励老年人在自愿和量力的情况下,从事下列活动:① 对青少年和儿童进行社会主义、爱国主义、集体主义和艰苦奋斗等优良传统教育;② 传授文化和科技知识;③ 提供咨询服务;④ 依法参与科技开发和应用;⑤ 依法从事经营和生产活动;⑥ 参加志愿服务、兴办社会公益事业;⑦ 参与维护社会治安、协助调解民间纠纷;⑧ 参加其他社会活动。

同时,《老年人权益保障法》第七十一条规定了老年人有继续受教育的权利。国家发展老年教育,把老年教育纳入终身教育体系,鼓励社会办好各类老年学校。国家和社会采取措施,开展适合老年人的群众性文化、体育、娱乐活动,丰富老年人的精神文化生活。

案例

张某和钱某老两口均已年过花甲,退休在家,居住在上海,两人的退休工资颇丰,物质生活无忧。两人有一独子小张,在香港的一家投资银行工作。如今,小张已经是公司高管,金融界精英。可是,老两口并不开心,因为一年到头看不到儿子几眼。但老两口还是给予儿子最大的理解,支持他的事业发展。

后来,小张所在的公司开始拓展内地的业务,在上海设立了办事处。小张于是经常香港、上海两头跑。老两口得知后非常开心,充满期待,心想这下儿子能常来看看他们

了。然而,事与愿违,小张依然整日忙于公司业务,无暇顾及老人。老两口很是伤心,去小张单位,跟小张说:"你没空回来看我们,我们来看你!"小张觉得父母扰乱了公司的正常工作秩序,让保安将父母打发走了。这下,老两口伤透了心,觉得儿子眼里根本没他们,只有工作。

后来,老两口找了个保姆小孙,小孙来自安徽农村,活泼开朗,心灵手巧。渐渐的,张家的欢声笑语多了起来。

然而,天有不测风云,张某突然中风,半身不遂。钱某立马打电话给儿子,儿子只是匆匆来医院看望了一下,又回去忙工作了。接下来的日子里,都是小孙照顾张某。张某病情好转,钱某心情也轻松了些。一天,张某趁小孙出去买菜,跟老伴儿钱某商量:"我们指望不上儿子了,小孙是个好孩子,任劳任怨,诚实可靠。要不我们就指望她吧,认她做我们的干女儿,我们拿出20万元分期给她,让她照顾我们好了。"钱某觉得儿子整天只顾自己的事业,完全不考虑他们的感受,于是同意了张某的提议。

接下来,老两口与小孙商量了这件事,小孙甚为感动,欣然答应。于是双方签订了协议,约定老两口分期赠予小孙20万元,小孙照顾他们的晚年。

协议签订后,老两口通知了儿子。小张听到这个消息后难以置信,自己的亲生父母要把财产送给一个不相干的人。小张不能接受父母这样对自己,倒不是在乎钱,而是觉得父母不认他这个儿子了。小张觉得自己不能经常去看父母,尽孝心,是因为自己工作真的忙。他希望父母理解他,解除那份协议。老两口没有答应,于是小张起诉到法院,要求撤销那份协议。①

学生分析:

1. 案例中的张某和钱某的哪些权益没有得到应有的保障?
2. 张某和钱某与小孙签订的协议是否有法律效力?
3. "张某和钱某与小孙签订了遗赠抚养协议,小张'损失'了20万元,但因此而免除了赡养义务。"试对这一说法进行评析。

二、老年社会工作者在老年人权益保障中的作用及介入方法

(一) 老年社会工作者在老年人权益保障中的作用

老年人由于其自身的特殊性,在社会转型的过程中容易被边缘化、受歧视甚至受到不公正的待遇而产生孤独感、失落感或失败感,他们也被称为是社会的弱势群体,他们的权益有时无法得到应有的保障。

从专业角度看,社会工作侧重于通过改变社会环境和个人层面因素帮助弱势群体重构社会生活。老年社会工作者介入还可以满足老年人的个性化、多元化需要。例如,健康的老年人需要保持活跃的、积极的生活方式,而健康状况不佳的老年人则更多地需要生活照料和情感支持。处在这两类老年人之间的是数量最为庞大的普通老年人,虽然他们大部分可以

---

① 傅鼎生. 老年人权益保障实用手册[M]. 上海:上海文艺出版集团,上海:上海锦绣文章出版社,2011:22.

生活自理,但是也有一些由于家人的疏于照料或不依法履行赡养、扶养义务,需要特定的精神健康服务。老年社会工作者的介入可以有效地维护老年人的权益,缓解老年人的社会隔离,有助于化解老年人的心结,帮助他们接受新的生活环境,学习新的生活技巧,增强社会适应能力,并探索出新的生命意义。老年社会工作者还可以通过治疗性小组、社交娱乐小组等小组活动,直接解决老年人社会关系缩减、社交机会减少的问题。

因此,老年社会工作者介入老年人权益保障,能为解决老年人合法权益问题提供专业性支持,有利于老年人合法权益的维护。

(二) 老年社会工作者在老年人权益保障中的介入方法

1. 直接介入方法

当老年人的权益受到侵犯,他们除了需要国家法律层面的保护外,更加需要个性化的、有针对性的服务。这时,老年社会工作者就需要为老年人提供直接的、具体的服务。直接的介入方法包括以下两种。[①]

(1) 为老年人提供个案辅导。

在发生权益侵犯时,一些老年人并不知道自己被侵犯的权益受法律的保护,有一些老年人虽然知道自己的合法权益被侵犯,但出于种种考虑,并不会主动寻求帮助,这时候,老年人会产生一种强烈的无力感。同时对于合法权益被侵犯的行为无能为力,只能听之任之,忍气吞声,时间一长,老年人就有可能因为长期的情绪低落而导致抑郁症的出现,甚至产生自杀的想法。针对这些老年人,老年社会工作者需要为他们提供个案辅导,首先要使他们因合法权益被侵犯而产生的负面情绪得以宣泄,老年社会工作者要以同理、接纳的态度给予老年人以情感支持;其次,老年社会工作者要让老年人了解自己的合法权益,这是老年人自我保护的基础;最后,老年社会工作者要帮助老年人树立法律保护的意识,鼓励并协助他们运用法律武器保护自己的合法权益。有些老年人可能不想对自己的子女造成伤害,并不想通过法律手段解决自己的问题,这时老年社会工作者要尊重老年人的想法。对于这样的情况,老年社会工作者可以充当调解者的角色,通过和老年人的家人进行沟通,使他们了解到他们的行为在本质上是侵犯了老年人的合法权益,也要让他们了解到老年人避免诉诸法律是怕会给他们造成负面影响的良苦用心。当然,了解家庭成员侵犯老年人合法权益的真实原因,使他们认识到自己的行为给老年人带来的伤害,帮助改善家庭成员和老年人之间的关系才是最重要的介入内容。

(2) 协助老年人形成互助、自助团体。

团体是增权取向社会工作的一个重要媒介。团体对老年人的一个重要作用在于他们能够从其他成员那里获得情感支持。在没有加入团体前,他们通常认为自己的情况很特殊,自己的境况很艰难。一旦加入了团体,他们就会发现原来还有很多和自己的境况类似或是境况不如自己的人,自己并不是孤孤单单的一个人,这种情感支持对于合法权益受到侵犯的老年人来说是很重要的。除此之外,他们还能分享彼此的经验,并能从其他成员那里学到应对某些侵权行为的技巧。在老年人互助和自助团体中,老年社会工作者充当组织者和指导者的角色。通过自助团体的活动,老年人可以凭借集体的力量找出应对侵犯老年人合法权益

[①] 张恺悌. 老年社会工作实务[M]. 北京:中国社会出版社,2009:170—172.

行为的方法,或者是制订出进一步完善老年人权益保护相关政策法规的建议方案。

2. 间接介入方法

(1) 从权益视角看待老年人权益保障问题。

老年社会工作是运用社会工作的专业知识,以老年人及其相关人员和系统为工作对象,帮助老年人特别是处境困难的老年人,改善老年人的社会功能,提高老年人的生活质量,使老年人有更好的社会适应能力和福祉。老年社会工作者介入老年人权益保障,可以使老年社会工作者在为老年人提供服务的过程中更多地从权益的视角来看待和处理问题,有针对性地关注老年人的合法权益,注意到老年人的哪些权益没有得到应有的保障,国家、社会、家庭以及老年人群体自身应从哪些层面保障老年人的合法权益。进而,老年社会工作者可以通过资源整合、政策倡导、宣传教育等方式有针对性地促进老年人权益保障。

(2) 资源整合。

资源整合是老年社会工作者需要具备的一项重要能力。保障老年人权益,需要老年社会工作者整合多方面的资源,发挥现有资源的最大效能,并积极拓展资源,最大限度地维护老年人权益。具体来看:一是要整合政府与非政府资源;二是要整合机构、社区与家庭资源;三是要构建"社工+志愿者"的老年人权益保障模式,调动志愿者力量做好老年人权益保障工作,最终实现组织之间的功能互补,构建一个纵向贯通、横向结合的有机协调的老年人权益保障体系。

(3) 政策倡导。

倡导者是老年社会工作者的一个重要角色。虽然《老年人权益保障法》对老年人的权益和国家、社会、家庭以及老年人自身在保障老年人权益中的作用都做出了规定,但侵害老年人权益的现象仍然存在。此外,我国地区差异大,老龄化发展的程度也不尽相同,各地应该根据当地情况制定更加明确、具体、操作性强、适合当地情况的老年人权益保障办法。

老年社会工作者在为老年人提供服务的过程中,通过与服务对象的接触,了解和掌握服务对象的具体需要和情况。《老年人权益保障法》或其他涉及老年人权益保障的法律法规在执行中存在不足,导致老年人权益保障没有落到实处,抑或可以采取哪些更加有效、合理的方式、方法来保障老年人权益,老年社会工作者可向政府有关部门提出政策完善或细化的建议,进行政策倡导。

(4) 宣传教育。

对老年人权益保障的宣传教育至关重要。老年社会工作者通过宣传教育可以做到:① 使政府、社会、家庭成员更加关注老年人权益保障问题,营造一种尊老、敬老、爱老的社会氛围;② 加强《老年人权益保障法》等相关法律法规或政策的宣传,使社会成员了解老年人权益以及自己在保障老年人权益中的责任与义务;③ 使老年人群体了解老年人有哪些权益以及可以通过什么途径、什么方法维护自身的权益;④ 通过宣传教育,帮助老年人消除思想中的障碍,树立用法律武器保障自身权益的意识。这是老年社会工作者的责任,也有助于他们更好地和老年人相处,更好地服务老年人。

【思考与讨论】

面对老年人权益受侵犯的现象,老年社会工作者应该采取什么样的有效介入方法?试评价老年社会工作者介入老年人权益保障的方法。

实训项目

保障老年人权益。

【实训目标】

(1) 在具体的案例中辨识老年人权益保障的基本内容。

(2) 掌握老年社会工作者在老年人权益保障中的介入方法。

(3) 提升保障老年人权益的意识。

【实训内容与方法】

(1) 阅读下面的案例,并思考以下问题:

① 在案例中,李阿婆的哪些权益没有得到很好的保障?

② 针对李阿婆目前的困境,老年社会工作者可采取什么样的介入策略以保障李阿婆的权益?

案例

李阿婆现年83岁,老伴儿已经去世多年。李阿婆共有六个子女,平时她跟独身的小儿子一起居住,其他五个子女则分别居住在本市其他各个地方。2020年冬天,李阿婆的小儿子因遭遇车祸不幸身亡,李阿婆一下子变成了依靠低保金生活的独居老人,身体状况也每况愈下。李阿婆的其他五个子女在照顾母亲的问题上相互推诿,谁都不肯承担照顾和赡养母亲的责任。现在,年老多病的李阿婆孤身一人独自生活,行动不便,很少出门,有时烧一顿饭要吃好几天,有时烧不动就只有饿肚子。

(2) 具体步骤:

① 推选小组主持人、发言人和记录人。② 针对以上问题逐步展开讨论。③ 小组发言人代表小组在全班发言。④ 教师总结。

【实训评估】

(1) 评估标准:

① 能准确说明李阿婆的哪些权益没有得到很好的保障。

② 能运用本任务所学知识分析上述案例,提出介入策略,逻辑性较强。

(2) 评估方式:

① 撰写小组讨论报告。

② 根据小组整体表现进行评价。

项目三　了解人口老龄化及从社会工作视角看待老年人

很多人把老年人问题化,即把老年人视为无用或负担,这显然不利于老年人的生存与发展,尤其是在人口老龄化快速发展的今天,如何看待老年人显得尤为重要。本项目主要介绍人口老龄化概念,我国人口老龄化的背景、特征,以及从社会工作专业视角去看待老年人。

知识目标:

1. 了解我国人口老龄化的背景;
2. 掌握人口老龄化的概念及特点;
3. 理解社会工作者看待老年人的独特视角。

技能目标:

1. 具有运用积极老龄化的理念看待老年人并为老年人服务的能力;
2. 具有运用社会工作专业视角看待老年人并为老年人服务的能力。

思政目标:

1. 树立积极老龄观;
2. 内化和践行尊重老年人的价值观。

知识导学

老龄化是社会发展到一定阶段必然出现的社会现象,是社会文明进步的标志。人口老龄化给社会带来的不仅仅是挑战,更是机遇,然而后者往往被忽视。联合国与世界卫生组织指出:只要国家和地区重视和发展预防性政策,推动健康与积极的老年项目,促使老年人健康、独立和继续有生产力,就可以面对人口老龄化挑战而享受人类最大的成就。换言之,老龄化不可避免,关键是我们如何看待这一社会现象。①

---

① 梅陈玉婵,齐铱,徐永德. 老年社会工作[M]. 上海:格致出版社,上海:上海人民出版社,2009:5.

项目三 了解人口老龄化及从社会工作视角看待老年人

任务一 了解人口老龄化

情境

随着老年人口在各国总人口中所占比重越来越大,老龄问题也越来越引起世界各国的关注。联合国把1999年确定为国际老人年,目的在于提高全球的老龄意识。据联合国《世界人口展望2022》报告预计,到2022年11月15日,全球人口将达到80亿。这一数字在今后几十年里将继续增长,但增速会有所放缓,且存在地区差异。由于全球平均预期寿命继续增加,叠加生育率下降,将加剧人口老龄化,老年人护理需求增加,将影响劳动力市场和国家养老金体系。联合国数据显示,2019年全球平均预期寿命为72.8岁,比1990年多9岁;到2050年,预计平均预期寿命达到77.2岁。65岁以上人口占总人口比例,2022年为10%,到2050年将升至16%。老龄化问题已经超越了国界,成为世界性话题。

学生分析:

1. 什么是老龄化?老龄化问题为何会引发世界各国的广泛关注?它对世界各国的社会发展会产生怎样的影响?

2. 作为老年社会工作者,我们如何看待于老龄化背景下的老年人?

一、人口老龄化

(一) 人口老龄化的概念

在关于老龄化的研究中,学者往往从个体老龄化和群体老龄化两个角度对老龄化加以界定。

人类个体的老龄化是指人类生理机能随着时间推移而衰老的过程。它主要受到两种因素的影响:一是遗传因素,它基本决定了人类生物体寿命的长短,是决定衰老最主要的因素;二是环境因素,包括生态环境和生活环境。也有学者将影响个体老龄化的因素归结为遗传、环境和个人的生活方式。世界卫生组织曾指出,影响人类健康和寿命的许多因素中,遗传因素占15%,社会经济因素占10%,与医疗服务技术有关的因素占8%,气候因素占7%,个人因素如个人生活习惯、卫生行为、精神面貌和保健意识等占60%。①

人类群体的老龄化即人口老龄化,是指人口结构的老龄化,它从人口数量变化和年龄变化的角度来考察人口年龄结构的老龄化状况,是一个动态的变化过程。根据这一特征,人口老龄化可以定义为:总人口中年轻人口数量减少、年长人口数量增加而导致的老年人口比例相应增长的动态过程。② 衡量人口老龄化状况的指标体系通常可以划分为反映人口老龄

---

① 邬沧萍,姜向群. 老年学概论[M]. 北京:中国人民大学出版社,2006:56.
② 同上书:125.

化的程度指标体系、速度指标体系和抚养比指标体系3类。[①]

人口老龄化是现代社会的人口现象,是随着死亡率和生育率的下降而必然出现的人口年龄结构的变动趋势,少儿人口比例的下降和老年人口比例的增长都会导致人口结构的老龄化。一般而言,当一个国家或地区60(65)岁及以上老年人占总口的10%(7%)时,我们就会将这一国家或地区称为"老龄化社会";当一个国家或地区65岁及以上人口占这一国家或地区总人口的14%时,我们就会将这一国家或地区称为"老龄社会"。

个体老龄化的结果必然是人的死亡,这是由人类的自然属性(生物属性)决定的,受生物规律的制约;群体老龄化的结果不会导致人类的灭亡,它是伴随着人类的发展和进步而出现的现象,受社会规律的制约。无论个体老龄化还是群体老龄化,虽然它们都以人的生物属性为基础,生物属性决定了人类的衰老过程和老龄化的速度,但是它们又受人类社会制度、生活方式、行为方式等因素的影响,甚至法律和伦理道德都会从不同方面不同程度地影响个体和群体老龄化的范围和程度。[②]

(二) 人口老龄化的影响

人口老龄化是老年人口相对增加、少儿人口相对减少的人口年龄结构的变化过程,它的直接原因是出生率的下降和人均预期寿命的延长,根本原因则是社会经济发展的结果。因此,人口老龄化所凸显的老年问题就不仅仅是老年群体自身的问题,它还关系到社会经济的方方面面,并且给社会经济发展带来重大的影响。

人口老龄化问题与老年问题是两个含义不同但又密切相关的概念。老年问题是由于人类自身机体老化所带来的问题,受生物属性制约。自从有了人类,就有了人类个体老龄化所带来的老年问题,它与人口结构的变化没有关系。人口老龄化是指人口年龄结构的老龄化,虽然与老年人口相关,但它是一个人口年龄结构变化的动态结果,在一定的条件下还可以发生逆转,所以其本身也不是问题。但两者相互叠加后就产生了问题:人口老龄化使得本已存在的老年问题更加突出,而人口老龄化的问题也通过老年问题的加剧表现出来,并且老年问题的严重程度还受到人口老龄化速度和程度的影响。

一般而言,个体老龄化和群体老龄化给社会经济带来的问题都称为老年问题,主要表现在两个方面:一是个体老龄化所带来的某些特殊需要和问题,如老年人的养老金、医疗保健、身体康复、社会救助、住房等;二是群体老龄化所带来的社会、经济以及老年人社会参与方面的问题,即发展方面的问题,如群体老龄化对社会生产、消费、储蓄、产业发展、资源分配等方面造成的冲击和影响,以及为应对这些影响所采取的方针和政策。[③]

具体而言,人口老龄化对社会、经济、政治都会产生重要的影响:

1. 人口老龄化对社会的影响

人口老龄化使老年需要问题日益突出,社会压力不断增大,这种压力主要表现在如下几个方面。

(1) 养老保障需要。随着世界范围的家庭小型化,家庭养老功能普遍弱化,建立并完善

---

① 仝利民. 老年社会工作[M]. 上海:华东理工大学出版社,2009:5—9。
② 邬沧萍,姜向群. 老年学概论[M]. 北京:中国人民大学出版社,2006:15.
③ 仝利民. 老年社会工作[M]. 上海:华东理工大学出版社,2006:26—27.

社会养老保障制度的客观需求日益迫切。

(2) 老年医疗和护理需要。老年人具有高患病率、高伤残率、高医疗利用率的特点。老年人的患病率是总人口平均水平的3.2倍。从医疗费用方面讲,人口老龄化使医疗费用逐年增加。

(3) 老年精神文化需要。老年人中很突出的问题是"孤独",老年人对精神慰藉的需要是相当强烈的。

2. 人口老龄化对经济的影响

(1) 不断上升的退休成本使财政负担日益加重,消费性支出增加,用于发展的投入必然相对减少,从而影响经济的发展速度。

(2) 人口老龄化将引起劳动力结构老化和劳动力不足,使劳动生产力降低。发达国家长期处于低生育状态,意大利、德国、瑞士等国家人口出现负增长,不断下降的出生率导致普遍的劳动力短缺。在一些发达国家如日本,劳动年龄人口已经萎缩。

(3) 人口老龄化对生产结构和消费结构提出新的调整需求。发达国家由于人口老龄化比较严重,老年消费市场大约占市场总量的20%,而且还呈现上升趋势,老龄产业相当发达,老年消费市场比较繁荣。在我国,适合老年人的产品和服务还有很大的发展空间。

(4) 人口老龄化已经成为造成经济低迷的重要原因。人口老龄化对供给侧的资本积累、劳动力供给、技术进步以及需求侧的投资潜力、消费增长、出口竞争力均有显著影响。据预测,2011—2050年期间,如果应对不力,人口老龄化可能把经济年均潜在增长率压低约1.7个百分点。[1]

3. 人口老龄化对政治的影响

(1) 老年人从总体上看是弱势群体,最容易陷入相对贫困,甚至绝对贫困,老年贫困问题如果不能解决,将无法体现社会公正,并最终影响社会政治稳定。

(2) 人口老龄化可能使代际关系成为影响安定团结的重要社会问题。一般而言,在现代社会,当一个人进入老年期后,其社会经济地位以及家庭地位都会发生变化,更容易成为脆弱群体而受到伤害,如虐待老年人已成为世界范围内影响代际关系的突出问题。

(3) 庞大的老年群体将成为政治生活中举足轻重的力量。

【思考与讨论】

人口老龄化对老年社会工作有怎样的影响?老年社会工作者该怎样应对人口老龄化?

---

[1] 邹波. 中国老龄化的现状与积极应对[J]. 中国民政. 2017(20): 42.

二、中国人口老龄化及特点

(一)中国人口老龄化的基本状况

我国人口老龄化进程始于20世纪70年代至80年代,其中1970—1999年是成年型向老年型过渡阶段;2000—2025年是向高龄化发展的阶段,这一阶段,人口增长接近静止,老年人口增长率在3.2%以上,达到2.88亿,老年人口占总人口从10.3%上升到19.6%,平均预期寿命由71岁增加到76岁,这标志着我国进入高龄化社会;2026—2050年,我国进入高龄化高峰时期,这一时期,我国老年人口将由2.9亿上升到4.4亿,占总人口比例由19.6%上升到29.7%,其中80岁以上的高龄老人将达到1.1亿,平均预期寿命高达80岁。[①]

到2000年年底,我国65岁及以上人口的比例达到7%,标志着我国的人口年龄结构已经转变为老年型,并呈现出人口老龄化社会所具有的特点。

(二)中国人口老龄化的特点

2021年12月28日发布的《积极应对人口老龄化战略研究报告2021》把我国老龄化的特点归纳为以下几个方面。

1. 人口老龄化程度继续提高,高龄化趋势明显

根据第七次人口普查结果,2020年中国60岁及以上人口为26 402万人,占18.70%,其中,65岁及以上人口为19 064万人,占13.50%。80岁及以上人口占总人口的比重为2.54%,比2010年提高了0.98个百分点;占60岁及以上老年人口的比重为13.56%,比2010年上升了1.74个百分点,高龄化趋势明显。老龄化的同时伴随高龄化,表明中国老年人口内部结构也在快速变化,养老服务和健康服务等需求将因为高龄化而以快于老年人口的增速增长,表现出结构效应。

2. 人口老龄化速度明显加快

2010—2020年,60岁及以上人口比重上升了5.44个百分点,65岁及以上人口上升了4.63个百分点。与上个十年相比,上升幅度分别提高了2.51和2.72个百分点。人口老龄化速度加快意味着应对人口老龄化的战略机遇期将快速逝去,政策准备期将大为缩短,"未备先老"问题将更加突出。

3. 人口老龄化城乡差异快速扩大

第七次人口普查结果显示,从全国看,乡村60岁、65岁及以上老人的比重分别为23.81%、17.72%,比城镇分别高出7.99、6.61个百分点。与2010年相比,60岁、65岁及以上老年人口比重的城乡差异分别扩大了4.99和4.35个百分点。城乡差异扩大将进一步凸显应对农村人口老龄化的紧迫性。当前农村经济发展水平、社会服务水平等都严重滞后,农村人口老龄化必将带来更为严峻的挑战,将严重影响脱贫攻坚成果的巩固和乡村振兴战略的实施。

4. 人口老龄化地区差异加大

第七次人口普查数据显示,65岁及以上老年人口比重最高的地区和最低地区之间相差接近12个百分点,与2010年相比,扩大了5.28个百分点。从整体差异看,人口老龄化地区

---

① 赵宝华. 老龄工作——新范式的探索[M]. 北京:华龄出版社,2004:6.

差异指数从2010年的0.14上升至2020年的0.17。人口老龄化地区差异的扩大反映了中国应对人口老龄化的复杂性。

5. 人口老龄化程度与经济发展水平出现一定程度的背离

理论上，经济发展水平高的地区因为人口转变发生更早一般会拥有更高的人口老龄化程度。但由于发达地区吸引大量劳动年龄人口流入，延缓了人口老龄化发展速度，造成中国各地区人口老龄化程度与经济发展水平出现了很大程度的背离。2020年各地区65岁及以上人口比例排名与人均地区生产总值(GDP)排名之间的相关系数仅为0.310，而65岁及以上人口比例和人均地区生产总值之间的相关系数则仅为0.250。人口老龄化程度与经济发展水平的背离表明中国"未富先老"的特征不仅在总体上有所表现，而且在局部地区更为严重。

三、积极老龄化

(一) 积极老龄化的概念

毫无疑问，人口老龄化给社会与经济发展带来压力是任何一个国家和社会都难以回避的问题，尤其是一些发展中国家，其所面临的压力和挑战会更大，问题的关键是，面对这一挑战我们所采取的态度。

早在20世纪90年代，西方国家在应对人口老龄化方面就提出了积极老龄化的概念。1997年6月，在美国丹佛举行的西方七国首脑会议上，积极老龄化主张被首次提出；1995年5月，欧盟召开了关于积极老龄化的国际研讨会，同年，世界卫生组织发起和开展了一场"积极老龄化全球行动"的活动；2002年，世界卫生组织健康发展中心在征求各国专业意见的基础上，最终出版了《积极老龄化——从论证到行动》一书，同年4月，联合国在西班牙马德里召开了第二届世界老龄大会，世界卫生组织向大会提交了积极老龄化的书面建议书，被大会接受并写进大会的《政治宣言》和《老年问题国际行动计划》中，会后，世界卫生组织出版了《积极老龄化——政策框架》一书，为推动世界老龄事业的发展做出了重大贡献。

积极老龄化是一种观念，是指最大限度地提高老年人"健康、参与、保障"水平，确保所有人在老龄化过程中能够不断提升生活质量，能够充分发挥自己的体力、社会、精神等方面的潜能，保证老年人能够按照自己的权利、需要、爱好、能力参与社会活动。让老年人更好地适应社会不仅仅是让老年人可以生存下去，更重要的是让老年人可以发展下去，让他们老有所用，充分肯定老年人是社会不可或缺的重要资源。

与传统的健康老龄化相比，积极老龄化能够传达更多元的信息。"积极"一词不仅指健康，还包括能持续参与社会、经济、精神和文化活动；老年人就算是有病或伤残，仍可以积极地对家庭、朋友、社区甚至国家(地区)有所贡献。其最终的目的，是使老年人能发展其独立的潜能，维持健康身体和生产力，与此同时我们对那些有需要的老年人提供足够的保护和照顾，使年长不会成为一种负担和忧虑。[①] 老龄化应变被动为主动，变消极为积极，并积极关注健康照料之外的因素如何影响老年人群体。

---

① 梅陈玉婵,齐铱,徐永德. 老年社会工作[M]. 上海:格致出版社,上海:上海人民出版社,2009:8.

(二) 积极老龄化的科学内涵

结合我国老龄化阶段性特征和发展趋势,积极老龄化的内涵诠释如下。①

1. 积极老龄化表明人口老龄化问题实质上是社会问题

积极老龄化把老化过程看作一个正面的、有活力的过程,倡导老年人必须有健康生活和贡献社会的机会。积极老龄化的过程是一个全社会参与的过程,对老年人个体而言,不仅要有健康的体魄,更要有参与社会的机会。对整个社会而言,积极老龄化不仅是一个老年人比重相对年轻人逐渐增大的过程,还是一个老年群体生存发展权益逐步得到保障的过程。

2. 积极老龄化中的"积极"一词有特定含义

"积极"一词不仅是指积极地获得健康,还包括能持续参与社会、经济和文化生活。不仅那些从工作岗位上退休的健康老年人可以积极参与社会活动,那些患病或残疾的老年人也能对其家庭、社区和国家做出积极贡献。

3. 积极老龄化的真正含义远远超过"老有所为"

积极老龄化是面向全体老年人的,"老有所为"着重强调老年人参与社会、贡献力量的一面,积极老龄化还强调健康、参与和保障的重要性以及这三个支柱之间的有机统一和结合,参与社会仅仅是积极老龄化的一个方面。积极老龄化还包含其他5个方面,即"老有所养,老有所医,老有所教,老有所学,老有所乐"。

4. 积极老龄化所指的"健康"是一个动态的、全生命过程的概念

健康是指老年人应当享有高质量健康生活的老年期愿景,国家和社会需要开展持续的健康教育,推广健康行为,满足老年人多层次的健康需要。积极健康的老年生活要求身体、心理和精神各方面都要保持积极健康的状态。"健康"一词的含义不仅包括身体健康,更指精神健康以及社会适应良好。老年人精神状况良好、幸福感充分是"健康"的重要表现。"积极老龄化"中的"健康"是一个动态的、全生命过程的概念。

5. 积极老龄化所指的"参与"不仅仅指生产性活动参与

参与是指老年人是社会的财富而不是负担,国家和社会应根据老年人的能力、需要和喜好,创设吸引、接纳老年人积极参与的社会环境,老年人也要正视自身的社会价值,积极参与社会化活动,化被动为主动。老年人社会参与的价值应从超越市场的角度来理解,老年人在家庭中的家务劳动、在社会中的志愿者活动的成果也是老年社会参与的价值所在。老年人参与社会的价值和作用,还表现在社会文化传承方面,即通过老年人的言传身教来传承优秀的文化。老年人通过传帮带的方式,将优秀的文化积淀和实践经验积累传递给年轻一代,从而在知识文化传承中起到重要作用。老年人的社会参与不只创造物质财富,也创造社会价值。

6. 积极老龄化所指的"保障"的含义远远超过社会保障范围

保障是指国家、市场、社会、家庭多方主体不断夯实养老保障和服务体系,满足老年人需要,保障老年人的基本权利和生活尊严。个体老年期的保障不仅包括经济保障,还包括医疗保障、社会救助、长期照护等,涵盖了人身安全、食品安全、居住安全等各个方面。保障还有"保护"的含义,保护不仅意味着满足老年人的物质需要,更要维护老年人的尊严、确保其参

---

① 邬沧萍,彭青云.重新诠释"积极老龄化"的科学内涵[J].中国社会工作.2018(17):28-29.

与的权利,满足其受到照顾、实现价值以及个人全面发展的要求。保护的目的是让老年人得到各种必要的权利。

老年社会保障是对人生晚年阶段实施的社会保障措施,涵盖国家和社会在老年健康维护、医疗保障和长期照护等方面的制度安排,以此构成应对老年期疾病和失能风险的社会安全网。在个体健康的保障上,要求个人在生命全程中都尽量避免残疾、避免生活不能自理,把残疾和不能自理降到最低程度,不能等到生活无法自理、自立时才给予保障。

【思考与讨论】
积极老龄化概念的提出对于应对当今人口老龄化有怎样的意义?

实训项目

分析人口老龄化对中国社会的影响。

【实训目标】
(1) 培养学生对我国人口老龄化背景的认知。
(2) 培养学生从积极的角度看待老年人的能力。

【实训内容与方法】
(1) 阅读下面的资料,并思考以下问题:
① 资料中,不同国家是如何称谓老年人的?这些称谓的背后有着怎样的对老年人的认知?
② 资料中,这些老年人是通过哪些方式来积极参与社会活动的?从专业的角度看,你认为如何从积极的角度来激发老年人的能力?
(2) 结合资料,围绕自己感触最为深刻的一点,针对上述问题写出发言提纲。
(3) 自由发言,并针对各自的发言展开讨论。

资料

老年期是人类智慧最成熟的阶段。中国人民大学人口所教授邬沧萍指出,老龄化是不可避免的,但是如何应对老龄化确实是可以选择的,所以,我们现在选择的第一条首先是要解决健康的老龄化,因为这是一个核心,没有健康就没有一切。

如何看待老年,是社会成熟与否的标志,不同的国家和地区对老年人有不同的称谓:香港叫长者,日本叫智者,新加坡叫乐龄,美国叫作资深公民,欧洲许多国家则把老年叫作成熟的年龄。在非洲有一句谚语,说当一个老人去世时,一座图书馆也随之消失,这说明老年人不仅是财富,而且是人类可持续发展的资源。

88岁的于先生患过癌症,可他精神硬朗,死神一次次离他远去,老先生保持着良好的身体状况,对新生事物异常敏感,他是一个有名的电脑迷,他有一个雄心,要坐轮椅走天下。

蒋老师退休后开始学习溜冰,成为溜冰场上的好手,他的表演已经成为上海外滩上的一道风景。

东直门汽车站是北京市重要的交通枢纽之一,由于城市改造,就连"老北京"也很难认出原来的路,74岁的退休干部老谢3年前在这里挂起了义务指路的牌子。"我利用晚上的时间,将东直门公交站进行了分类,一共分了31类2428个站,现在还没有搞完,我想利用一年左右的时间,基本上就能把它搞清楚。"老谢的行为感染着周围的人们,义务指路的队伍也不断壮大起来。

人生七十古来稀,但山东莱西东庄头村的老年协会带领全村农民建成了远近闻名的东庄头蔬菜批发市场。东庄头这个昔日的穷乡村以突出的经营业绩赢得了农业部和中国蔬菜流通协会定点市场的金牌,成为远近闻名的富裕村……光阴荏苒,岁月如歌,青丝变成了白发,但心灵深处却充满着创业的热情。

在国家的科学事业中,老年科学家也起着重要的作用,中国科学奖4次7位获奖科学家中,年龄最小的获奖时也64岁。中国2000多名两院院士中,老科学家占了大多数。晚霞如虹,余热如辉。南丁格尔奖获得者司堃范退休后主动承担起社区孤寡老人的护理工作,十几年来,她照顾了近百位老人,她提出的低龄老人照顾高龄老人的社区互助理念,影响并吸引着中青年医生,他们也自愿成为社区的义工。

澳大利亚弗林德斯大学老年学教授安德鲁斯指出:"我认为在所有的国家,都缺少对老龄化的教育,当儿童到学校读书的时候,他们根本不会考虑到老龄的问题,他们也不知道老龄化意味着什么,即使在教育的中等阶段,我们也很缺乏,这不仅仅是在中国,在其他国家也是一样的。我觉得中国已经给各年龄阶段的人提供了老龄化的信息和指导,在世界上做得算不错了。"新加坡乐龄活动联会执行主任潘国治指出:"乐龄这两个字是快乐的意思,就是因为我们觉得当一个人到了70岁以后,应该是人生最快乐的时候,那时他们都已经儿孙满堂,可以做他们喜欢做的事情,这应该是一个快乐的年龄,并且为社区和国家做出贡献。"参与社会发展,追求丰富多彩的人生,已经成为中国老年人生活的重要组成部分。

——以上材料根据中央电视台《中国老龄行动报告——积极老龄化》视频资料整理而成

【实训评估】

(1)评估标准:能准确地描述资料中关于老年人的称谓以及老年人参加活动的内容及特点,并围绕自己的发言进行适当的评论,从而体现学生的归纳能力、分析能力及反思能力。

(2)评估方式:根据学生的发言内容及参与度评定成绩。

任务二　从社会工作视角看待老年人

情境

　　不管你是否承认,当下我们正在经历一场关于养老的剧烈变革。随着时代的变迁,人们的观念也在发生着变化。老年人的需要已经从如何实现老有所养、老有所依,向实现老有所乐、老有所为转变。在渝北,就有这么一群老年人,他们忘记年纪、笑对生活,他们勇于追梦、成就自我,他们甘于奉献、乐于助人。在他们的字典里,从来没有"夕阳无限好,只是近黄昏"的感伤,只有"老骥伏枥、志在千里"的豁达心态。

　　离开单位重返"学堂",她成了充实的"读书郎"。10月12日下午,在回兴敬老院里,61岁的王楚桂和她的伙伴们在简易搭建的舞台上,随着音乐声快乐起舞。一颦一笑、一招一式,王楚桂都显得十分专业,而这舞蹈技能都是她多年上老年大学所得。"快到重阳节了,所以和队友们一起到敬老院来看老人,给他们过重阳节。"谈及来敬老院跳舞的初衷,王楚桂这样说。王楚桂告诉记者,退休以后,她便开始向别人学跳舞。一开始,王楚桂只是在楼下学跳坝坝舞,锻炼下身体。后来听说渝北有老年大学,专门教民族舞,王楚桂便报了名,成为一名老年大学的学生。通过8年的学习,王楚桂从一个什么都不会的舞蹈"门外汉",变成了现在社区里的文艺骨干。

　　穿着"马甲"走街串巷,她是人们心中的"热心肠"。如果你是宝圣湖街道宝石路社区的居民,你一定会时常看到这样一个阿姨:她总是穿着一件写着"志愿服务"的马甲,时而拿着扫把和撮箕,打扫人行道上的卫生;时而提着水壶,给正在站岗的文明志愿者送水;时而拿着一叠宣传资料,协助社区宣传政策。她就是刘玉莲,是这个社区远近闻名的"热心肠"。"屋头是我的小家,外面是我的大家,两个家我都要爱护。"刘玉莲告诉记者,退休以后,为了照顾孙子,她从老家到渝北和女儿一起居住。由于所居住的小区居民素质参差不齐,小区周边经常会有人们丢弃的垃圾,每次路过看到,她都会捡起来。平常只要没事干,她就会带着清扫工具去"轧马路",看到哪里不干净,就会去扫上几下。

　　他成了潇洒的"背包客"。"世界那么大,我想去看看!"在翠云街道居住的高翔可能做梦都没想到,自己退休以后居然成为一名潇洒的"背包客",每天过着说走就走的旅行生活。

　　20年坚持反腐宣传,他写成48万字的《反腐倡廉警世录》。每天早晨,家住龙山街道盘溪河社区的退休老党员袁镇涛进行简单的洗漱后,便出门和社区工作人员一起,开始了一天的"工作"——给市民宣讲廉政故事。今年86岁的袁镇涛是龙山街道盘溪河的反腐倡廉宣传员,并写成48万字的《反腐倡廉警世录》。

　　资料来源:但得夕阳无限好　何须惆怅近黄昏——看看这群老有所乐、老有所为的渝北人。https://www.xsgou.com/biz/2018/1024/133276.html.有改动.

学生分析:

在实践社会工作中,我们该从哪些角度来看待老年人呢?

> **知识导学**

老化是一个自然成长的过程,每一个老人都会经历老化带来的正常的生理转变,老化的过程一方面需要老年人对自我老化的接纳和适应,另一方面,也涉及其他人对老年人的认识和看法。社会上有很多人对老年人和老化过程有很多的误解,认为大部分老年人是依赖、痴呆、无能力的,这样的误解贬低了老年人的价值。老年社会工作者要从专业的视角去看待和对待老年人。

一、生命历程中的老年人

(一) 老年期是人生成长历程的一个阶段

从人生成长阶段的划分来看,老年期属于人生成长历程的一个阶段,老年人的老化现象是一种自然的发展过程,老化是人生成长发展的延续。每一个人生阶段,一般都会有与其相关联的一系列心理和社会发展的成长任务。埃里克森强调社会环境在自我发展中的作用,认为每个发展阶段个体都面临特殊的发展任务,都要经历一次心理-社会危机或矛盾冲突,这些冲突包含着对立的两极。个体只有面对和解决这一冲突后,才能顺利进入下一个发展阶段。如果冲突无法解决,个体自我的发展就会出现困扰甚至停滞。生命历程中的每一个阶段都受社会角色和社会文化影响,老年期是人生命历程中最后的一个阶段,老年人的健康深受在此之前所有生理改变及生活经验的影响。所以,老年人在老化过程中面对挑战和解决问题的方法跟其个性和以往处理问题的方法有关。在现今的生活环境中,由于每一位老年人的受教育程度、工作性质、经济条件以及成长经历和经验不同,他们也有很多不同的选择和继续发展的任务。生命历程是一种个人经历,独特的生活经历塑造了每个人,早期的全部经历是形成老年人目前状况的重要参考因素。延续理论也认为老年期不是一个独立的阶段,而是人生延续的一部分,老年人若能延续一生所从事的活动的水平,就能在社会中生活得很好,所以要从老年人生命历程的角度出发去理解每一位老年人。割裂地看待老年期,认为老年的标志是脱离社会或活力水平下降,就属于机械地、简单化、片面化地理解人的生命。

(二) 实务工作运用

对老年社会工作者而言,如何运用这些生命历程发展的知识呢? 如果把老年人放在生命成长历程中的一个阶段来看待,在开展实务工作过程中应注意以下几个方面。

1. 提供服务时要把老年人与其成长历程结合起来

老年社会工作者需要通过老年人的生活经历去了解老年人的个性、社会和家庭支援系统,生理及心理健康状态,应付问题的方式和以往解决问题的方法,从而以老年人及其家人认为合理的方式去增强老年人的自主权,协助他们积极地面对和解决问题。有这样一个案例:李女士,一名79岁的退休医生。她是一位冷静和情绪稳定的专业人士,具备丰富的专业知识。李女士孀居40年,有5名子女,全部已婚,并各自生儿育女。最近李女士因青光眼而失明。她原与幼子一家居住,并照顾家中的孙儿。由于失明和丧失自我照顾能力,李女士情绪低落,其最大的恐惧就是失去自主能力和不能阅读。社工与李女士及成年子女商讨后,李女士决定搬到为视障老人而设的老人住所,该处的环境方便有视障的老人,而李女士也可以和其他有同样挑战的老人接触。李女士的家人在经济上给予其支持,因而使她可由他人

照顾。此一决定经李女士提出,并获得了社工的支持。为了保留自尊和控制权,李女士选择了社会服务机构提供的服务而不是由子女照顾的方式。由于她毕生都非常能干和独立,有个人的生活方式和个性,她不想依靠子女照顾。李女士的人生历程与其他失明的老人不同,所以她面对问题和适应问题的方式与其他老人不大一样,其他老人可能会因心理和生理两方面的需要而选择依赖家人及和家人同住。①

2. 把老年人的支持系统与历史发展结合起来

高龄老人和生活不能自理的老年人需要支持系统的支持,特别是家庭支持系统,才能激发其发挥潜能、发挥功能,并且需要外在环境的鼓励,才能尽情参与生活活动。高龄老人或生活不能自理的老年人虽然体力衰弱,但也希望自己能够对生活有所选择,能够决定继续参与或退出某些活动,并且能够对自己的一生回顾、检视和重整。老年社会工作者需要对老年人的社会支持系统及其家庭、邻里关系等背景和历史有一定程度的了解,要了解老年人的家人对老年人的看法和观点,以及老年人对自己的发展的看法和信心;还要了解老年人的整体文化背景与所处的环境、生活习俗等,这些都关系到老年人对人生历程的回顾和整合。

【思考与讨论】

生命历程中的老年人视角给你哪些启发呢?

二、老年人是有能力的

如何看待老年人?不同的人出发点不同,视角不同,对老年人的认识也有所不同。在现实生活中存在着歧视老年人的现象,但在社会工作的视角下,老年人是有能力的。下面我们分别从两种不同的视角对老年人进行分析。

(一) 老年歧视

虽然老年歧视不像民族歧视、性别歧视等那样受关注,但老年歧视在社会中是存在的。老年歧视者认为随着生理、心理、社会等方面的老化,老年人逐渐丧失了身体的机能,心理上出现了衰退,同时,老年人也渐渐退出了社会。对于社会而言,老年人不再也不能为社会创造财富,老年人只是在消耗社会的财富,老年人是不断走向死亡的特殊群体。而对于老年人个体而言,随着身体机能的衰退,老年人逐渐失去了自我照顾能力,大部分老年人是依赖的、抑郁的,缺乏学习兴趣和能力。

老年歧视现象的存在与社会的发展和变迁有关,早期人类知识的积累主要是靠经验,知识的传播主要靠代代相传,老年人积累了丰富的生活经验和知识,其地位自然很高,是备受尊崇的一个群体。但随着社会的发展,知识更新速度越来越快,信息传播方式越来越多,信息传播媒介越来越高科技化,老年人掌握新知识、新技术的速度较年轻人要慢,很多时候是

---

① 梅陈玉婵,齐铱,徐永德.老年社会工作[M].上海:格致出版社,上海:上海人民出版社,2009:37.

年轻人向老年人传递知识和经验,这些因素也越来越多地引发老年歧视,形成了老年人无能力的认识。

(二)老年人的能力

1. 老年人能够应付生活的多重挑战

虽然老年人在生理、心理及社会等方面都呈现出老化的现象,但老年人在老化的过程中面对着生命及老年阶段带来的多重挑战,如身体机能的下降、疾病、退休、空巢、家庭关系不好、配偶及朋友的离世以及死亡等挑战,这些都需要老年人对自我进行调整,面对挑战和考验。而实践中我们看到大多老年人都能够依靠自己应对挑战和考验。老年社会工作者要能够看到老年人所具有的能力,不能因为老年人所表现出的老化特征而认为老年人是无能力的,要善于发现老年人老化过程中的正面经验。

2. 老年人具有强的适应力和反弹力

对于老年人的能力的研究有很多,近年来美国老年学研究有如下结论。

(1) 大部分老年人都是健康而快乐的。一般人对正常老化了解不足,错误地把疾病认为是不可避免的老化现象。老年人及其家人及社会人士都可能因为这个误解而忽略了对患病老年人提供及时的照顾。

(2) 老年人和年轻人有相同的精神失调问题,它们的起源和结构甚为相似,所以有时是有病的年轻人老化变成老年人,而不是老年人多有精神失调的问题。

(3) 影响老年人适应和寿命的因素不单是良好的遗传和生理健康,更与老年人健康的心理、积极的自我形象和健康的生活方式有关。对环境感到满足和获得支援、心理良好等对健康老化有重要作用。

(4) 老年人在老化过程中若能够"自我启动",去组织新的社交圈,也会成为最少患病和最长寿的一群人。

(5) 大致上,健康老年人的特征是具有弹性、灵敏和乐观;另一方面,容易有疾病的人,无论年龄大小,多缺乏弹性、不灵敏、不乐观,适应性差。

总体而言,老年人的老化是一个问题,但社会人士或老年人的家人对老化过程的无知和误解或歧视才是大问题。大部分老年人是勇敢和坚强的,毕生经历风浪和承担家庭责任,甚至面对过不少困难和问题。老年社会工作者要想支持并给予老年人力量,便要将老年人视为有价值的和坚定地应付生命中困难的有能力的人。

三、老年人群体是多姿多彩的

(一)老年人群体构成具有多样性

虽然老年人的老化过程具有一定的规律性,生理、心理、社会等方面出现变化,但从生命历程来看,老年人的身心状况深受在此之前的生理状况、生活方式及生活经验的影响。不同的老年人又呈现出不同的特点,从生理状况来看,有些老年人由于患有腰、腿等方面的疾病而行走不便或因患有糖尿病、高血压等疾病而要面对慢性病痛,但是也有很多老年人生活得健康、活跃,直到八九十岁,有些老年人是无疾而终。从心理和认知方面来看,可能所有老年人都会面对心理和认知方面的挑战,但并不是所有的老年人都会面临孤独、抑郁或智力上的衰退。例如,有些老年人退休后开始发展自己的兴趣爱好,开始学习书法、绘画等。老年人

虽然退休后由原来的以工作为主回归到以家庭生活为主,面对生活方式及与家人、朋友的关系的调整,但每个老年人对新生活的适应情况及获得他人支持的情况有所不同:有的老年人能够很快适应新的生活,并找到自己适合的生活方式,如帮子女带孩子,参加社区各项活动;而有的老年人则不能适应变化的生活方式,出现焦虑、抑郁、悲哀、恐惧等消极情绪;还有些老年人去做志愿者,保持一种积极的状态。文化、性别、地域、经济状况、生活经历等不同因素的影响,都会增加老年人的独特性。

(二)老年人群体多样性在实务工作中的运用

老年人群体具有多样性、差异性,每个老年人的独特性给老年社会工作提出了挑战。每一个老人都是独一无二的,因为他们各自有不同的人生经验。在为老年人提供服务时,老年社会工作者要注意到他们的多样性,他们的人生历程不同,对待问题和处理问题的方式也不同。例如,从生命历程视角来看,可以根据老人以前生命轨迹的差异把老人分为事业型和家庭型两类,相对来说,事业型老人因其生活重心一直在工作上,等他们到了退休的时候,如果身体还健康,他们就不太会接受退休之后回归家庭的选择,也很难适应回归家庭的生活。而家庭型老人即使健康状况良好,他们一般也会主动选择回归家庭,把当好子女帮手看成是自己义不容辞的责任,并享受着天伦之乐。

【思考与讨论】

社会工作视角下的老年人与你以前认为的老年人有什么不同?你是怎样认识的?

实训项目

辨析对老年人的认识。

【实训目标】

(1)加深对老年人的认识和理解。

(2)培养用专业的视角分析和看待老年人的能力。

【实训内容与方法】

(1)阅读下面的资料,并思考以下问题:

① 资料中的说法正确吗?这些观点对老年或者老年人有哪些误解和偏见?

② 从专业的视角出发,对资料中的观点进行分析。

(2)先由个人阅读并分析资料,并针对以上问题写出发言提纲。

(3)再以小组或班级为单位进行讨论。

资料

有人认为：

(1) 大部分老年人都讨人嫌。

(2) 大多数老年人都很寂寞,并且跟家人分离。

(3) 老年人比年轻人有更多的重病患者。

(4) 女人比男人更能够适应退休生活。

(5) 大多数老年人健康欠佳,整天躺在床上,辗转呻吟。

(6) 老年人缺少学习的能力。

(7) 老年人比年轻人更怕死。

(8) 绝大多数老年人脾气都很坏。

(9) 老态龙钟、老气横秋是年老的必然现象,因此,老年人常常倚老卖老。

(10) 退休使人的健康状况变差,而且容易早死。

(11) 大多数老年人情绪低落。

(12) 老年职员的工作效率常常不如年轻人高。

(13) 老年人的性格会变得很顽固,拒绝任何改变。

(14) 年龄越大,睡得越少。

【实训评估】

(1) 评估标准：能准确把握社会工作专业的视角,并具有对老年及老年人误解与偏见的分析和反思能力。

(2) 评估方式：

① 每个人的发言提纲可作为一次作业,评定成绩。

② 根据每个人的作业与班级分享讨论中的表现评定成绩。

推荐阅读

视频资料：中央电视台2010年系列节目《中国老龄行动报告》。

模块二

认识老年社会工作

- 项目四　认知老年社会工作
- 项目五　掌握老年社会工作理论及应用

项目四　认知老年社会工作

目前,我国正面临老龄人口日益增长的挑战,要想实现"老有所养,老有所医,老有所教,老有所学,老有所为,老有所乐"的目标,既需要政府的福利政策制定和福利事业投入,也需要老年人及其家庭自身的努力,还需要社会组织、团体乃至全社会的共同参与。在为老服务当中,老年社会工作就是其中一支重要的服务力量和一种有效的服务活动。它通过运用专业的知识体系和方法技巧,帮助老年人增强个人能力,解决其所面临的各种问题。本项目将对社会工作、老年社会工作等进行阐述,以利于读者对老年社会工作这门学科知识的整体掌握。

知识目标:
1. 掌握老年社会工作的概念;
2. 对老年社会工作的基本价值观和原则有充分的了解;
3. 认知老年社会工作的职能和角色。
技能目标:
1. 认知并有意识地培养自己的老年社会工作知识与技能;
2. 能够正确分析老年社会工作的政策环境与福利资源。
思政目标:
1. 内化并践行利他主义专业价值观;
2. 提升学生助老服务的职业使命感。

任务一　认知社会工作

情境

李新是老年公寓的护工,他在这个岗位上已经工作十余年了,对自己所负责的业务驾轻就熟。最近,他被任命为机构新成立的社会工作部主任。面对"社会工作"这样一个全新的领域,他不知在总体上如何把握。他问自己:"什么是社会工作?社会工作包括哪些方面?"他急切地想弄清社会工作的概念与构成。

学生分析：

1. 依据现有的知识，你能告诉李新什么是社会工作吗？
2. 结合实际，你能对社会工作的构成要素进行概括吗？

知识导学

一、社会工作的含义

社会工作是适应近现代工业社会的需要而发展起来的，它产生于英国、美国等西方发达国家，以后逐渐扩散到其他国家。[①] 在我国，"社会工作"一词是从英语"Social Work"翻译过来的，它是一种助人的实践活动。作为一门新兴学科和一种新的职业，社会工作目前已逐渐为我国政府、学术界和社会各界所接受。从党的十六届六中全会做出建设宏大社会工作人才队伍的决策部署，到 2011 年中央组织部、民政部等 18 部门联合印发《关于加强社会工作专业人才队伍建设的意见》，2012 年中央组织部、中央政法委、民政部等 19 部门联合发布《社会工作专业人才队伍建设中长期规划（2011—2020 年）》，社会工作在和谐社会建设中的重要基础性作用日益彰显。

社会工作是指以利他主义价值观为指导，以科学的知识为基础，运用科学方法助人的职业化的服务活动。这一定义包含以下四个方面的内涵。

第一，社会工作是以帮助他人（服务对象）为目的的活动。人们的行动有利己和利他之分。社会工作是以帮助有困难、有需要的人为基本出发点的，是出自利他动机而非利己动机，虽然社会工作者也会通过提供服务得到社会所认可的报酬。

第二，社会工作是以科学知识为基础的活动。社会工作所要解决的问题十分复杂，需要以多种科学知识为基础。

第三，社会工作有科学的助人方法。面对复杂的需要解决的问题，要用科学的方法来解决它，这些方法是人们在助人实践中积累起来并得到实践检验的。

第四，社会工作是职业化的助人服务活动。社会工作是帮助人，特别是帮助在社会生活中遭遇困境的人的活动，这种活动是职业化的，它是一种社会分工。[②]

【思考与讨论】

根据本任务对社会工作的定义和解释，试谈谈社会工作与人们之间的互助活动、一般的慈善活动的相似点与区别。

[①] 张乐天. 社会工作概论[M]. 3 版. 上海：华东理工大学出版社，2007：2.
[②] 全国社会工作者职业水平考试教材编委会. 社会工作综合能力（中级）[M]. 北京：中国社会出版社，2023：2.

二、社会工作的构成要素

社会工作的构成要素分别是服务对象、社会工作者、价值观、助人活动和专业方法。①

（一）服务对象

社会工作的服务对象通常也称为受助者,它指的是在社会工作过程中需要帮助的一方,是在正常的社会生活中遇到困难需要帮助或社会服务的个人或群体。社会工作实践主要的服务对象是基本生活有困难的人群。服务对象的存在就是社会工作得以发生的基本前提。没有服务对象或受助者,社会工作就失去了对象,这一活动过程也就不会发生。社会工作的服务对象不仅指个人,也指某个家庭、群体或社区,当他们陷入自己无法摆脱的困境时,就可能成为社会工作的服务对象。

（二）社会工作者

社会工作者是在助人活动中提供服务的一方,他依据助人价值观去设计和实施助人活动,并积极吸引服务对象主动参与这一活动过程,以相互配合与协调,从而达到助人目的。在这个过程中,社会工作者是助人活动的主体,其向服务对象提供物质的或精神的服务与支持。

（三）价值观

社会工作价值观是社会工作者所持有的评判助人活动的一套观念,它包括社会工作者对助人活动的看法、对服务对象的看法以及对自己的看法,等等。社会工作价值观指导着社会工作活动的进行,它是社会工作的灵魂。社会工作价值观的核心是利他主义,即社会工作者以帮助他人、服务他人为活动的目标,这成为社会工作区别于其他活动的基本特征之一。

（四）助人活动

助人活动(或称服务)是社会工作者根据服务对象的需要,依据社会工作价值观向服务对象提供帮助或服务的行动,也是社会工作者与服务对象互动及合作的过程。在这个过程中,社会工作者和服务对象围绕解决困难和问题而展开持续的互动。在助人活动中,社会工作者输出的是精心考虑过的、科学的能够满足服务对象需要的信息和服务,而服务对象输出的则是需要以及对社会工作者的帮助行为的理解、选择和反应。在这种互动过程中,双方互相理解对方的行动,互相合作,共同去实现克服困难、解决问题的目标。

（五）专业方法

社会工作是一种理性行动,是社会工作者力图最有效地达到其助人目的的活动。在这一过程中,科学的助人方法尤为重要,它具体表现为一系列的专业方法。其中,个案工作、小组工作、社区工作是三种重要方法。这三种方法中的每一种又有不同的工作模式,每一种模式又有许多具体方法和工作技巧,由此构成了社会工作的方法体系。社会工作是解决人们在物质生活、精神生活和社会生活方面所遇困难的工作。正因为如此,社会工作形成了一系列有别于其他学科、其他知识领域的专业工作方法。

---

① 全国社会工作者职业水平考试教材编委会.社会工作综合能力(中级)[M].北京:中国社会出版社,2023:19-20.

【思考与讨论】

社会工作的构成要素之间关系如何？

实训项目

案例分析：社会工作及其构成要素。

【实训目标】

（1）加深对社会工作概念的感性理解。

（2）结合实际，认识社会工作的构成要素。

【实训内容与方法】

阅读如下案例，对案例中社会工作的内容进行概括、分析并指出其构成要素。

案例

　　王先生患有糖尿病，4年前又患上了肌萎缩侧索硬化综合征，俗称"渐冻人"。现在王先生上半身肌肉已经萎缩，日常生活中衣、食、住、行，甚至连上厕所都需要有人照顾。王先生的女儿年纪还小，正在上初中，生活的重担全都压在王先生的爱人身上。社会工作事务所的社工几乎每周有三天下午都会来王先生家中看望他，陪他聊天、上医院，还和他的女儿交流学习、生活经验等，这让王先生感到非常欣慰。

【实训评估】

（1）评估标准：能够对社会工作的内容进行较为恰当的概括，能够正确分析社会工作的构成要素。

（2）评估方式：

① 每个人针对实训内容写出一份简要材料，作为一次作业。

② 可在班级组织交流会，依每个人在交流会上的表现进行评估。

任务二　认知老年社会工作

情境

　　小王在一家提供社区居家养老服务的非营利机构实习。这个机构专门为社区中的老年人提供娱乐生活、医疗康复、日间照料、居家照顾等服务。小王发现，除了老年社会工作者外，机构中还有医生、护士、护工、康复师、心理咨询师等多种专业人员，他们作为一个团队共同为老年人提供服务。小王产生了一些疑问：在这样一个为老服务的团队中，老年社会工作者主要做哪些工作？老年社会工作者在服务方法和理念上与其他人员有何不同？

项目四 认知老年社会工作

学生分析：

你能告诉小王老年社会工作者主要做哪些工作吗？社会工作者的工作与其他工作人员的工作有什么不同？

知识导学

一、老年社会工作的定义

人在老年期面临着对自身身体、心理和社会的变化的认识、接受以及对环境的适应。老年人的生活质量取决于他们人生中各种经历对其的影响，及老年人对老化过程的认识和期望。老年社会工作就是因应老年问题及老年人发展的需要而产生的一种专业服务活动。在实践中，我们把有意无意地坚持社会工作的理念，坚持在老年人服务中的人文关怀，有意无意地使用了一些社会工作的服务手法，并且对老年人的服务基本上围绕着对老年人困难的帮助或对老年人发展需要的服务社区和机构两个方面展开的，都视为老年社会工作或者老年社会工作的萌芽状态。[①] 但是，从专业的角度看，老年社会工作是指受专业训练的老年社会工作者运用社会工作的专业理念、方法和技巧，以利他主义价值观为指导，为老年人及其家庭提供社会保障与社会服务，以协助老年人解决生理、精神、情感和经济等方面的问题，使老年人能够参与社会生活，幸福安度晚年的专业服务。[②]

老年社会工作的定义可以从以下几个方面来理解。

第一，老年社会工作的服务对象通常是老年人及其家庭。老年人除了在他们的年龄段里可能会面临各种困难和产生服务需要之外，其与家庭成员的关系也对老年人的生活品质产生影响。

第二，为老年人服务是一种社会工作专业价值理念支配下的活动。在开展老年社会工作的过程中，需要坚持专业的价值理念。

第三，老年社会工作强调运用专业的方法。为老年人提供社会工作服务时，要在理论的指导下运用许多专业的方法，以提高服务的有效性和针对性。

第四，老年社会工作的最终目标是挖掘老年人的潜能，提高老年人的能力和促进老年人的发展。

可见，老年社会工作的重要性不仅体现在补救性和预防性的功能上，而且也越来越表现在诸如挖掘老年人的潜能、协助老年人体现其晚年人生价值、倡导老年人互助等发展性的功能上。

【思考与讨论】

请结合本任务内容，试述老年社会工作的服务目标有哪些以及为什么要开展老年社会工作。

---

① 范明林. 老年社会工作[M]. 上海：华东理工大学出版社，2010：2.
② 吴华，张韧韧. 老年社会工作[M]. 北京：北京大学出版社，2011：4.

二、老年社会工作的基本内容

老年社会工作的基本内容在不同国家有所不同,在我国,不同学者也从不同的角度对其基本内容进行了归纳和总结。但从老年社会工作的概念和内涵来看,老年社会工作的基本内容包括两大方面:一是帮助老年人摆脱困境,二是提供满足老年人发展需要的服务。前者主要包括身体健康方面的困难、经济生活困难、日常生活照顾困难、家庭夫妻关系或代际关系处理困难等各种困难的帮助和协助解决;后者主要包括满足许多老年人在进入老年期之后产生的一些新的需要,如受教育的需要、人际交往的需要、参加志愿者服务于他人的需要、充实闲暇生活的需要等。具体来说,老年社会工作的基本内容如下。

(一)生活照顾及护理服务

生活照顾服务主要指为帮助老年人解决和克服生活中的困难,满足其基本生活需要,而提供的各种日常生活的帮助与照料。

由于老年人生理机能的衰退,老年人更关注身体健康,在身体健康方面的需要提高,这就需要为老年人提供与身心健康有关的治疗、康复、预防以及生活照料、家务助理、出行协助、事务管理等方面的服务,具体包括健康风险评估、例行体检、营养咨询与教育、有关慢性病的健康教育推广活动、提供跟年龄有关的疾病的信息、提供有关社会服务和后续性健康服务的咨询等。此外,还包括专门服务项目的提供,包括送餐服务、信息服务、志愿服务、代际互助服务、日托服务、营养配餐服务、护理服务、出行服务、照顾人缓解服务、机构照顾服务等。

(二)心理辅导服务

伴随着老年人年龄的增长,其在遭遇身体机能逐渐衰退、经济收入降低、社会地位下降、社会活动减少、丧偶、家庭变故、亲朋好友生离死别等事件时,很容易产生孤独、寂寞、忧郁等精神状况,从而引发心理问题。因此,针对老年人或轻或重的心理不适,老年社会工作者应辅导老年人进行自我心理调适,以缓解其内心的压力,使其对生活保持一种健康的心态。

抑郁症、阿尔茨海默病、谵妄和焦虑症是老年人最常见的认知和情绪问题,老年社会工作者需要处理老年人的这些认知和情绪相关的问题。在某些个案中,老年社会工作者可以帮助老年人改变其所面对的情形,即消除或减少导致情绪问题的因素;而在另外一些情况下,即当老年人所面对的情形是无法改变的事实时,老年社会工作者要致力于改变老年人的认知,帮助老年人适应情形。

(三)建立社会支持体系

随着老年人生理、心理、社会等方面的变化,越来越多地需要周围他人或周围环境的支持。为老年人建立良好的社会支持体系,是保障老年人高质量生活的重要基础。为老年人建立社会支持体系,可以从生态系统理论的视角出发,从老年人所处的微观环境、中观环境及宏观环境的视角为老年人提供支持。对于老年人来说,最重要的微观环境是家庭,老年人是家庭中的一员,是家庭体系的一部分,应把家庭动员起来,使其成为老年人的重要支持。如果老年人的家庭支持不足,则要帮助老年人识别成功的家庭应对技能,并根据需要拓展新的技能,帮助老年人及其家人治疗旧伤,处理积怨。另外,老年人身边的照顾者作为其重要的支持者,在照顾老年人时会面临许多压力,诸如照顾关系缺乏互惠性、与社会隔离、照顾工作繁重等。老年社会工作者可以给他们提供情绪上的支持和具体的建议,让照顾事宜效率

更高,更有收获,也可以通过开展支持小组的方式,建立照顾者的支持网络,给予照顾者以支持。另外,老年社会工作者还可以协调老年人的各种资源,给予老年人支持。

(四) 满足老年人的特殊需要

老年人除了具有一些共同的需要及面对共同的问题外,有些老年人还具有一些特殊的需要及面对特殊的问题,因此在关注老年人普遍需要及问题的同时,还应该注意到一些老年人特殊的需要,并有针对性地提供适合的服务。例如,有些老年人面临被虐待和疏于照顾的问题;有些老年人面临丧亲问题,感觉到难以接受,也难以走出悲痛的情绪;还有些老年人害怕死亡,处于对死亡的恐惧之中。这些都需要老年社会工作者特别关注和提供适当的服务。

(五) 促进老年人参与社会活动

老年人随着年龄的增长,社会活动通常会越来越少。促进老年人参与社会活动,为老年人提供各种文体娱乐活动,鼓励老年人走出家庭并参与活动,增加老年人之间的社会交往,丰富老年人的日常生活,让老年人寻找自己的生活乐趣,从而使老年人老有所乐,老有所为,以愉悦的心情安度晚年。

(六) 教育服务

随着社会发展步伐的加快,知识更新速度也在加快,只有不断学习才能更好地适应社会的发展,老年人也不例外,而且有些老年人还有强烈的学习愿望。因此,老年社会工作者可以通过开展老年教育服务,为老年人提供知识、技能的学习环境和氛围。例如,可以开办卫生保健、电脑、智能手机、外语、书画、棋类、手工艺品制作、烹调、营养健康等方面的培训班。

此外,老年社会工作还包括为老年人提供文化娱乐服务、老年就业服务等内容。老年社会工作的内容将会随着社会的发展,人们生活质量的提升,老年人需要的增多而不断扩展。

【思考与讨论】

老年社会工作的内容随着社会的发展,人们生活质量的提升,老年人需要的增多而不断扩展。老年社会工作者应如何适应日益丰富的老年社会工作内容?

三、老年社会工作的伦理价值

老年社会工作的开展基于社会工作专业,而社会工作有其特定的专业价值观和专业操守。因此,老年社会工作者在运用社会工作专业知识、方法提供服务的过程中,必须遵守社会工作专业价值观和职业操守。在探讨老年社会工作的伦理价值时,我们应先了解社会工作的专业价值观和专业伦理。

(一) 社会工作专业价值观

社会工作专业价值观是社会工作实践的灵魂,是社会工作者的精神动力。作为一种专业价值观,社会工作专业价值观的基础是社会主流价值和社会工作专业的独特追求。一般而言,社会工作专业价值观是指一整套用以支撑社会工作者进行专业实践的哲学信念,它以人道主义为基础,充分体现了热爱人类、服务人类、促进公平、维护正义和改善人类与社会环

境关系的理想追求,激励和指导着社会工作者的具体工作。

具体而言,社会工作者的专业价值观可以通过以下几个方面来体现。

1. 社会工作者对服务对象的看法

在实践中,社会工作者应将服务对象看作一个与自己有平等价值的人,是有潜力改变且有能动性的个体,社会工作者要充分相信服务对象自身所具有的优势,并在工作过程中注意倾听服务对象的声音,将他们视为合作伙伴,确立与服务对象的民主工作关系。

2. 社会工作者对专业实践的看法

社会工作者应坚持专业的立场,在实践中努力提高专业服务的质量,不断学习和充实专业理论、实践、技巧和知识,提高专业实践的效率和改善服务的效果,强化专业服务的标准。

3. 社会工作者对服务机构的看法

社会工作者应维护服务机构的政策、立场和管理规则,在社会服务过程中尽力做到公正合理地处理个人与机构的关系,尽量避免在外部对服务机构进行批评。

4. 社会工作者对公共福利发展的看法

在实践中,社会工作者应不断改进专业实践,提高专业服务水平,增进总的社会福利水平。在社会福利资源分配过程中,社会工作者要注重公平正义原则,对最困难人群的需要给予优先满足。社会工作者在推行社会政策和提供社会服务过程中,要坚持效率与平等兼顾,减少资源浪费,提高服务效果,最大限度地满足服务对象的需要。

5. 社会工作者对社会发展与进步的看法

在实践中,社会工作者对社会前途和远景应始终持积极乐观的态度,相信社会发展的美好未来,并愿意付出持续不断的努力,通过专业实践和服务推动社会进步的进程。[①]

(二) 社会工作专业伦理

社会工作专业伦理是社会工作专业价值观的具体化,其内容也体现了这个特点。在国际上,社会工作界对社会工作伦理守则的基本内容是有共识的。社会工作专业伦理可以概括为以下几个方面。

(1) 社会工作者对服务对象的伦理责任。实践活动中必须以服务对象的利益为出发点,提供的专业服务要注重体现尊重、保密和公平,具体表现在:尊重并保护服务对象的最佳利益,尊重服务对象的决定,遵守保密原则,公平合理的收费。

(2) 社会工作者对同事的伦理责任。在专业服务过程中,社会工作者应彼此尊重、相互帮助,具体表现在:秉持忠实与忠诚的态度,团队内相互协助。

(3) 社会工作者对服务机构的伦理责任。如何处理好与服务机构的关系,在伦理上把握好责任和义务,是社会工作者专业实践中必须考虑的问题,具体表现在:遵守机构规定,落实机构服务宗旨,负责管理个案。

(4) 社会工作者作为专业人员的伦理责任。社会工作者作为专业人员,在对工作认知、专业能力培养、服务活动开展和促进专业知识发展等各方面都承担着重大责任,具体表现在:适当的工作认知,专业能力的表现,提供专业服务,维持服务品质,公正与服务,专业知识的拓展。

---

① 全国社会工作者职业水平考试教材编委会. 社会工作综合能力(中级)[M]. 北京:中国社会出版社,2023:41-42.

(5) 社会工作者对社会工作专业的伦理责任。每一名社会工作者都对该专业的发展负有责任。同时,社会工作者的实践本身也在影响着该专业的社会评价与专业权威。因此,社会工作者有责任促进专业的权威及其发展,具体表现在:保障专业的完整性,遵循专业的评估和研究。

(6) 社会工作者对全社会的伦理责任。社会工作者的职责和专业实践始终对社会有不可推卸的责任和道义承担。每一名社会工作者都应在专业范围内各尽其责、尽心尽力,为推动社会变迁及发展、促进社会正义而不懈努力,具体表现在:促进整体社会福祉,鼓励公民参与,倡导社会与政治行动。①

(三) 老年社会工作价值观

老年社会工作者在遵循社会工作基本价值观的基础上,根据老年人的特点,还要遵循以下独特的老年社会工作价值观。

(1) 每个老年人都有改变的能力和要求发展的能力。

(2) 每个老年人都享有与他人同样的生存权利。

(3) 每个老年人都是一个独特的个体。

(4) 每个老年人都享有人的尊严,并且这种尊严必须受到尊重。

(5) 每个老年人都应该受到社会的关怀,尤其是受到贫困、饥饿、疾病和其他困难威胁的老人更应该受到社会的重点照顾。

(6) 每个老年人都有权利享受经济、社会发展带来的成果。

(7) 一个民主的和理想的社会应该不断修订和完善有关老年人的社会政策与法律,为老年人的生存和发展不断提供良好的社会环境。

(8) 在一个民主的社会里,每个老年人都享有下列最基本的权利:生存权、健康权、教育权、居住权、休息权、选举权、参政权及社会福利和人道服务的权利。②

(四) 老年社会工作的伦理守则

社会工作伦理守则是一套指导社会工作者从事专业活动的道德指引,它清晰地告诉社会工作者"应该做什么"以及"不应该做什么"。老年社会工作者在遵守社会工作基本专业伦理的同时,具体还要注意以下几个方面的内容。

(1) 接纳:接纳老人的现况,并从中发现老人本身的能力与长处,相信他有成长与改变的潜力。

(2) 个别化:确认每位老人的独特性及其特征。

(3) 社会正义:不论老人的社会地位与个人能力及态度如何,都能一视同仁,提供其所需的服务。尤其对弱势老人要特别予以保护与照顾。

(4) 不判断:对老人保持开放的态度,不轻易责难与判断。

(5) 客观:不论老人与其家属的现况与能力如何,都要客观地提供社会工作专业的照顾和关怀,给予对老人承诺。

(6) 提供机会:为老人创造更多接受服务或提供服务的渠道与机会。

---

① 全国社会工作者职业水平考试教材编委会.社会工作综合能力(中级)[M].北京:中国社会出版社,2023:45-46.
② 范明林.老年社会工作[M].上海:上海大学出版社,2006:16.

(7) 保密：尊重老人的隐私权。

(8) 同理心：体会老人的情绪、想法和感受。这里需要注意的是，同理心和同情不同，同情是"觉得他好可怜"，同理心则是"能理解他为何如此"。老年社会工作者有了同理心，就能够了解老人。

(9) 敏感度：和老人谈话沟通时，能感受到他们是不是有什么不舒服或不自在的地方。许多私人问题一旦搬上台面来讨论，就难免给老人或工作人员带来不自在的感觉。专业的工作人员首先要对老人健康及生理状况有充分的了解，以此为基础并加以巧妙运用，才能预期及体会老人细致的感受及情绪。当老人能感受到工作人员的细心与体贴时，专业关系就容易建立，专业工作就容易进行。

(10) 赋能：社会工作者相信并且能看出每一个人都有能力为自己的事做决定，以满足自己的需要、解决自己的问题及掌握自己的生活。老年社会工作者为老人提供服务的过程中，如果在进行每一个动作、每一个计划时，都能让老人一起参与，让他们表达自己的意见和想法，并与老人一起分析动作或计划的优点和缺点，这就是赋能的第一步。在服务过程中，老年社会工作者要坚信老人有能力替自己做出最好的决定，而且要不断地将这份信心传递给老人。久而久之，老人自然也会相信自己的能力与价值。

(11) 服务对象自决：服务对象有一些不同的方案可以选择，并且能自由地按照其意愿进行选择。"能够自己做决定"这个认知将有效提升老人对生活的满意度。除了自决的结果对老人自身有害等伦理难题之外，老年社会工作者必须坚持每个老人在确认已完全无意识之前，都享有基本的自决权，此权利不能被任何人任意剥夺。

【思考与讨论】

社会工作价值观是社会工作专业的基础，是社会工作理论知识的核心，更是社会工作技巧的指引。社会工作价值观、理论知识和技巧的关系如图4-1所示。请结合本任务内容讨论为何称社会工作价值观为社会工作的灵魂。你将如何内化和践行专业价值观？

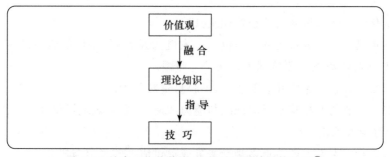

图 4-1　社会工作价值观、理论知识和技巧的关系[①]

---

① 范明林. 老年社会工作[M]. 上海：华东理工大学出版社，2010：18.

四、老年社会工作的职能

（一）恢复的职能

恢复的职能是老年社会工作最基本、最重要的职能，它可以被简单地归结为解决问题。恢复的职能包括治疗与康复两个主要层面。治疗是指老年社会工作者在与服务对象的专业互动当中，通过全面了解服务对象的情况，找到问题的症结所在，然后对症下药，为其提供直接的服务，以求缓解并最终解决问题。治疗可以增强服务对象克服困难、解决问题的勇气和决心，激发出他的积极性和主动性。这时候，老年社会工作者有责任帮助服务对象以健康的心态投入新的生活，复原或重建受损的社会功能和社会关系，以恢复常态的社会生活，这就是康复。

（二）预防的职能

预防胜过治疗。治病固然是重要的，但患病后才去治疗只是一种被动的、消极的态度。相关研究显示，许多老年人生理、心理和社会功能的衰退是可以通过及时有效的预防措施来消除或减缓的。因此，老年社会工作者应采取积极、主动的态度对待服务对象，及早预测、发现、控制和消除那些可能产生负面影响的因素和条件。

（三）发展的职能

发展是社会工作的重要职能之一。它应当充分发掘社会资源，发挥个人和制度的潜能，以确保社会的稳定，促进社会的发展。① 就老年社会工作而言，发展的职能包括：改善社会对老年人的看法，使老年人拥有正面的自我认知与自我形象，向老年人提供足够的教育资讯及服务资源，在公共空间方面考虑老年人使用上的便利，促进老年人的社会参与等。

【思考与讨论】

请结合本任务的内容，谈谈你对"恢复的职能是老年社会工作最基本、最重要的职能"这句话的理解。

五、老年社会工作者的角色

老年社会工作者在老年人服务中发挥着重要的作用，老年社会工作者在开展实践工作的过程中，为老年人提供丰富多样的服务，担任各种职责，完成多样任务和活动，同时也扮演着多种角色。以下介绍几种主要的角色。

（一）服务提供者角色

这是老年社会工作者首先要扮演的角色。老年社会工作者向老年人提供的服务是多种多样的，既有物质方面的，也有精神方面的；既有为老年人解决经济方面问题的服务，也有为老年人提供心理、精神方面的支持。例如，为老年人提供专业的知识咨询、心理上的咨询和

---

① 张乐天. 社会工作概论[M]. 3版. 上海：华东理工大学出版社，2007：11.

辅导、寻找和整合社会资源、提供多种信息帮助老年人解决问题等。老年人一般信息贫乏，许多信息是老年人所不知道和不了解的。通过信息提供，使老年人掌握更多的信息，推动问题的解决。许多老年人的资源匮乏或求助方式较为单一，大多数主要向家庭、邻居求助，而这些被求助者往往也难以满足老年人的需要，此时老年社会工作者可以运用专业知识与广泛的社会资源为老年人提供服务。老年社会工作者也可以通过个案辅导的方法使老年人改善认知、纠正行为，更可以通过家庭治疗和家庭服务来改善产生老年人问题的家庭环境。老年社会工作者还可以通过小组工作的方法、大型社区活动的方法以及志愿者活动的方法等，为老年人各种发展需要的满足提供适合的服务。

（二）支持者角色

面对老年人，老年社会工作者不但要提供直接服务或帮助，也要鼓励老年人在可能的情况下自强自立、克服困难，即"助人自助"。老年社会工作者要成为老年人积极反应的支持者、鼓励者，并尽量创造条件，使老年人能够自我掌控或自我发展。

（三）引导者角色

许多老年人存在自卑心理，认为自己老了，什么事都做不了。老年社会工作者可以帮助老年人建立自信，使其找到自己合适的位置。老年人产生自卑心理的一个原因是自己的权益没有得到保护，老年社会工作者可以帮助老年人提升老年人权益意识，帮助老年人维权，也可以培养社区领袖，发展培养老年服务志愿者，从而更好地做好老年人的老年生活服务，对老年生活进行积极的引导。

（四）政策建议者角色

老年社会工作者具有较强的社会调研能力，他们可以根据自己在社区的工作经验和社会实地调查研究提出有效的意见，为有关政府部门制定适合老年人的社会保险、社会保障政策法规提供建议。老年社会工作者也有在政府部门进行宏观管理政策制定工作的，他们也会进行社会调研从而得出有效的结论，制定出合理的有关老年人的政策法规。

（五）关系协调者角色

老年社会工作者有时要面对不同老年人、不同群体之间的矛盾和冲突，这时他就要扮演关系协调者的角色，缓解和处理矛盾、冲突。老年社会工作者的介入，可以帮助矛盾、冲突当事人互相沟通和理解，从而缓和、解决矛盾。这些依赖于老年社会工作者对问题的全面深入的了解和分析，以及用专业的工作方法和手段策略性地应对问题。

（六）管理者角色

当老年人面临复杂性问题或需要多种服务时，老年社会工作者便要开展个案管理服务，通过计划与组织，协调不同服务机构或不同服务者提供的服务，并把这些服务和资源与服务对象进行有效的连接，实现资源整合。

【思考与讨论】

除了本任务所提出的老年社会工作者的6种角色之外，你还能想出其他角色吗？

实训项目

1. 专业服务及专业价值观训练。

【实训目标】

(1) 加深对老年人的生理状况与心理动态、问题及需要的认识。

(2) 加深社会工作专业价值观的内化。

【实训内容与方法】

组织集体观看影片《飞越老人院》,思考以下问题:

(1) 影片中老人院里的老人们有哪些方面的问题和需要?

(2) 如果你是该机构的社会工作者,你会怎么开展服务?

【实训评估】

(1) 评估标准:能够带着社会工作价值观看待老年人群及其所面临的问题、其所具有的需要。

(2) 评估方式:

① 每个人针对以上问题写出一份简要材料,作为一次作业。

② 可在班级组织交流,根据每个人的表现进行评估。

2. 案例分析:独居老人的社区照顾。

【实训目标】

(1) 加深对老年社会工作的感性认识。

(2) 结合实际,认知老年社会工作的职能和老年社会工作者的角色。

(3) 增强为老年人服务的职业使命感。

【实训内容与方法】

阅读如下案例,并回答以下问题:

(1) 案例中老年社会工作者开展了哪些服务?具有哪些职能?

(2) 案例中老年社会工作者扮演了哪些角色?

案例

良叔是一位独居老人,其经济来源主要是最低生活保障补贴。良叔的身体状况较差,12月某日,因天气寒冷及身体虚弱问题,良叔的脚部痛风复发,使其难以下楼行动。社区社会工作者接案后,首先直接照顾起良叔的生活,每日为其送餐上门;与良叔的亲属联系,劝说其来探望良叔。良叔的身体状况有所好转,但在来年2月,良叔的身体状况再度恶化,经常卧床不起,社工评估良叔的状况后,建议其搬去敬老院,这样既可以预防突发情况,也能得到更好的医疗和生活照料。与此同时,社工也与敬老院联系,协商入住事宜。良叔搬至敬老院后,逐步适应院中的新生活,随后该社工将良叔转介给敬老院的社会工作者。

【实训评估】

(1) 评估标准：能够对老年社会工作的职能进行较为恰当的概括，能够正确分析老年社会工作者的角色。

(2) 评估方式：

① 每个人针对实训内容写出一份简要材料，作为一次作业。

② 可在班级组织交流，根据每个人的表现进行评估。

任务三　提升老年社会工作者的知识和能力

小李原是老年公寓的资深护工，最近被任命为社会工作部主任，令他十分头疼的是，他不熟悉"社会工作"这样一个全新的领域。尽管他也曾与社会工作者共同开展过服务，但现在面对社会工作部的许多业务上的难题，他仍感到束手无策。对作为基层管理者的社会工作部主任来说，社会工作专业知识与技能显然是不可或缺的，这让新上任的小李陷入苦恼之中。

学生分析：

你认为老年社会工作者需要具备哪些知识和能力？

知识导学

一、老年社会工作者的知识要求

（一）要有广博的基础知识

随着人口老龄化现象的加剧，老年社会工作所要回应的问题和需要逐渐增多。老年社会工作者的任务的复杂性决定了老年社会工作者不但要精通本职专业知识，以处理专业性问题，而且要具备更多的基础知识，以增强其适应性，以处理各种复杂的问题。客观地说，由于老年社会工作者所要处理的问题日益增多，对其所应具备的各学科的知识的要求也不断提高。老年社会工作者必须具备的基础知识涉及社会学、心理学、经济学、法学、教育学、医学、法学等多种学科。

（二）要有适应岗位需要的专业知识

处在不同工作岗位的老年社会工作者应掌握的专业知识也有所不同。例如，从事一线服务的老年社会工作者，应具备与老年人生理、心理相关的医学基础知识、护理学知识；从事老年社会工作行政管理的人员，在掌握老年社会工作专业知识的基础上，还应掌握管理学的一般知识。总体而言，老年社会工作的价值观、理论、方法、技巧是老年社会工作者专业知识的核心内容。同时，老年社会工作者还需要具备老年护理学、老年营养学、老年康复学、老年服务组织管理等专业知识。

【思考与讨论】

为什么说老年社会工作者需要有广博的知识基础？

二、老年社会工作者的能力要求

老年社会工作的特点是直接面向老年人，既要提供直接服务，又要进行间接服务。服务对象的特殊性决定了工作任务的复杂性，由于老年社会工作服务对象存在的问题多种多样，要求老年社会工作者一定要具有较强的工作能力、处理问题与解决问题的能力。应该说，专业任务对老年社会工作者的能力要求是多方面的。概括来说，老年社会工作者要具备以下几方面的能力。

（一）基本要求

2016年民政部发布的《老年社会工作服务指南》(MZ/T064-2016)推荐性行业标准中提出，老年社会工作者应具备以下资质之一：获得国家颁发的社会工作者职业水平证书；具备国家承认的社会工作专业专科及以上学历。老年社会工作者在开展具体工作中，应遵守以下要求：掌握涉及老年人有关的法律、法规、政策；具备开展老年社会工作服务所需的老年学等方面的基本知识；接受社会工作专业继续教育，不断提高职业素质和专业服务能力；推动多学科合作，与其他专业人士相互尊重、共享信息并有效沟通。

（二）职业能力

《社会工作者职业水平评价暂行规定》(国人部发[2006]71号)中规定了社会工作者应具备的义务与职业能力。

社会工作者应严格遵守国家法律法规和社会工作职业守则；社会工作者在社会服务工作中，应当与服务对象建立良好平等的沟通关系，维护服务对象权益，倾听服务对象诉求，尊重服务对象选择，保守服务对象隐私。

助理社会工作师应具备以下职业能力：① 熟悉与社会工作业务相关的法律、法规、政策和行业管理规定，掌握基本的社会工作专业知识；② 能够与各类服务对象建立专业服务关系，对服务对象的问题做出预估，制定服务计划和服务协议，独立接案、结案并提供跟进服务；③ 能够根据服务计划，运用专业方法和技术协助服务对象解决问题。

社会工作师应具备以下职业能力：① 能够熟练运用社会工作业务相关的法律、法规、政策和行业管理规定，具备较丰富的社会工作专业经验；② 能够综合运用各种社会工作方法，为服务对象提供专业服务，处理各类复杂问题，并对所提供的专业服务质量与效果进行评估；③ 能够指导助理社会工作师开展专业工作，帮助其提高专业工作水平和能力；④ 能够制定科学合理的工作方案和发展规划，整合、运用相关社会服务资源，拓展服务领域，保证服务质量。

人力资源和社会保障部、民政部制定的《高级社会工作师评价办法》(人社部规〔2018〕2号)中规定了高级社会工作师应具备的职业素质与能力。

高级社会工作师应坚定正确政治立场,拥护中国共产党领导,遵守宪法和各项法律法规,贯彻落实党和国家方针政策,践行社会主义核心价值观。高级社会工作师应具有良好的社会责任感和职业使命感,秉承社会工作专业理念,遵守社会工作职业道德,积极维护职业形象。

高级社会工作师应具备的职业能力:① 能够熟练运用社会工作专业理论、方法、技巧和相关政策法规,提供高质量的专业服务,解决复杂疑难专业问题;② 能够发挥专业骨干作用,组织设计、实施和评估社会服务方案或项目,提升服务管理水平;③ 能够对助理社会工作师、社会工作师等社会工作从业人员开展专业督导,帮助其解决专业难题,提高职业能力;④ 能够开展社会工作政策、理论与实务研究,总结提炼社会工作实务经验,创新社会工作专业方法,针对具体社会问题的解决及有关政策的制定提出建设性意见建议。

(三)沟通能力

老年社会工作者必须具有较强的沟通能力,只有这样才能为实现自己想要实现的目标而同他人交往。老年人的多样性对社会工作者的沟通提出更高的要求。随着我国老龄化社会的来临,老年人数量的增加,老年人的物质、精神需要日益丰富化、多样化,要求老年社会工作者在开展工作时要与老年人进行有效的沟通。同时,要做好老年社会工作,老年社会工作者还需要整合各项社会资源,与各界人士交往沟通。所以,老年社会工作者必须掌握各种沟通技巧及具备较强的沟通能力。

(四)组织协调能力

老年社会工作者的很多工作都要求其具备组织协调能力。例如,小组工作的实质是一个组织活动,是运用团体动力学的理论将有共同需要的工作对象组织联系起来的活动,小组工作对老年社会工作者组织协调能力的要求是较高的,可以说小组工作是老年社会工作者组织能力的集中展示。老年社会工作者的另一个重要工作场所是社区,而社区工作中大量的、主要的工作是社区组织,它要求老年社会工作者在做老年人工作时,要靠自己的能力将社区、居委会、村委会的老年人动员、团结、凝聚起来,它以更复杂的情境、更艰巨的任务向老年社会工作者的组织能力提出挑战。

(五)决断能力

老年社会工作者的服务对象是老年人,面对的现实情况是复杂多样的,其工作情境也变化多样,这就要求老年社会工作者针对不同情况做出恰当的回应。老年社会工作强调个别化原则,个别化原则不是倡导标新立异,而是要在老年社会工作基本模式的指导下,实事求是地采取有差别性的处理方法。恰当的、有差别性的处理方法向老年社会工作者的决断能力提出了较高的要求。因为老年社会工作的服务对象较特殊,他们需要社会的尊重和爱戴,任何不慎的决策都将对他们造成新的打击。所以,避免错误决策是老年社会工作者的基本信条。而要做到这一点,需要老年社会工作者有良好的判断能力,遇事善于决断,敢于决断。

【思考与讨论】

结合你对老年社会工作内容的了解,思考老年社会工作者个人能力对于从事老年社会工作的必要性。

实训项目

案例分析:升任主管后的思考。

【实训目标】

(1) 增强对不同老年社会工作岗位知识与技能要求的感性认识。

(2) 加强自身素质与技能的训练和培养。

【实训内容与方法】

阅读以下案例,结合其实际分析:小张所担任的一线老年社会工作者与行政管理者这两个职务,其所需要的知识与技能各有何不同?

案例

小张毕业后就职于一家敬老院,最近升任社会工作部主管,在接到通知后,他回想起刚来到这里工作时的情景。

小张在大学时学的是社会工作专业,毕业后就到这家敬老院担任专职社会工作者。这份工作理应是驾轻就熟的,但当小张站上实际工作岗位,却不知道如何工作,因为他对老年人服务这一专业领域所知甚少。即便他具备社会工作的专业知识,但他在大学阶段并没有给老年人提供服务的实际经验,如何与老年人打交道,如何因应老年人的生理、心理特点提供服务,这些令他感到茫然。因此,他仔细地阅读相关书籍,并努力学习有关的知识与技能。同时,机构主管也主动指导他,使他逐渐摆脱了困境。经过3个月的努力,他已可以独立开展社会工作服务。也正因为他良好的工作表现,3年后,他被机构委任为社会工作部主管。

小张知道,升任社会工作部主管后,他的工作重心将由直接服务转移到行政管理上,需要肩负起带领社会工作部更好发展的重任。既要管理好本部门的社工,又要协调与上级领导、与机构其他部门、与机构外部的关系。然而,小张明白自己缺乏行政协调的经验,今后的情况会是怎么样?他不免为此而担忧。

【实训评估】

(1) 评估标准:分析并正确认识不同岗位的老年社会工作者的知识与能力要求的差异性。

(2) 评估方式:

① 每个人针对以上问题写出一份简要材料,作为一次作业。

② 可在班级组织交流,根据每个人的表现进行评估。

任务四　了解老年社会工作的外部环境

情境

"人在情境中"是社会工作的一个基本原则。小王在机构提供老年社会工作服务的过程中,切身体会到外部环境对服务开展的影响。例如,政府提供的养老津贴是老年人的经济来源之一,有些地方还提供了养老服务券,这成为老年人主动要求社会工作专业服务的一个契机;与此同时,构建老年人的幸福生活也离不开家庭、社区、社会的关爱和支持。

学生分析:
你认为老年社会工作的环境包括哪些?

知识导学

一、老年人社会福利

(一) 社会福利的含义

社会福利是指国家依法为所有公民普遍提供,旨在保证一定生活水平和尽可能提高生活质量的资金和服务的社会保障制度。其内涵有广义与狭义之分。广义的社会福利是指提高广大社会成员生活水平的各种政策和社会服务,旨在解决广大社会成员在各个方面的福利待遇问题。狭义的社会福利是指对生活能力较弱的儿童、老人、母子家庭、残疾人、慢性精神病人等的社会照顾和社会服务。

(二) 老年人社会福利的含义

老年人社会福利作为社会福利的一个内容或者其中的一个领域,是与残疾人社会福利、儿童社会福利、妇女社会福利并列的。广义的老年人社会福利是指国家和社会通过社会化的福利设施和有关福利津贴,以满足老年人的生活服务需要并促使其生活质量不断得到改善的一种社会政策,其内容包括老年人社会救助、养老保险等。而狭义的老年人社会福利则是指根据老年人的特殊需求和老年人自身的特点,由社会提供给老年人的特殊的、照顾性的物质和社会服务。

(三) 我国老年社会福利

《老年人权益保障法》规定,国家和社会应当采取措施,健全保障老年人权益的各项制度,改善老年人生活、健康、安全以及参与社会发展的条件;各级人民政府应当将老龄事业纳入国民经济和社会发展规划,将老龄事业经费列入财政预算,建立稳定的经费保障机制,并鼓励社会各方面投入,使老龄事业与经济、社会协调发展。据此,中央和地方出台了一系列相应的老年人福利保障政策。当前,我国老年人社会福利的主要内容之一即是社会养老服务体系建设。

> 【思考与讨论】
>
> 请查阅有关文献,比较"老年人社会福利"与"老年人社会保障"的概念。

二、社会养老服务体系

以生命历程的观点来看,凡与人民生活相关的所有政策,例如政府的教育政策、法律政策、就业政策、社会政策、住宅政策、卫生医疗及保险政策等,都将影响国民的老年生活。这里将社会养老服务体系建设作为我国老年社会工作的一个重要环境因素来进行介绍。

养老服务体系是指老年人在生活中获得的全方位服务支持的系统。它分为家庭养老服务体系和社会养老服务体系。其中,家庭养老服务体系是延续数千年的传统养老服务支持系统。服务提供者主要包括老年人本人、配偶、子女以及亲朋好友,它最大的优势是老年人能够得到家庭的温暖和亲情的关怀。然而,随着家庭养老功能日趋弱化,仅仅依靠家庭养老服务系统难以满足老年人的养老需求。社会养老服务体系应运而生,它是指政府、社会对养老服务有支持意义的各种制度、政策、机构等方面所构成的系统。

(一)《社会养老服务体系建设规划(2011—2015年)》

2011年12月16日,国务院办公厅印发《社会养老服务体系建设规划(2011—2015年)》(国办发〔2011〕60号),指出社会养老服务体系的内涵是"与经济社会发展水平相适应,以满足老年人养老服务需求、提升老年人生活质量为目标,面向所有老年人,提供生活照料、康复护理、精神慰藉、紧急救援和社会参与等设施、组织、人才和技术要素形成的网络,以及配套的服务标准、运行机制和监管制度"。

《社会养老服务体系建设规划(2011—2015年)》同时指出,我国的社会养老服务体系主要由居家养老、社区养老和机构养老等三个有机部分组成。

(1) 居家养老服务涵盖生活照料、家政服务、康复护理、医疗保健、精神慰藉等,以上门服务为主要形式。对身体状况较好、生活基本能自理的老年人,提供家庭服务、老年食堂、法律服务等服务;对生活不能自理的高龄、独居、失能等老年人提供家务劳动、家庭保健、辅具配置、送饭上门、无障碍改造、紧急呼叫和安全援助等服务。有条件的地方可以探索对居家养老的失能老年人给予专项补贴,鼓励他们配置必要的康复辅具,提高生活自理能力和生活质量。

(2) 社区养老服务是居家养老服务的重要支撑,具有社区日间照料和居家养老支持两类功能,主要向家庭日间暂时无人或者无力照护的社区老年人提供服务。在城市,结合社区服务设施建设,增加养老设施网点,增强社区养老服务能力,打造居家养老服务平台。倡议、引导多种形式的志愿活动及老年人互助服务,动员各类人群参与社区养老服务。在农村,结合城镇化发展和新农村建设,以乡镇敬老院为基础,建设日间照料和短期托养的养老床位,

逐步向区域性养老服务中心转变,向留守老年人及其他有需要的老年人提供日间照料、短期托养、配餐等服务;以建制村和较大自然村为基点,依托村民自治和集体经济,积极探索农村互助养老新模式。

(3) 机构养老服务以设施建设为重点,通过设施建设,实现其基本养老服务功能。养老服务设施建设重点包括老年养护机构和其他类型的养老机构。老年养护机构主要为失能、半失能的老年人提供专门服务,重点实现以下功能。第一,生活照料。设施应符合无障碍建设要求,配置必要的附属功能用房,满足老年人的穿衣、吃饭、如厕、洗澡、室内外活动等日常生活需求。第二,康复护理。具备开展康复、护理和应急处置工作的设施条件,并配备相应的康复器材,帮助老年人在一定程度上恢复生理功能或减缓部分生理功能的衰退。第三,紧急救援。具备为老年人提供突发性疾病和其他紧急情况的应急处置救援服务能力,使老年人能够得到及时有效的救援。鼓励在老年养护机构中内设医疗机构。符合条件的老年养护机构还应利用自身的资源优势,培训和指导社区养老服务组织和人员,提供居家养老服务,实现示范、辐射、带动作用。其他类型的养老机构根据自身特点,为不同类型的老年人提供集中照料等服务。

(二) "十三五"国家老龄事业发展和养老体系建设规划

为积极开展应对人口老龄化行动,推动老龄事业全面协调可持续发展,健全养老体系,国务院于2017年2月28日印发的《"十三五"国家老龄事业发展和养老体系建设规划》(国发〔2017〕13号)中提出的发展目标是:到2020年,老龄事业发展整体水平明显提升,养老体系更加健全完善,及时应对、科学应对、综合应对人口老龄化的社会基础更加牢固。多支柱、全覆盖、更加公平、更可持续的社会保障体系更加完善。居家为基础、社区为依托、机构为补充、医养相结合的养老服务体系更加健全。有利于政府和市场作用充分发挥的制度体系更加完备。支持老龄事业发展和养老体系建设的社会环境更加友好。

健全养老服务体系主要体现在以下方面。

1. 夯实居家社区养老服务基础

大力发展居家社区养老服务。逐步建立支持家庭养老的政策体系,支持成年子女与老年父母共同生活,履行赡养义务和承担照料责任。支持城乡社区定期上门巡访独居、空巢老年人家庭,帮助老年人解决实际困难。支持城乡社区发挥供需对接、服务引导等作用,加强居家养老服务信息汇集,引导社区日间照料中心等养老服务机构依托社区综合服务设施和社区公共服务综合信息平台,创新服务模式,提升质量效率,为老年人提供精准化个性化专业化服务。鼓励老年人参加社区邻里互助养老。鼓励有条件的地方推动扶持残疾、失能、高龄等老年人家庭开展适应老年人生活特点和安全需要的家庭住宅装修、家具设施、辅助设备等建设、配备、改造工作,对其中的经济困难老年人家庭给予适当补助。大力推行政府购买服务,推动专业化居家社区养老机构发展。

加强社区养老服务设施建设。统筹规划发展城乡社区养老服务设施,新建城区和新建居住(小)区按要求配套建设养老服务设施,老城区和已建成居住(小)区无养老服务设施或现有设施未达到规划要求的,通过购置、置换、租赁等方式建设。加强社区养老服务设施与社区综合服务设施的整合利用。支持在社区养老服务设施配备康复护理设施设备和器材。鼓励有条件的地方通过委托管理等方式,将社区养老服务设施无偿或低偿交由专业化的居家社区养老服务项目团队运营。

发展居家社区养老服务工程。依托城乡社区公共服务综合信息平台，以失能、独居、空巢老年人为重点，整合建立居家社区养老服务信息平台、呼叫服务系统和应急救援服务机制，方便养老服务机构和组织向居家老年人提供助餐、助洁、助行、助浴、助医、日间照料等服务。

实施"互联网＋"养老工程。支持社区、养老服务机构、社会组织和企业利用物联网、移动互联网和云计算、大数据等信息技术，开发应用智能终端和居家社区养老服务智慧平台、信息系统、App应用、微信公众号等，重点拓展远程提醒和控制、自动报警和处置、动态监测和记录等功能，规范数据接口，建设虚拟养老院。

2. 推动养老机构提质增效

加快公办养老机构改革。加快推进具备向社会提供养老服务条件的公办养老机构转制为企业或开展公建民营。实行老年人入住评估制度，优先保障特困供养人员集中供养需求和其他经济困难的孤寡、失能、高龄等老年人的服务需求。完善公建民营养老机构管理办法，鼓励社会力量通过独资、合资、合作、联营、参股、租赁等方式参与公办养老机构改革。政府投资建设和购置的养老设施、新建居住（小）区按规定配建并移交给民政部门的养老设施、党政机关和国有企事业单位培训疗养机构等改建的养老设施，均可实施公建民营。

支持社会力量兴办养老机构。贯彻全面放开养老服务市场、提升养老服务质量的有关政策要求，加快推进养老服务业"放管服"改革。对民间资本和社会力量申请兴办养老机构进一步放宽准入条件，加强开办支持和服务指导。落实好对民办养老机构的投融资、税费、土地、人才等扶持政策。鼓励采取特许经营、政府购买服务、政府和社会资本合作等方式支持社会力量举办养老机构。允许养老机构依法依规设立多个服务网点，实现规模化、连锁化、品牌化运营。鼓励整合改造企业厂房、商业设施、存量商品房等用于养老服务。

全面提升养老机构服务质量。加快建立全国统一的服务质量标准和评价体系，完善安全、服务、管理、设施等标准，加强养老机构服务质量监管。建立健全养老机构分类管理和养老服务评估制度，引入第三方评估，实行评估结果报告和社会公示。加强养老服务行业自律和信用体系建设。支持发展养老机构责任保险，提高养老机构抵御风险能力。

3. 加强农村养老服务

推动农村特困人员供养服务机构服务设施和服务质量达标，在保障农村特困人员集中供养需求的前提下，积极为低收入、高龄、独居、残疾、失能农村老年人提供养老服务。通过邻里互助、亲友相助、志愿服务等模式和举办农村幸福院、养老大院等方式，大力发展农村互助养老服务。发挥农村基层党组织、村委会、老年协会等作用，积极培育为老服务社会组织，依托农村社区综合服务中心（站）、综合性文化服务中心、村卫生室、农家书屋、全民健身等设施，为留守、孤寡、独居、贫困、残疾等老年人提供丰富多彩的关爱服务。

（三）"十四五"国家老龄事业发展和养老服务体系规划

"十四五"时期，我国开启全面建设社会主义现代化国家新征程。党中央把积极应对人口老龄化上升为国家战略，在《中华人民共和国国民经济和社会发展第十四个五年规划和2035年远景目标纲要》中做了专门部署。人口老龄化是人类社会发展的客观趋势，我国具备坚实的物质基础、充足的人力资本、历史悠久的孝道文化，完全有条件、有能力、有信心解决好这一重大课题。同时也要看到,我国老年人口规模大,老龄化速度快,老年人需求结构正在从生存型向发展型转变,老龄事业和养老服务还存在发展不平衡不充分等问题,主要体现在农村养老服务水平不高、居家社区养老和优质普惠服务供给不足、专业人才特别是护理人员短缺、科技创新和产品支撑有待加强、事业产业协同发展尚需提升等方面,建设与人口老龄化进程相适应的老龄事业和养老服务体系的重要性和紧迫性日益凸显,任务更加艰巨繁重。

《"十四五"国家老龄事业发展和养老服务体系规划》(国发〔2021〕35号)提出的发展目标是:

"十四五"时期,积极应对人口老龄化国家战略的制度框架基本建立,老龄事业和产业有效协同、高质量发展,居家社区机构相协调、医养康养相结合的养老服务体系和健康支撑体系加快健全,全社会积极应对人口老龄化格局初步形成,老年人获得感、幸福感、安全感显著提升。

养老服务供给不断扩大。覆盖城乡、惠及全民、均衡合理、优质高效的养老服务供给进一步扩大,家庭养老照护能力有效增强,兜底养老服务更加健全,普惠养老服务资源持续扩大,多层次多样化养老服务优质规范发展。

老年健康支撑体系更加健全。老年健康服务资源供给不断增加,配置更加合理,人才队伍不断扩大。家庭病床、上门巡诊等居家医疗服务积极开展。老年人健康水平不断提升,健康需求得到更好满足。

为老服务多业态创新融合发展。老年人教育培训、文化旅游、健身休闲、金融支持等服务不断丰富,围绕老年人衣食住行、康复护理的老年用品产业不断壮大,科技创新能力明显增强,智能化产品和服务惠及更多老年人。

要素保障能力持续增强。行业营商环境持续优化,规划、土地、住房、财政、投资、融资、人才等支持政策更加有力,从业人员规模和能力不断提升,养老服务综合监管、长期护理保险等制度更加健全。

社会环境更加适老宜居。全国示范性老年友好型社区建设全面推进,敬老爱老助老的社会氛围日益浓厚,老年人社会参与程度不断提高。老年人在运用智能技术方面遇到的困难得到有效解决,广大老年人更好地适应并融入智慧社会。

《"十四五"国家老龄事业发展和养老服务体系规划》从织牢社会保障和兜底性养老服务网、扩大普惠型养老服务覆盖面、强化居家社区养老服务能力、完善老年健康支撑体系、大力发展银发经济、践行积极老龄观、营造老年友好型社会环境、增强发展要素支撑体系、维护老年人合法权益等方面提出了具体规划。

(四)养老服务体系基本形成

我国养老服务体系建设总体框架和思路,经历了从居家为基础、社区为依托、机构为支撑到居家为基础、社区为依托、机构为补充,再到居家为基础、社区为依托、机构为补充、医养相结合,再到构建居家社区机构相协调、医养康养相结合的养老服务体系的转变。以居家为基础、社区为依托、机构为补充、医养相结合的养老服务体系已经基本形成。①

---

① 青连斌,江丹.中国养老服务发展报告(2021)[M].北京:中国劳动社会保障出版社,2022:7.

【思考与讨论】

请查阅《国务院关于印发"十四五"国家老龄事业发展和养老服务体系规划的通知》(国发〔2021〕35号),探讨当前我国建设社会养老服务体系的工作重点以及面临的挑战。

三、新时代老龄工作

人口老龄化是我国今后较长一个时期的基本国情。第七次全国人口普查结果显示,我国60岁及以上人口已达2.64亿人。随着人口老龄化程度不断加深,养老服务工作面临新形势、新挑战。为实施积极应对人口老龄化国家战略,加强新时代老龄工作,中共中央、国务院印发《中共中央、国务院关于加强新时代老龄工作的意见》,把积极老龄观、健康老龄化理念融入经济社会发展全过程,加快建立健全相关政策体系和制度框架,大力弘扬中华民族孝亲敬老传统美德,促进老年人养老服务、健康服务、社会保障、社会参与、权益保障等统筹发展,推动老龄事业高质量发展,走出一条中国特色积极应对人口老龄化道路。

(一)新时代老龄工作的意义

党的十八大以来,以习近平同志为核心的党中央高度重视老龄工作,精心谋划、统筹推进老龄事业发展。针对新时代我国人口老龄化的新形势新特点,党中央、国务院立足中华民族伟大复兴战略全局,坚持以人民为中心的发展思想,着力解决老年人在养老、健康、精神文化生活、社会参与等方面的现实需求问题,深入挖掘老龄社会潜能,激发老龄社会活力,切实增强广大老年人的获得感、幸福感、安全感,从而实现老有所养、老有所医、老有所教、老有所学、老有所乐、老有所为,让老年人共享改革发展成果、安享幸福晚年。

(二)新时代老龄工作的任务

《中共中央、国务院关于加强新时代老龄工作的意见》主要部署了健全养老服务体系、完善老年人健康支撑体系、促进老年人社会参与、着力构建老年友好型社会、积极培育银发经济等方面的老龄工作任务,充分体现了把积极老龄观、健康老龄化理念融入经济社会发展全过程的指导思想。

1. 健全养老服务体系

创新居家社区养老服务模式。以居家养老为基础,通过新建、改造、租赁等方式,提升社区养老服务能力,着力发展街道(乡镇)、城乡社区两级养老服务网络,依托社区发展以居家为基础的多样化养老服务。

进一步规范发展机构养老。各地要通过直接建设、委托运营、购买服务、鼓励社会投资等多种方式发展机构养老。

建立基本养老服务清单制度。各地要根据财政承受能力,制定基本养老服务清单,对健康、失能、经济困难等不同老年人群体,分类提供养老保障、生活照料、康复照护、社会救助等适宜服务。清单要明确服务对象、服务内容、服务标准和支出责任,并根据经济社会发展和

科技进步进行动态调整。2023年5月,中共中央办公厅、国务院办公厅印发《关于推进基本养老服务体系建设的意见》指出,基本养老服务是指由国家直接提供或者通过一定方式支持相关主体向老年人提供的,旨在实现老有所养、老有所依必需的基础性、普惠性、兜底性服务。通过建立基本养老服务清单制度,用清单的形式明确基本养老服务对象、服务内容、服务标准等。《国家基本养老服务清单》的内容,包含物质帮助、照护服务、关爱服务等三大类16个服务项目。

完善多层次养老保障体系。扩大养老保险覆盖面,逐步实现基本养老保险法定人员全覆盖。尽快实现企业职工基本养老保险全国统筹。健全基本养老保险待遇调整机制,保障领取待遇人员基本生活。大力发展企业(职业)年金,促进和规范发展第三支柱养老保险。探索通过资产收益扶持制度等增加农村老年人收入。

2. 完善老年人健康支撑体系

提高老年人健康服务和管理水平。在城乡社区加强老年健康知识宣传和教育,提升老年人健康素养。做好国家基本公共卫生服务项目中的老年人健康管理和中医药健康管理服务。加强老年人群重点慢性病的早期筛查、干预及分类指导,开展老年口腔健康、老年营养改善、老年痴呆防治和心理关爱行动。提高失能、重病、高龄、低收入等老年人家庭医生签约服务覆盖率,提高服务质量。扩大医联体提供家庭病床、上门巡诊等居家医疗服务的范围,可按规定报销相关医疗费用,并按成本收取上门服务费。积极发挥基层医疗卫生机构为老年人提供优质中医药服务的作用。加强国家老年医学中心建设,布局若干区域老年医疗中心。加强综合性医院老年医学科建设,2025年二级及以上综合性医院设立老年医学科的比例达到60%以上。通过新建改扩建、转型发展,加强老年医院、康复医院、护理院(中心、站)以及优抚医院建设,建立医疗、康复、护理双向转诊机制。加快建设老年友善医疗机构,方便老年人看病就医。

加强失能老年人长期照护服务和保障。完善从专业机构到社区、家庭的长期照护服务模式。按照实施国家基本公共卫生服务项目的有关要求,开展失能老年人健康评估与健康服务。依托护理院(中心、站)、社区卫生服务中心、乡镇卫生院等医疗卫生机构以及具备服务能力的养老服务机构,为失能老年人提供长期照护服务。发展"互联网+照护服务",积极发展家庭养老床位和护理型养老床位,方便失能老年人照护。稳步扩大安宁疗护试点。稳妥推进长期护理保险制度试点,指导地方重点围绕进一步明确参保和保障范围、持续健全多元筹资机制、完善科学合理的待遇政策、健全待遇支付等相关标准及管理办法、创新管理和服务机制等方面,加大探索力度,完善现有试点,积极探索建立适合我国国情的长期护理保险制度。

深入推进医养结合。卫生健康部门与民政部门要建立医养结合工作沟通协调机制。鼓励医疗卫生机构与养老机构开展协议合作,进一步整合优化基层医疗卫生和养老资源,提供医疗救治、康复护理、生活照料等服务。支持医疗资源丰富地区的二级及以下医疗机构转型,开展康复、护理以及医养结合服务。鼓励基层积极探索相关机构养老床位和医疗床位按需规范转换机制。根据服务老年人的特点,合理核定养老机构举办的医疗机构医保限额。2022年7月,国家卫健委会同国家发改委、教育部等十部委印发《关于进一步推进医养结合发展的指导意见》,从发展居家社区医养结合服务、推动机构深入开展医养结合服务、优化服

务衔接、完善支持政策、多渠道引才育才、强化服务监管等6大方面提出了15条具体措施，包括积极提供居家医疗服务、增强社区医养结合服务能力；支持医疗卫生机构开展医养结合服务、提升养老机构医养结合服务能力；加强医疗养老资源共享、积极发挥信息化作用；完善价格政策、加大保险支持、盘活土地资源、落实财税优惠；加强人才培养培训、引导医务人员从事医养结合服务、壮大失能照护服务队伍；加强行业监管、落实传染病防控和安全生产责任等。

3. 促进老年人社会参与

扩大老年教育资源供给。将老年教育纳入终身教育体系，教育部门牵头研究制定老年教育发展政策举措，采取促进有条件的学校开展老年教育、支持社会力量举办老年大学（学校）等办法，推动扩大老年教育资源供给。鼓励有条件的高校、职业院校开设老年教育相关专业和课程，加强学科专业建设与人才培养。编写老年教育相关教材。依托国家开放大学筹建国家老年大学，搭建全国老年教育资源共享和公共服务平台。创新机制，推动部门、行业企业、高校举办的老年大学面向社会开放办学。发挥社区党组织作用，引导老年人践行积极老龄观。

提升老年文化体育服务质量。各地要通过盘活空置房、公园、商场等资源，支持街道社区积极为老年人提供文化体育活动场所，组织开展文化体育活动，实现老年人娱乐、健身、文化、学习、消费、交流等方面的结合。培养服务老年人的基层文体骨干，提高老年人文体活动参与率和质量，文化和旅游、体育等部门要做好规范和管理工作。开发老年旅游产品和线路，提升老年旅游服务质量和水平。县（市、区、旗）应整合现有资源，设置适宜老年人的教育、文化、健身、交流场所。

鼓励老年人继续发挥作用。把老有所为同老有所养结合起来，完善就业、志愿服务、社区治理等政策措施，充分发挥低龄老年人作用。在学校、医院等单位和社区家政服务、公共场所服务管理等行业，探索适合老年人灵活就业的模式。鼓励各地建立老年人才信息库，为有劳动意愿的老年人提供职业介绍、职业技能培训和创新创业指导服务。深入开展"银龄行动"，引导老年人以志愿服务形式积极参与基层民主监督、移风易俗、民事调解、文教卫生等活动。发挥老年人在家庭教育、家风传承等方面的积极作用。加强离退休干部职工基层党组织建设，鼓励老党员将组织关系及时转入经常居住地，引导老党员结合自身实际发挥作用，做好老年人精神关爱和思想引导工作。全面清理阻碍老年人继续发挥作用的不合理规定。

4. 着力构建老年友好型社会

加强老年人权益保障。各地在制定涉及老年人利益的具体措施时，应当征求老年人的意见。建立完善涉老婚姻家庭、侵权等矛盾纠纷的预警、排查、调解机制。加强老年人权益保障普法宣传，提高老年人运用法律手段保护权益意识，提升老年人识骗防骗能力，依法严厉打击电信网络诈骗等违法犯罪行为。完善老年人监护制度。倡导律师事务所、公证机构、基层法律服务机构为老年人减免法律服务费用，为行动不便的老年人提供上门服务。建立适老型诉讼服务机制，为老年人便利参与诉讼活动提供保障。

打造老年宜居环境。各地要落实无障碍环境建设法规、标准和规范，将无障碍环境建设和适老化改造纳入城市更新、城镇老旧小区改造、农村危房改造、农村人居环境整治提升统

筹推进，让老年人参与社会活动更加安全方便。鼓励有条件的地方对经济困难的失能、残疾、高龄等老年人家庭，实施无障碍和适老化改造、配备生活辅助器具、安装紧急救援设施、开展定期探访。指导各地结合实际出台家庭适老化改造标准，鼓励更多家庭开展适老化改造。在鼓励推广新技术、新方式的同时，保留老年人熟悉的传统服务方式，加快推进老年人常用的互联网应用和移动终端、APP应用适老化改造。实施"智慧助老"行动，加强数字技能教育和培训，提升老年人数字素养。

强化社会敬老。深入开展人口老龄化国情教育。实施中华孝亲敬老文化传承和创新工程。持续推进"敬老月"系列活动和"敬老文明号"创建活动，结合时代楷模、道德模范等评选，选树表彰孝亲敬老先进典型。将为老志愿服务纳入中小学综合实践活动和高校学生实践内容。加强老年优待工作，在出行便利、公交乘车优惠、门票减免等基础上，鼓励有条件的地方进一步拓展优待项目、创新优待方式，在醒目位置设置老年人优待标识，推广老年人凭身份证等有效证件享受各项优待政策。有条件的地方要积极落实外埠老年人同等享受本地优待项目。发挥广播电视和网络视听媒体作用，加强宣传引导，营造良好敬老社会氛围。

5. 积极培育银发经济

加强规划引导。编制相关专项规划，完善支持政策体系，统筹推进老龄产业发展。鼓励各地利用资源禀赋优势，发展具有比较优势的特色老龄产业。统筹利用现有资金渠道支持老龄产业发展。

发展适老产业。2024年1月，国务院办公厅印发《关于发展银发经济增进老年人福祉的意见》，提出了解决老年人养老助餐服务、居家上门服务、社区便民服务、老年健康服务、养老照护服务、老年文体服务、农村养老服务七方面急难愁盼需求，也着眼未来，提出培育发展老年用品创新、智慧健康养老新业态、康复辅助器具产业、抗衰老产业、养老金融、旅游服务、适老化改造等七大潜力产业，更好满足老年人的多样化需求。

实训项目

案例分析：老年人社会福利资源。
【实训目标】
（1）增强对老年人社会福利的感性认识。
（2）加强对老年人福利资源的分析与理解能力。
【实训内容与方法】
阅读以下资料，结合其实际，思考以下问题：
（1）概括"老年人社会福利"的概念。
（2）老年社会福利等环境因素与开展老年社会工作的关系是怎样的？

资料

明年起，北京市基本养老服务对象可获驿站免费服务[①]

《北京市社区养老服务驿站运营扶持办法》（以下简称《办法》）将于2022年1月1日起正式实施。《办法》进一步强化了驿站的公益属性——养老驿站必须重点为基本养老服务对象提供基本养老服务。在完成基本养老服务基础上，可提供市场化的养老服务。

基本养老服务对象包括北京市户籍城乡特困老年人；低保和低收入家庭的失能、失智、高龄老年人；计划生育特殊家庭老年人；其他家庭失能、失智、重度残疾老年人。

该《办法》规定，驿站应：（1）为基本养老服务对象每月安排免费理发一次。理发的方式可以多样，对于自理老年人可采取每周固定时间来站内集中理发，对于重度失能老年人则要求上门提供。（2）提供每周入户探访一次的巡视探访服务，每次入户探访原则上不少于20分钟，支持通过智能化安全监测终端辅助提供相应帮助，完成巡视探访服务。（3）养老顾问服务，提供养老服务政策咨询服务、代缴咨询、供需对接服务，实现基本养老服务对象养老服务困难和需求及时响应。（4）呼叫服务，对老年人紧急情况下的应急呼叫及通过智能设备获取的老年人异常情况第一时间响应；可为行动不便、家中确实无人取餐的基本养老服务对象家庭提供免费代为取餐服务。对于代为取餐的服务对象，根据北京市养老助餐服务有关要求，由街道办事处、乡镇政府评估后确定。

对于以上服务，各区根据驿站实际服务情况，给予相应的资金补贴。对于服务内容的监管，各区将制定细则给予明确，如北京的习俗，老年人正月里不习惯或者不愿意理发，这就需要结合实际进行的服务内容给驿站发放补贴。

【实训评估】

（1）评估标准：能够对"老年人社会福利"进行较为恰当的概括，能够正确认识老年社会工作环境对实务开展的影响。

（2）评估方式：

① 每个人针对以上问题写出一份简要材料，作为一次作业。

② 可在班级组织交流，根据每个人的表现进行评估。

推荐阅读

凯瑟琳·麦金尼斯-迪特里希. 老年社会工作：生理、心理及社会方面的评估与干预[M]. 吕楠，隋玉杰，译. 5版. 北京：中国人民大学出版社，2023.

---

① 马瑾倩. 明年起，北京市基本养老服务对象可获驿站免费服务[EB/OL]. （2021-12-29）[2023-05-22]. https://www.bjnews.com.cn/detail/164075526214330.html.

项目五　掌握老年社会工作理论及应用

与其他学科一样,老年社会工作具有其独特的理论基础。本项目中我们首先会认识社会工作的基础理论,包括认知行为理论、社会支持理论、生态系统理论、人本主义理论、存在主义理论以及增强权能理论,看看它们是如何为老年社会工作乃至整个社会工作专业奠定坚实的理论基础的。其次,我们将重点学习老年人社会生活的相关理论及其应用,包括角色理论、活动理论、脱离理论、延续理论以及社会建构理论,这些理论介绍了认识老年人独特性的理论视角,对老年社会工作服务的顺利开展起着重要作用。

知识目标:
1. 理解社会工作的基础理论;
2. 理解老年人社会生活的相关理论。

技能目标:
1. 能够运用社会工作的基础理论解释实际现象;
2. 熟练运用老年人社会生活的相关理论。

思政目标:
1. 勇担爱老助老社会责任;
2. 提升老年人福祉。

任务一　掌握社会工作理论及应用

情境

每个专业都有其理论基础,社会工作专业也不例外。大学毕业后,小宋成为当地的社区工作者。为了适应工作岗位的要求,小宋仔细翻阅了许多社会工作专业书籍,想系统地学习社会工作理论知识,为今后开展工作打下基础。

学生分析:
社会工作理论与实务有怎样的关系?社会工作的基础理论有哪些呢?

一、认知行为理论

认知行为理论是由行为主义和认知理论整合而来的。尽管行为主义和认知理论有着不同的理论渊源，但是，在实践中二者被整合在一起，为人们提供了更有效的服务手段。

（一）理论观点

认知行为理论认为，在认知、情绪和行为三者中，认知扮演着中介与协调的作用，认知对个人的行为进行解读，这种解读直接影响个体是否最终采取行动。认知行为理论将认知用于行为修正上，强调认知在解决问题过程中的重要性，强调内在认知与外在环境之间的互动。

认知的形成受自动化思考机制的影响。自动化思考是指经过长时间的积累形成了某种相对固定的思考和行为模式，行动发出已经不需要经过大脑的思考，而是按照既有的模式发出。或者说在某种意义上思考与行动自动地结合在一起，而不假思索地行动。正因为行动是不假思索的，个人的许多错误的想法、不理性的思考、荒谬的信念、零散或错置的认知等，可能存在于个人的意识或察觉之外。因此，要想改变这种状况，就必须将这些已经可以不假思索发出的行动重新带回个人的思考范围内，帮助个人在理性层面改变那些不想要的行为。

美国心理学家艾利斯认为，如果人们有正确的认知，他的情绪和行为就是正常的，如果他的认知是错误的，则他的情绪和行为都可能是错误的。

（二）在实务中的运用

1. 认知行为理论的实务原则

（1）界定对服务对象问题的原则。

① 服务对象的问题不是固有的。服务对象的问题及其行为都是学习得来的，也是可以经过学习改变的。

② 问题的外在性与内在性。解决服务对象的问题既要通过行为训练修正行为，也要通过调整个人的认知来促进行为的改变。

③ 服务对象及其处境的差异性。注意服务对象的问题及其处境的独特性是正确界定和评估其问题的前提。

（2）确定助人目标的原则。

① 改变错误的认知或不切实际的期待以及其他有失偏颇和不理性的想法。

② 修正不理性的自我对话。

③ 加强解决问题和决策的能力。

④ 加强自我控制和自我管理的能力。

（3）辅导过程中运用的原则。

① 尊重个人的自主决定和信念。

② 帮助服务对象改变错误的认知、建立正确的认知。

③ 在正确认知的基础上建立良好的专业关系，并鼓励服务对象形成积极的态度，以实现"助人自助"的目标。

2. 认知行为学派的助人过程

（1）确定评估重点。

根据认知行为理论，评估的重点应该在于服务对象的思想、情绪和行为。

（2）专业关系的建立。

专业关系是社会工作者与服务对象在协商的基础上通过签订合约建立起结构性的、有期限的角色联系。所谓结构性的和有期限的专业关系是指社会工作者与服务对象见面的次数、每一次见面的主题及目标都是确定的。专业关系有效与否的关键在于服务对象对社会工作者是否接纳和信任。在接纳和信任的基础上，社会工作者可以帮助服务对象学习改变错误的认知，从而改变其行为。

（3）社会工作者的角色。

社会工作者在专业关系中有两个重要的角色：一个是教育者，另一个是陪伴者。

（4）助人的步骤。

① 确定不正确的、扭曲的思维方式或想法，确认它们是如何导致负面情绪和不良行为的。

② 要求服务对象监控自己的错误思维方式或进行自我对话。

③ 探索服务对象错误思维方式与潜在感觉或信念之间的关系。

④ 尝试运用不同的、具有正面功能的、正常的思维方式。

⑤ 检验服务对象新建立的对自我、世界和未来的基本假定在调整行为和适应环境上的有效性。

（5）结案和跟进。

当服务对象的生活方式和行为模式回到正常轨道上来时就可以进入结案阶段。在结案的过程中，社会工作者应该和服务对象一起商讨确定在结案以后的若干具体的行为改善目标，一则作为服务对象自我监督和努力的方向，二则也可以作为社会工作者在结案以后进行跟踪访问的依据。

【思考与讨论】

丽姐是一名独居老人，自从老伴儿去世后，她就变成一个孤单的人，经常自己一个人待着，对待社区其他居民的态度也比较冷淡。经过前几次的交流沟通，社会工作者了解到有关丽姐的信息，此前她与老伴儿生活在外地，是在老伴儿去世后被女儿接来同住的。由于亲人和朋友几乎都在外地，她与现在的社区居民十分陌生，加上她曾有过被骗的经历，害怕再次上当受骗，因此不愿与较陌生的社区居民过多交往，使得其无法融入社区。

因此，社会工作者在老年小组活动中设计了情景再现、回应他人的四种态度、信任跌倒等游戏，鼓励丽姐参与，表达想法，帮助她寻求对他人的信任。随着小组活动的不断推进，丽姐与其他组员的关系呈正向发展态势，交流的深度、广度均有所增进。她愿意将自己觉得尴尬的事情公布于众,喜欢嬉戏、逗乐,愿意紧靠着其他组员坐,能够真诚地敞开心扉与他人交流。活动中她深深地感受到其他组员的真诚、友善,放松心情并降低了防御心理,结交了许多朋友并逐渐丰富了社交生活。

试分析在上述案例中,社会工作者是如何运用认知行为理论帮助丽姐走出困境的。

二、社会支持理论

在现代生活当中,人们之间的相互支持对维系正常的社会生活是必不可少的,而人们生活中遇到的许多问题常常也是由于缺乏必要的社会支持而产生的。

(一)理论观点

1. 含义

社会支持是指由社区、社会网络和亲密伙伴所提供的感知的和实际的工具性或表达性支持。其中,社会网络是指个人可以直接接触的一些人,包括亲戚、同事、朋友;亲密伙伴是个人生活中的紧密关系,关系中的人认同和期待彼此负有责任;工具性支持包括引导、协助、有形支持与解决问题的行动;表达性支持包括心理支持、情绪支持、自尊支持、情感支持、认可等。

2. 影响社会支持程度的因素

(1)发展因素。一个人对关系的内在呈现是自出生以来就不断发展的,过去在关系的发展中积累的经验影响着其后的社会生活,因此治疗的重点在于如何改变个人过去生活中的负面经验或弥补个人生活经验的不足,以解决个人生活中出现的问题。

(2)个人因素。这里的个人因素主要是指个人的人格因素,包括自尊程度、社会性和控制场域对发展和使用社会支持的影响。一般来说,低自尊对于建立关系较为不利,而高自尊者则可能获得较高的社会支持。这是由于通常而言,一个对自我评价较高的人,更容易被人们接受,因而可能获得更多的社会支持。社会性较高的人倾向于利用更多的社会资源来满足自己的要求,因此就可能建立更广泛的社会支持网络。反之,自主性较高者则倾向于自己解决问题,利用社会资源网络的倾向不高。

(3)环境因素。环境因素在个人的社会支持网络形成中的作用体现为不同类型的生活环境。开放的社会环境更利于个人社会支持网络的建立和使用,而在封闭的社会环境下,个人对社会支持网络的利用就会相对减少。

(二)在实务中的运用

社会支持网络被视作个人能够借以获得各种社会支持的社会网络,即以网络分析的方法对个人所获得的社会支持进行研究时,个人获得资源性的支持的网络框架,也是个人所属的相对稳定的社会关系网络。

社会工作者运用社会支持网络帮助服务对象的过程可以分为两个部分:首先要对服务

对象的社会支持网络进行评估,即对其社会支持网络的组成(如网络的人数、人员类型、人员间距等)和社会支持网络的功能(如工具性支持、表达性支持等)依次进行评估;其次是拟订具体的帮助计划,实施帮助。

这里需要注意的是,社会支持网络不仅是一个有效的工作手段,同时也是社会工作者的工作对象。老年社会工作者不仅要通过社会支持网络评估服务对象的状况,更重要的是运用和改善社会支持网络,使之能够满足服务对象的需要,解决其问题,提升老年人幸福感。老年社会工作者尤其需要注意帮助服务对象自己学会认识和利用各种正式与非正式的支持网络。

【思考与讨论】

一个针对山西省农村638名老年人的抽样调查产生了如下结论:

1. 具有较高地位的老年人有能力保持一个较大的、异质性高的和相互联系松散的网络。其中老年人的教育程度和职业地位对网络特征的影响最大,二者与网络范围有一种正向关系。

2. 老年人的年龄越大,网络规模越小,异质性越低。

3. 相对于老年女性,老年男性的支持网络中朋友更多,亲属较少。

4. 在社会支持的提供方中,男性是大部分实际支持和情感支持的提供者,而女性提供的支持主要是与女性的特点相关的一些支持。年龄较大的人提供的大多是情感支持和社交支持,而年轻人更多地提供实际支持。已婚者提供的大多是情感支持和实际支持,而单身者则大多提供交往支持。

请结合上述研究结论,谈谈其对于老年社会工作者为农村老年人提供服务、提升老年人福祉有何启示。

三、生态系统理论

人在情境中是社会工作的一个重要原则。然而,人类所处的社会环境是错综复杂的,每一种环境因素都在人的生活中发挥着或大或小的作用。生态系统理论为我们提供了一个认识和面对环境与人的关系的视角。

(一) 理论观点

(1) 生态系统理论的主要观点。

① 人生来就有与环境和其他人互动的能力,人与环境的关系是互惠的,并且个人能够与环境形成良好的调适关系。

② 个人的行动是有目的的,人类遵循适者生存的法则。个人的意义是环境赋予的,要理解个人,就必须将其置于其环境之中。

③ 个人的问题是生活过程中的问题,对个人问题的理解和判定也必须在其生存的环境中来进行。

(2) 生态系统理论的核心概念。

生命周期指用时间线方法重现影响个人发展的相关社会结构和生活事件的意义。

人际关联指个人拥有与他人联结而建立关系的能力。这种关联能力的发展始于亲子间照顾关系的建立,并由此在未来生命周期中发展出各种互惠的照顾关系。

胜任能力指通过个人与环境间的成功交流经验,建立个人有效掌控环境的能力。胜任能力包括自我效能感、建立有效人际关系的能力、信心信念、动员环境资源和社会支持的能力。

角色表现指对个人在社会层面的一种互惠性的社会期待,是个人参与社会的媒介,但是受到个人感受、情感、知觉和信念的影响。

生态地位指个人所在某种环境区域的特征,特别指有利于或不利于特定发展任务的环境因素。这个概念的意义不在于为个人进行社会分类,而是为了了解形成个人目前处境的发展历程。

适应力指个人在与环境的交流过程中,个人与环境相互影响和回应以达到最佳调和度。从生态系统的观点来看,适应良好是二者之间成功互惠的结果,而适应不良则是个人的需求与环境所能提供的资源、社会支持之间无法匹配调和的结果。[1]

(二) 在实务中的运用

就生态系统的观点而言,在人与环境互动的过程中,人会受到环境的影响,但也会影响其所在的环境,所以所谓调适就是指人和环境彼此影响的复杂过程。因此,老年社会工作者需要将服务对象与其所生活的环境作为一个完整的整体来看待,通过改变系统来实现服务对象个人需要的满足。

埃文斯和科尼(Evans & Kearney)提出了系统模式社会工作的基本原则,使系统理论能够更好地与社会服务实践相结合。[2] 其观点是:

(1) 系统观点有助于维持实践的一致性,从服务对象的处境出发,看到他们的限制和机会,分清社会工作者和服务对象的权利、责任及其可能的影响。

(2) 要充分认识情境的重要性,情境决定社会工作者的目标和可能的回应方式。

(3) 要采用积极视角,在不利情境中看到改变和进步的可能性。

(4) 要辨识行为模式,以看到积极的可能性和应改变之处。

(5) 系统理论重视过程,即关系和互动是如何产生的,内容和结果如何。

(6) 与他人一起工作也是系统理论的重点,包括重视他人、个人支持网络、机构和社区资源。

下面以一个事例说明用生态系统理论处理问题的重要性。一位老人因生病不能自理,需要入住老人院,因此家庭关系和生活状态也开始出现问题,子女生活遇到冲击,面临兼顾照顾老人和工作的问题,家庭生活出现危机。老人自身也因生病情绪悲观、消极,心理紧张、恐惧疾病。老人与子女关系一向不好,子女较少探望,入住老人院后人际交往存在障碍,与院内其他老人关系紧张,还面临手术费用不够的问题。社会工作者在帮助这名老人的过程中,首先对老人的问题及环境情况进行了分析,认为老人的问题不单纯是老人个人的问题,

---

[1] 全国社会工作者职业水平考试教材编委会.社会工作综合能力(中级)[M].北京:中国社会出版社,2023:108.
[2] 同上.

还存在与其子女、院友等环境系统的互动问题及资源使用问题等。社会工作者联系老人的儿女,通过协调,协助建立起老人与家属间良好的互动模式;联系老人的家人,发掘老人自身的社会网络资源,通过与老人的女婿、哥哥电话联系,为老人争取到了医疗费用;通过老人院内跨专业团队的合作,为老人提供全方位的个人照顾计划服务;社会工作者营造温暖的院舍环境,鼓励老人在院内建立新的人际关系网络。这个事例告诉我们,必须将个人放到其所在的生态系统中去理解和发现老年人所面对的问题和困境并解决问题。

四、人本主义和存在主义理论

人本主义和存在主义理论的核心观点是从存在出发,分析人类存在的意义和价值,帮助服务对象发现和发挥自身独特的意义和价值。这两个理论对社会工作的贡献更多地表现在其为社会工作提供了最为基本的价值基础和思想基础。①

(一) 人本主义理论的主要观点及其在实务中的运用

人本主义理论相信人的理性,认为具有理性的人可以自主地选择行动。人本主义聚焦于人类的理智能力,相信人有能力运用自己的理性控制自己的命运。基于人本主义的社会工作,其基本原则是诚实与真诚、温暖、尊重和接纳。在这一理论指导下,社会工作者应引导、帮助服务对象运用理性能力为自己做出行动的决定。

(二) 存在主义理论的主要观点及其在实务中的运用

存在主义理论的核心是人的存在,个人具有选择的自由。基于存在主义理论的社会工作涉及以下基本概念。

(1) 觉醒,即个人意识的觉醒。这个概念指的是人的自我意识要经历一个对自我不真实生活的幻灭,进而到对真实生活的正视过程。个人的成长必然要经过这种负责任的行动,才能实现个人的独特性。

(2) 痛苦是生命的一部分。痛苦是必然的,痛苦对人的生命具有指导性。存在主义强调对过去经验的解释对于我们未来的行动具有十分重要的意义。

(3) 选择的自由。存在主义强调个人的主观性和选择的自由,强调个人在主观上具有选择与改变的能力。

(4) 对话的必要性。存在主义认为人是无法独立生活的,个人必须通过他人的反应创造自己的意义,并根据这个意义来选择行动,个人的成长就是在与他人的互动过程中实现的。

(5) 实行。实行是指在社会工作治疗过程中,社会工作者如果希望服务对象能够肯定他自己的独特性,就必须通过社会工作者对服务对象的肯定来实现。②

基于存在主义理念的社会工作强调个人的自由和责任。因此,社会工作者必须明确:服务对象的行为是可以改变的,社会工作者的作用就在于帮助服务对象选择他们的目标,克服实现目标的限制。此外,基于存在主义理论的社会工作,其最明显的特征在于强调负面经验的意义和转换,因此社会工作者要致力于将服务对象负面的因素转化为积极的正面因素。

---

① 全国社会工作者职业水平考试教材编委会. 社会工作综合能力(中级)[M]. 北京:中国社会出版社,2023:111.
② 同上.

【思考与讨论】

陈奶奶91岁,因为严重的胃溃疡而住院。经医生初步诊断,陈奶奶需要手术治疗,但外科主治医生认为90多岁的老人手术的风险太高,因而不愿对其进行手术治疗,于是跟陈奶奶的女儿解释手术的风险。听了一会儿,陈奶奶终于不耐烦地打断,她说:"医生,我很感谢你解释给我女儿听,但她是我养大的,可得听我的。"最后,陈奶奶选择动手术。手术进行得相当顺利,陈奶奶顺利康复。陈奶奶不仅为自己做出重大决定,她的勇气也为家人树立了典范。

结合上述案例,谈谈你对人本主义和存在主义理论的认识。

五、增强权能理论

增强权能理论也称为增能理论或增权理论,该理论认为个人需求不足和问题的出现是环境对个人的压迫造成的,强调社会工作者要帮助处于弱势地位的个人和群体增强他们的权能,以对抗外在环境和优势群体的压迫。

(一) 理论假设

增强权能理论的基本假设有以下几点。

(1) 个人的无力感是由于环境的压迫而产生的。因此,社会工作者一方面要帮助服务对象重新认识自己的权能,另一方面要帮助服务对象消除环境的障碍。

(2) 社会环境中存在着直接和间接的障碍,使服务对象无法实现自己的权能,但是这种障碍是可以改变的。这是增强权能取向社会工作的基本前提。

(3) 每个人都不缺少权能,而且个人的权能是可以通过社会互动不断增加的,即帮助人们与环境形成良好的互动关系,可以使人们的权能得到充分发挥。这是增强权能取向社会工作最重要的理论假设。

(4) 服务对象是有能力、有价值的。服务对象的权能是他自身具有的,而非助人者给予的。社会工作者的作用在于通过共同的活动帮助服务对象去除环境的压制和他们的无力感,使他们获得权能,并能正常发挥他们的社会功能。

(5) 社会工作者与服务对象的关系是一种合作性的伙伴关系。

(二) 在实务中的运用

根据增强权能理论的要求,社会工作的实践原则如下。

(1) 所有压迫对于人们的生活都是破坏性的,社会工作者和服务对象应该挑战环境的压迫。

(2) 社会工作者应采用整体视角看待压迫的环境。

(3) 人们自己要增强自己的权能,社会工作者只是协助者。

(4) 推动具有共同基础的人们相互增加权能。

(5) 社会工作者与服务对象之间应建立互惠关系。

（6）社会工作者应鼓励服务对象以自己的语言进行表达。

（7）社会工作者应坚信人是胜利者而非受害者。

（8）社会工作者应聚焦于社会持续不断的变迁。

（9）在社会工作服务实践中，社会工作者与服务对象是一种双向合作关系。

（10）干预可以分为3个层面：一是服务对象与社会工作者建立合作关系，满足服务对象眼前的需要；二是教授技巧和知识，并评估服务对象的权能动态机制；三是集体行动。①

【思考与讨论】

如何理解增强权能理论视角下社会工作者与服务对象的关系？

实训项目

理论分析与应用。

【实训目标】

（1）增强对社会工作基础理论的感性认识。

（2）加强对社会工作基础理论的应用和分析能力。

【实训内容与方法】

阅读以下案例，运用本任务所学理论分析以下问题：

① 服务对象面临的问题和服务需求有哪些？

② 如何向服务对象提供社会工作服务？

案例

老年社会工作服务对象基本情况

（一）基本资料

魏婆婆，女，1930年5月出生，独居，祖籍武汉，为广船退休员工，每月经济收入2000元左右，信仰基督教。

（二）身体状况

听力很差，需佩戴助听器，视觉和嗅觉无异常，患有高血压、心脏病和风湿病，需要长期服药，四肢能力良好，行动不用拐杖。

（三）家庭状况

魏婆婆有一个78岁的妹妹住在广西，魏婆婆因年轻时宫外孕导致无法生育，领养了妹妹的一个女儿和第二任丈夫弟弟的一个儿子。

---

① 全国社会工作者职业水平考试教材编委员. 社会工作综合能力（中级）[M]. 北京：中国社会出版社，2023：114.

(四)居住情况以及休闲方式

魏婆婆的休闲方式为散步、发呆,喜欢看老人报等刊物上篇幅较短的文章,喜欢打太极,晚上看电视。

(五)影响性事件

根据魏婆婆的邻居王姨的讲述,魏婆婆在十几年前经常跟她说想自杀,因为没有家人陪伴,她觉得很孤单,而且感觉自己身世悲惨,先后被自己的妹妹搬走家具和值钱的物品,而且不愿意与她同住。在老年社会工作者与魏婆婆的面谈中,魏婆婆也一度表示自己有自杀的念头。

【实训评估】

(1)评估标准:能够运用恰当的理论正确进行案例分析。

(2)评估方式:

① 每个人针对以上问题写出一份简要材料,作为一次作业。

② 可在班级组织交流,根据每个人的表现进行评估。

任务二 掌握老年社会生活理论及应用

情境

小宋虽然已将社会工作基础理论熟记在心,但他最近在为社区中的老人提供服务时,发现这些理论还不足够。老年期是人生的最后一个阶段,在方方面面都展现出自身的特点。例如,有些老人长期闭门不出,有些老人常常郁郁寡欢。怎么去看待老年期的独特现象,又有哪些理论可以用来解释这些现象并提供解决的路径呢?本任务将介绍老年社会生活的相关理论及其应用。

学生分析:

你了解哪些老年社会生活的相关理论?

知识导学

一、角色理论

从角色的观点出发来分析和研究一个人的社会行为活动,这就是角色理论。它是社会学理论之一,也是社会老年学家解释个体如何适应衰老的最早尝试之一。角色理论认为,每一个人一生中都要扮演多种角色。角色是个人与社会相互接纳的一种形式。个人通过角色形成自我概念,获取相应的社会地位和社会回报;社会通过角色赋予个人相应的权利、义务、责任和社会期望。可以说,角色是个人以自身对社会的贡献满足物质需求和精神需求的一

种形式,满足程度随角色的变更而变化。

老年人的角色变化与中年人不同,它不是角色的变换或连续,而是一种不可逆转的角色丧失或中断,例如因退休而丧失劳动者角色,因丧偶而丧失配偶角色等。虽然并非所有的老年人都无法重返原劳动岗位,但至少绝大多数老年人或因知识陈旧,或因体力衰弱,或因单位满员,或因制度限制而没有再次扮演原角色的机会。角色中断或丧失意味着从"一个人物"变成了"什么都不是",连带着就是回报减少、地位下降、无人理睬。这种变化自然会引起老年人心理失衡,郁郁寡欢,从而损害其健康。

因此,角色理论为老年社会工作者帮助老年人适应衰老提供了两条途径:一是正确认识角色变换的客观必然性,二是积极参与社会,寻求新的次一级角色。①

【思考与讨论】
根据角色理论的观点,试谈谈老年人角色有何特点。

二、活动理论

活动理论是另一个聚焦于老年人调整自己的行为以适应社会,而不是社会做出调整来适应老年人的理论。它是20世纪50年代西方较为流行的与老年及老化现象有关的理论。

(一) 理论观点及应用

活动理论认为,老年人应积极参与社会生活。只有参与,才能使老年人重新认识自我,保持生命的活力。其主要观点如下。

(1) 老年期是中年期的延长,老年人仍与在中年期一样可以从事社会上的工作,参加社会活动。

(2) 活动水平高的老年人比活动水平低的老年人更容易感到生活满意和更能够适应社会。

(3) 老年人应该尽可能长久地保持中年期的生活方式以否定老年的存在,用新的角色取代因丧偶或退休而失去的角色,从而把自身与社会的距离缩小到最低限度。②

在老年社会工作者看来,社会应努力为老年人参与社会提供条件,即本书前面所提到的实现"老有所为"。现代医学证明,勤于用脑的人比懒于用脑的人的脑力活动退化速度要缓慢得多,较少说话的老年人比常有人陪伴的老年人更易患阿尔茨海默病。因此,让老年人保持较高的参与活动的热情,积极参与社会生活,对防止老年人大脑退化具有积极作用。随着核心家庭和双职工家庭的增多,快速的生活节奏和竞争压力使子女很难抽出更多的时间陪伴老人,所以老年社会工作者不仅要在态度和价值取向上鼓励老年人自我调适、积极投身社会生活,而且还需要为老年人的社会参与提供更多的机会和条件。

(二) 对活动理论的评价

活动理论的意义在于:第一,有利于老年人重新认识自我。它通过鼓励老年人开展新

---

① 吴华,张韧韧. 老年社会工作[M]. 北京:北京大学出版社,2011:15.
② 范明林. 老年社会工作案例评析[M]. 上海:华东理工大学出版社,2010:10.

的参与、新的角色、新的自我定位,以改变老年人的精神状态,充分发挥其人生价值。第二,符合社会的价值体系。它所强调的参与、活动、社会的认同,在很大程度上是与社会价值体系相一致的。第三,有利于老年人的健康。这一观点为大多数老年社会工作者所肯定。第四,有利于延缓老化。让老年人多活动、积极参与社会生活,对防止老年人大脑退化具有明显的作用。

然而,活动理论也面临着一些质疑。其中,最主要的质疑是认为活动理论的基本假设忽略了老年人身体健康问题和社会经济方面对老年人参与社会生活的限制。我们不能仅以参与社会活动的水平的高低来判断老年人对生活的满意程度,实际上,老年人的经济收入、生活方式、人际关系等方面都是构成老年人是否有一个幸福晚年的重要因素。此外,老年人的性格差异也值得关注,有些老年人乐于赋闲家中,他们虽不积极参与活动,却也很快活。因此,我们需要关注到每个老年人的独特性,不应用一种模式去要求所有的老年人。

【思考与讨论】

有的老年人在80多岁的时候仍在登山或跑马拉松,他们总是会被推崇为最理想的老年人的例子。请你举出现实生活中老年人积极参与社会生活的例子,并据此谈谈你对活动理论的理解。

三、脱离理论

脱离理论又称社会撤离理论。它是早期较有影响的老年学理论,也是在老年社会工作中引起争论较多的理论。

(一) 理论观点及应用

脱离理论认为,人的能力会不可避免地随着年龄的增长而下降,老年人年事已高、身心衰弱,不适合继续担任社会角色而应该撤离社会,这既有利于老年人,也有利于社会。这一理论的主要观点如下。

(1) 老年人身衰体弱,形成了撤离社会的生理基础。老年人身体与日俱衰,易于患病,无法承担社会重任。

(2) 老年人心理较消极,有的经常想到死亡,其心理已不适合不断发展的社会。

(3) 老年人的撤离过程可能由老年人启动,也可能由社会启动。老年人减少活动和社会联系,是由老年人启动的撤离过程;强制性退休制度是由社会启动的撤离过程。

(4) 老年人的撤离状态有利于老年人晚年生活,否则老年人因再社会化能力降低,将无法满足较高生产能力和竞争能力的社会期望,容易产成较强的心理压力。撤离社会一方面可以摆脱职业角色的负担,保持一种平和心态,另一方面可以进入比工作角色更令人愉快的家庭关系。

(5) 老年人的撤离过程具有普遍性和不可避免性。一方面,由于老年人不能再胜任工作,年轻人担任了过去由老年人占据的职位,因而老年人必须退出,以保持社会体系的平衡;

另一方面,老年人自己也感觉到精力衰退,主动选择退隐。①

在脱离理论看来,老年人减少他们的活动水平,减少与人交往,关注内心的生命体验,这会使老年人过上一种平静而令人满意的晚年生活。而且,老年人主动地撤离社会,能使社会权力井然有序地实现交接,社会也不会因老年人的死亡而功能受损。因此,脱离理论认为,老年人从社会主流生活中的撤离,无论这一过程是由老年人启动还是由社会启动,对社会和个人都会产生积极的影响。

(二)对脱离理论的评价

虽然脱离理论在一定程度上反映了老龄化社会的一些事实,但并不全面,其理论前提(即假设所有老年人都愿意脱离社会)是不成立的,也是与社会工作相背离的,理由如下。

(1) 随着物质生活水平的提高和医疗条件的普遍改善,老年人预期寿命延长,他们在离开工作岗位后还可以生活20~30年,甚至更长,因此,如何保持其退休后的活动成为老年社会工作者正在思考的问题。

(2) 无法证明老年人退出有用的社会角色必定对社会有利。事实上,由于每个人在社会结构中所处地位的不同,每个人脱离社会的程度是不一样的。一些人70岁仍担任组织中的要职,而一些人55岁就退休了,在文、教、科、卫行业,许多60岁以上的老年人仍然在社会生活中发挥着不可替代的积极作用。

(3) 脱离理论忽视了个性在一个人适应衰老过程中所起的作用。许多老年人一生中都愿意保持一种活动水平较高的生活方式,这与他们的生活满意度直接相关。社会工作实践也已证明,那些与人交往频繁、积极参与社会生活的老年人比那些独处的老年人在身心方面更健康。

【思考与讨论】

你同意脱离理论的观点吗?试说明理由。

四、延续理论

活动理论和脱离理论的不足之处在于都忽视了个性在人们衰老过程中的作用,或一味强调活动,或片面强调撤离。延续理论是在看到了此种局限的基础上而提出的。

(一)理论观点及应用

延续理论认为,不论是年轻人还是老年人,都有着不同的个性和生活方式,而个性在人们适应衰老时起着重要的作用。总是消极或退缩的人不可能在退休后成为积极分子;同样,一贯活跃、自信和参与社会的人在老年期时不可能安静地待在家里。人主要的个性特点和价值观念随着年龄的增长变得更加突出。在延续理论看来,如果一个人在老年期时仍能保持中年期时的个性和生活方式,那么他便会有一个幸福的晚年。因此,每个人不用去适应共

---

① 吴华,张韧韧. 老年社会工作[M]. 北京:北京大学出版社,2011:6—7.

同的规范,而应根据自己的个性来决定取舍,这是老年人对生活感到满意的基础。对个体而言,延续又可分为内部延续(如个性、爱好)和外部延续(如年轻时爱踢足球,年老时踢不动了,但仍爱看足球比赛)。

(二)对延续理论的评价

尽管延续理论看到了个性在人们适应衰老时所起的重要作用,但过分强调延续性又难免对老年人产生误导:当老年人因健康状况不佳或财力受限而不能保持早年的生活方式时,一味强调对延续性的追求可能会减少老年人在晚年时的自尊,也可能妨碍老年人根据个人的愿望而改变其生活方式。这一理论的最大缺陷在于忽略了外部社会因素对人们个性改变的作用及对衰老过程的影响。事实上,生活满意度高的老年人常是那些没有拘泥于某种固定生活模式、能随社会环境的变化而不断改变其生活方式的人。

> 【思考与讨论】
>
> 金老师从 40 多岁到目前 81 岁,每年坚持在大学里开设课程。金老师自我感觉自己的毅力及认真程度不比年轻时差。有一位学生描述说:"三点半开始的课,金老师会从两点十五分从单身宿舍出门走到教室,一直到五点二十分下课为止,全程皆站着授课,可见他体力之好。"虽然金老师的家人都不停地劝他真正退休下来,但这位学生表示,老年人能够不断地追梦也算是一种精彩,年轻人不能强迫长辈顺从他们的好意。
>
> 请结合上述资料,谈谈你对延续理论中"如果一个人在老年期时仍能保持中年期时的个性和生活方式,那么他便会有一个幸福的晚年"这一观点的理解。这对你开展助老服务有何启发?

五、社会建构理论

社会建构理论认为,所有年龄的人都是按照自己赋予事物的社会含义来参与日常生活的。人们对现实的建构决定了他们会怎样行动。例如,年轻人可能把自己的生活看成是要对工作和家庭尽责,而当他们进入老年期的时候,他们或已退休,孩子也成立了自己的家庭,那么他们安排活动的优先次序可能会转变,开始把自己的生活排在对工作、对子女的责任之前。如果老年人把晚年生活视为赋闲修养的阶段,那么便会这么去做;但是,如果老年人把这一时期看作实现年轻时没时间完成的目标的时机,那么就可能偏向更多的活动。无论是哪一种取向,社会建构理论并不认为老年期的某个特定取向就一定是健康的或病态的,而是认为它只是个人对这一人生阶段认识的反映。社会建构理论更加关注人们怎么看待自己的经验。例如丧偶事件,它对一个老年人来说可能是自我发展的新机会,而对另一个老年人来说则可能是等待死亡的开始。社会建构理论认为,进入老年期以及随之而来的调整是一个独特的个人取向,它取决于每一个人自己的社会认知。

社会建构理论的基本模式是:

第一阶段,让老年人了解社会上存在的对老年人的偏见及错误观念;

第二阶段,改善老年人生存的客观环境,通过提倡政府资助的服务来解决老年人的住房、医疗、贫困等问题;

第三阶段,鼓励老年人主动进行决策、学习自助、尝试解决问题等,增强老年人自我解决问题的能力。①

上述3个阶段的过程可以用图5-1来加以表示。

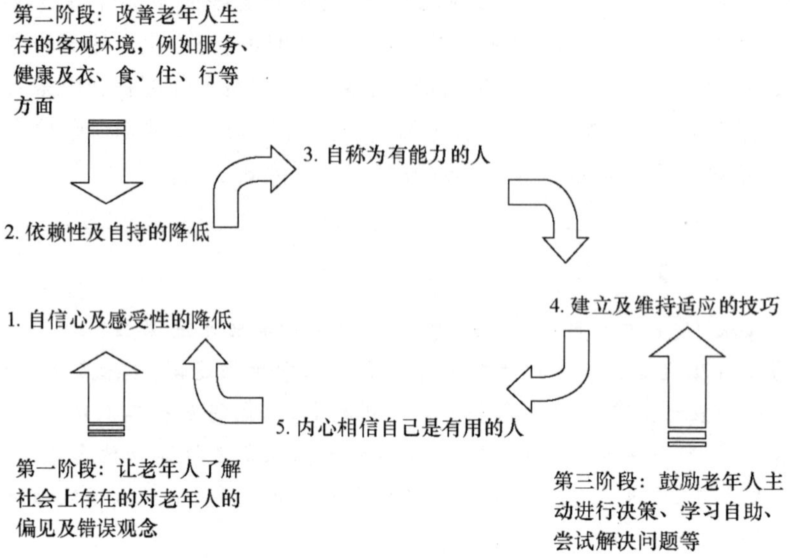

第二阶段:改善老年人生存的客观环境,例如服务、健康及衣、食、住、行等方面

3. 自称为有能力的人

2. 依赖性及自持的降低

4. 建立及维持适应的技巧

1. 自信心及感受性的降低

5. 内心相信自己是有用的人

第一阶段:让老年人了解社会上存在的对老年人的偏见及错误观念

第三阶段:鼓励老年人主动进行决策、学习自助、尝试解决问题等

图 5-1 社会建构理论的基本模式②

总之,在社会建构理论看来,社会上许多老年人问题的形成是老年人的生存环境及其自我概念之间的消极互动的结果,因此,有必要打破这种不良标签的恶性循环。它意在改变老年人生存的客观环境,以帮助老年人重建自信心。按照这一理论,老年社会工作者可以通过改善环境以便于老年人个性的表达,并从上述3个不同阶段的介入来协助老年人解决在社会互动中的困惑。

【思考与讨论】

李女士今年71岁。她和王先生恋爱7年后结婚,夫妻恩爱并育有3个女儿。但在李女士50多岁时,王先生突然生病,几年之后去世,让李女士深受打击。有一两年的时间她都陷于忧郁,时常哭泣不已,整个生活都笼罩在悲伤当中。那时她看医生、求助于宗教,都没能解开心结。但后来,她想到女儿们正值要考大学和大学后继续深造的阶段,她不能变成女儿们的负担。那么怎么办呢?她找到用运动和跳国标舞来重新构建自己人生的方法。

---

① 范明林. 老年社会工作案例评析[M]. 上海:华东理工大学出版社,2010:11.
② 同上书:12.

开始运动和跳国标舞之后,李女士看着自己的身材回到年轻时的模样,感觉到自己可以控制身体。在运动后的大汗淋漓中,她更感受到所有负面思想和情绪都得到释放。日复一日,她用自己美好的形象构建出一个新的独立自我。她靠着内在的力量以及持之以恒的锻炼,创造了自己理想中的新生活以及他人眼中的不老典范。她更时常跟他人分享自己的经验,鼓励不同年龄层的朋友要为自己负责,为建立自己想要的生活而努力。

根据上述资料,请思考以下问题:

(1) 你如何解读李女士?

(2) 如何运用社会建构理论分析这个案例?

 实训项目

理论分析与应用。

【实训目标】

(1) 增强对老年社会生活有关理论的感性认识。

(2) 加强对老年社会生活有关理论的应用和分析能力。

【实训内容与方法】

阅读以下案例,运用本任务所学理论分析以下问题:

① 服务对象面临的问题和服务需求有哪些?

② 如何向服务对象提供社会工作服务?

案例

老年社会工作服务对象基本情况

服务对象今年90岁,2021年11月和老伴儿一起入住老人院。服务对象的身体很好,她的老伴儿中风后偏瘫,她为照顾老伴儿而入住老人院。两人经济状况良好,有较高的退休金。夫妻二人均接受过高等教育,日常生活中二人经常读书、看报、听音乐、谈论国家时事。夫妻二人终身未育,为了方便生活,他们请了一个保姆来照顾日常生活。

服务对象有一个哥哥在香港地区,二人时有联系。服务对象在广州也有一些亲戚,亲戚们时常来老人院探望他们。

2022年8月,服务对象老伴儿的身体开始持续恶化。10月份的某一天,服务对象在给老伴儿喂食时,不慎将老伴儿呛着,但没有大碍。当天晚上,服务对象的老伴儿在睡梦中去世。虽然因为老伴儿的身体一直不好,服务对象对生死一事早有心理准备,但是老伴儿的突然离世还是对服务对象造成很大的打击,她甚至认为,老伴儿的离世与自己的喂食不当有直接的关系。

【实训评估】

(1) 评估标准:能够运用恰当的理论正确进行案例分析。

(2) 评估方式:

① 每个人针对以上问题写出一份简要材料,作为一次作业。

② 可在班级组织交流,根据每个人的表现进行评估。

推荐阅读

[英]马尔科姆·派恩. 现代社会工作理论[M]. 冯亚丽,叶鹏飞,译. 3版. 北京:中国人民大学出版社,2008.

模块三

掌握老年社会工作方法和技巧

- ◆ 项目六　掌握个案工作方法
- ◆ 项目七　掌握小组工作方法
- ◆ 项目八　掌握社区工作方法

项目六　掌握个案工作方法

在人类生命发展周期中,老年期是一个重要的整合阶段。在面临诸如衰老、病痛、亲人离去以及社会上的"老年歧视"(如年龄歧视、能力歧视等)状况的同时,老年人还要为实现自身"成功老化[①]"的目标而努力。从社会工作的优势视角出发,社会工作者应充分调动老年人的主观能动性,避免将老年人标签化为"弱势群体",提供必要的专业服务,促进老年人生理、心理健康,提升老年人社会参与度,让老年人更好地分享社会发展与进步的成果。

老年人个案工作是社会工作专业服务的一种基础工作方法,服务效果深入、保密性好,在社会工作实务体系中占重要地位。本项目主要介绍老年人个案工作的定义、基本原则、常用模式、基本程序以及会谈技巧等内容。在系统介绍老年人个案工作知识的基础上,本项目还结合具体案例,整合知识,训练学生开展个案工作的综合能力。

知识目标:
1. 理解老年人个案工作的定义;
2. 掌握老年人个案工作常用模式;
3. 掌握老年人个案工作的基本程序;
4. 掌握老年人个案工作的会谈技巧。

技能目标:
1. 具备老年人需求分析能力;
2. 具备老年人个案工作资源整合能力;
3. 具备老年人个案工作实施能力。

思政目标:
1. 践行尊老敬老爱老传统美德;
2. 尊重老人,真诚待人。

[①] 有关"成功老化"的条件,最常被引用的是三个要素:避免疾病及其造成的身心障碍,如不吸烟、控制体重、接种疫苗、预防跌倒;维持高度认知与身体功能,如身体活动量大、均衡饮食、培养兴趣;积极且持续地参与社会生活,如志愿服务、多做公益、参与社交活动——编者注

任务一　认知老年人个案工作

情境

王先生,男,72岁,半年前入住某养老机构,与同住一室的张先生关系良好。两人经常一起散步、听戏,生活上也彼此照顾。近日,张先生因突发脑出血辞世。王先生呈现出情绪低落、不思饮食、沉默寡言的状态,对未来生活失去了信心。特别是最近,王先生常常会说"人老了,活着真是没有意思"之类的话。这引起了养老机构工作人员及家人的重视。养老机构派专人与王先生沟通,家人也增加了探望的频率,但是王先生的情绪依然低落,让人担忧。

学生分析:

基于王先生目前这种情况,除了养老机构与家人的应对措施外,还需要提供哪些有针对性的服务呢?

知识导学

一、老年人个案工作的定义

老年人个案工作是指社会工作者在专业价值观的指导下,运用专业知识和技巧为老年人及其家庭提供物质或情感方面的帮助和支持,以使当事人减小压力、解决问题和达到良好的福利状态的服务活动。①

我们可以从以下几个层面深入地理解这个定义:

(1) 老年人个案工作服务的提供者是在社会工作价值观的指引下,运用社会工作的专业方法与技巧来开展为老服务的专业人才。

(2) 老年人个案工作服务的对象是需要帮助的老年人及其家庭。

(3) 老年人个案工作服务的内容既包括物质方面的援助(如帮助社区中生活无法自理的老年人获得家务服务),也包括精神层面的支持(如为老年丧偶者提供情绪疏导服务)。

(4) 老年人个案工作服务的目标可从微观与宏观两个层面去理解:微观层面旨在帮助老年人及其家庭解决问题,宏观层面则是增进老年人福祉,促进社会和谐。

二、老年人个案工作的运用领域

老年人个案工作常应用于下列领域:协助老年服务对象认识及接受老年;重新整合过去生活的意义,从而使老年人产生积极的、正面的人生感受;改善老年人与家人的关系和相处问题;支持老年人积极参与社区活动,使其晚年生活更加充实;为老年人争取权益以及寻

---

① 范明林,张钟汝. 老年社会工作[M]. 上海:上海大学出版社,2005:100.

找各种社会资源;帮助老年人建立科学、健康的晚年生活方式和心理准备,积极地应对老年期各种"生活事件"(如丧偶、重病、空巢家庭等);辅导老年人正确认识死亡及接受死亡的来临,从而减少愤怒及恐惧的消极情绪。[①]

三、老年人个案工作的基本原则

根据生命发展周期理论,成年人往往被认为是社会的绝对中坚力量,而老年人则更多的是以一种受人照顾、弱势的形象出现在人们面前。在我们的社会中,针对老年人的年龄歧视情况并不罕见。假如一名老年社会工作者具有年龄歧视的观点,则有可能对为老服务产生消极影响。因此,开展老年人个案工作时,需要遵守下述基本原则。

(一)尊重老年人

尊重老年人包括尊重老年人的价值观,尊重老年人的选择,承认老年人对社会的价值,坚信通过专业服务,可以帮助老年人改善、提升生活质量。

(二)接纳老年人

在老年人个案工作过程中,鉴于老年人独特的生理、心理及社会性特点,要求社会工作者能够坚定助老信心,保持足够的耐心,积极倾听,主动开展服务。

(三)保障老年人自我决定的权利

对于具备自我决定能力的老年人,社会工作者要尽可能通过专业服务使老年人的自我决定的权利得以体现。例如,让老年人积极参与服务方案的策划及实施。这样既可以增强老年人改变的动力,又有助于个案工作目标的顺利实现。

(四)提供个别化服务

尊重每位老年人的独特性,为其量身设计服务方案,提供有针对性的服务,而不是"千人一面",对不同情况的老年人都照搬同一种工作模式。

(五)注意保密

在为老服务的过程中,特别是涉及老年人个人隐私的内容(如尿失禁问题)时,要注意做好保密工作,以免给社会工作者与老年人之间的专业关系带来负面影响。考虑到现实情况,如果确有必要披露老年人的有关信息,社会工作者需要确保这些信息只披露给必要的部门及人员。

四、老年人个案工作常用模式

下面介绍几种较为常用的老年人个案工作模式,如危机干预模式、理性情绪治疗模式、心理社会治疗模式和家庭治疗模式。

(一)危机干预模式

1. 危机

危机既不是疾病,也不是偏差,而是正常的人在体验到情绪烦恼和行为阻碍时的一种挣扎状态。危机是人类个体或群体无法利用现有资源和惯常应对机制加以处理的事件和遭遇。危机往往是突发的,出乎人们的预料,如果不能得到很快的控制和及时的缓解,危机就

---

① 范明林,张钟汝. 老年社会工作[M]. 上海:上海大学出版社,2005:101.

会导致人们在认知、情感和行为上出现功能失调以及社会的混乱。

2. 危机干预

危机干预是指对处在心理危机状态下的个体采取明确有效的措施,使之最终战胜危机,帮助其恢复到危机以前的行为水平,重新适应生活。危机干预模式的假设为:个体在成长与发展的过程中都会遭遇到压力事件,这些压力事件破坏了个体原有的平衡状态,导致个体失衡,从而产生危机。例如,当老年人遭遇丧失性的事件,特别是突发性的,如丧偶、身体突然丧失原有的功能(如因罹患偏瘫而失去行走、自我照料的能力)等情况,有可能会导致其在认知、情感及行为上出现失调的状况,这就需要引起有关人员的重视,及时采取措施。例如,本任务情境中张先生突然离世,这一事件对王先生来说就是一个危机。王先生产生了"人老了,活着真是没有意思"的非理性认知,其在行为上表现为情绪低落、不思饮食、沉默寡言,对未来生活失去了信心。

3. 老年人危机干预的一般工作步骤

老年人危机干预的一般工作步骤包括明确问题、列举并选择方案、实施方案以及总结评估。首先,在保障老年人安全的前提下,明确需要干预的问题。这里值得注意的是,问题的界定需要老年人的积极参与,切不可仅凭社会工作者的主观判断来界定。接下来,列举出尽可能多的解决危机的方案,并明确各种方案的利弊与可行性。然后以对老年人可能的消极作用最小为依据,选择并实施方案。需要注意的是,由于危机干预模式强调时效性,一般的服务期限为四周至六周。当工作目标得以实现后,社会工作者要和老年人一起巩固和强化已经取得的积极效果,并进行总结评估。在此基础上,鼓励老年人尽可能地拓展生活内容,扩大支持网络。

4. 老年人危机干预常用的技术

老年人危机干预过程中常用的技术主要包括沟通技术、支持性技术和干预技术。

(1) 沟通技术。

良好的沟通有助于老年社会工作者与老年人专业关系的建立。在沟通过程中,老年社会工作者要给老年人以足够的关注度,准确传递肢体语言及非肢体语言信息。

(2) 支持性技术。

这里的支持主要指针对老年人的情感性支持。如果社会工作者能够为老年人提供充分的情感宣泄、释放的平台,将有助于老年人具体问题的解决。在与老年人的沟通中要避免使用说教、批评式的语气,以免引起老年人的反感,破坏双方的专业关系。

(3) 干预技术。

危机干预的目标是帮助老年人尽快化解危机,让老年人的认知、情感以及行为重新回归平衡。常用的干预技术包括:主动关注、积极倾听,鼓励老年人勇于表达、宣泄自己的真实情感;为老年人解释危机的发展过程,帮助老年人了解自己目前的困境;为老年人注入希望,鼓励老年人尝试解决问题、积极主动地适应各种变化;关注老年人的社会支持情况,鼓励老年人维系原有的社会支持网络,减少社会隔离的情况。

对可能有生命安全问题的老年人要重点关注,积极应对,必要时可采取派专人看护的措施。

【案例分析】

以情境中的王先生为例,危机干预的参考步骤为:

1. 由于王先生在言语中明确表示出"活着真是没有意思",养老机构对此高度重视,及时采取措施,加派工作人员与王先生谈心。同时,王先生的家人也增加了探访的频率。这对保障王先生的安全非常必要。在此基础上,社会工作者在与王先生沟通之后,明确了以帮助王先生尽快疏解忧伤情绪、重建生活信心作为工作目标。

2. 通过与王先生进一步的沟通,社会工作者拟订了几种解决方案:一是将王先生接回家里,由家人照顾一段时间,待其情绪平稳后,再回到养老院;二是为王先生更换宿舍,避免王先生因睹物思人而整日忧伤;三是为王先生安排一位性格相近、脾气相投的舍友。

3. 没有什么方案是十全十美的。方案的取舍一般以能够保障老年人权益最大化,对老年人的负面影响尽可能低为依据。王先生经过一番衡量,最终自主选择了第三种方案。放弃第一种方案是因为子女工作繁忙,无暇照顾王先生,放弃第二种方案是因为王先生不愿意搬动。

在新舍友入住一个多月后,王先生的饮食逐渐恢复正常,也开始了一日一次的散步,逐渐走出了因张先生突然离世带来的情绪危机。

(二)理性情绪治疗模式

理性情绪治疗模式也称为"ABC"理论,由美国心理学家艾利斯于 1955 年创立。"ABC"理论中的 A(Activating Events)指诱发事件,即导致个体出现心理失调的导火索。B(Beliefs)指个体对诱发事件的认知及评价。这些认知可能是理性的,也可能是非理性的。C(Consequences)指个体因诱发事件产生的各种情绪、认知及行为反应。

该模式认为,对个体带来负面影响的并非是诱发事件本身,而是个体对诱发事件的非理性认知。因此,只有通过改变个体的非理性认知,才能消除因诱发事件带来的各种负面影响,使个体的情绪与行为反应恢复常态。

在老年人个案工作中运用理性情绪治疗模式的一般步骤为:

(1)帮助老年人认识到自身在情绪及行为方面的困扰并非由诱发事件产生的,而是来源于自身的非理性认知。

(2)检查老年人的非理性认知。鼓励老年人探讨自身情绪和行为困扰背后的非理性认知,发现其非理性认知与困扰之间的关系,梳理出存在的非理性信念。

(3)与老年人的非理性认知开展辩论。帮助老年人与自身的非理性认知进行辩论,鼓励老年人积极采取行动改变目前的生活状况。

(4)建立理性生活方式。在清晰辨别非理性认知的基础上,帮助老年人找出理性的认知来替代非理性认知,进而逐渐形成理性的生活方式。

(5)巩固工作效果。帮助老年人将建立起来的理性认知积极运用到自己的日常生活中。

下面以一位独居老人的例子来具体阐释社会工作者是如何与老年人进行非理性情绪辩论的。

【案例分析】

曾女士,68岁,独居,身体状况良好,开朗乐观,依靠自己的退休工资生活。她每天在所居住的社区练习太极剑,并因此认识了许多一起健身的朋友。一天,她在晨练时不小心摔倒受伤,被朋友送入医院。经查,曾女士的左侧胯骨摔裂,需要手术治疗。

曾女士情绪十分低落,拒绝在手术通知书上签字。主管医生请来一位医务社会工作者与曾女士进行沟通。经过会谈,社会工作者了解到曾女士担忧的问题主要有两个:一是担心手术的预后效果。曾女士认为手术风险大,万一手术失败,自己瘫痪了怎么办?二是因为自己一直独居,手术后谁来照顾自己?

针对曾女士担忧的第一个问题,社会工作者首先帮助曾女士认识到目前的情绪困扰主要来源于自身的非理性认知。社会工作者请来骨科主任详细为曾女士解释她的病情及手术方案,告知其手术失败的风险性非常低并为其准备了手术中的应急预案,有效地缓解了曾女士因对手术不了解而产生的忧虑,曾女士也因此同意立即接受手术治疗。医院方面则着手尽快为其安排手术,以免延误病情。这里,社会工作者引入外部资源——骨科专家的权威解释,帮助曾女士检查了自身存在的非理性信念,使其认识到手术不同,风险大小也不同,这个手术风险小,且是目前最佳治疗方案。如果一味地抗拒手术,不但解决不了问题,有可能还会导致病情的加重。

针对曾女士担忧的第二个问题,社会工作者联系到曾女士居住区域内的社区服务站,反映了曾女士术后无人照顾的困难。社区服务站安排了党员先锋队的5位成员轮流照顾曾女士。此外,曾女士平时的人缘颇好,一起健身的朋友中有两位年纪较轻者,主动要求加入照顾者的队伍,有效地解决了曾女士的后顾之忧。

(三) 心理社会治疗模式

心理社会治疗模式认为,个体的发展受其生理因素、心理因素和社会因素三个方面共同作用的影响。因此,在分析问题时,要从上述三个方面综合考量,而不能简单地归因于某个因素。

心理社会治疗模式一般包括研究、诊断和治疗三个步骤。研究的工作贯穿个案工作的始终。社会工作者需要将服务对象的问题放到问题产生的环境中综合加以考量,探寻造成问题的生理、心理及社会因素。诊断是指通过整理和分析服务对象的有关资料,对其问题的性质、产生的原因以及发展的过程做出评估和推理的过程。社会工作者介入的目标一般包括:降低服务对象的焦虑水平,增强服务对象的自我适应能力,改善服务对象的环境和人际交往关系,发掘服务对象的潜能。

心理社会治疗模式的治疗技巧包括直接治疗技巧与间接治疗技巧。直接治疗是指社会工作者直接对服务对象进行介入。间接治疗则是指社会工作者通过改善服务对象所处的外部环境或服务对象与外部环境的互动(如父母、朋友、亲属、邻里、同事和雇主等),从而间接影响、帮助服务对象。

下面以一位老年人的邻里问题为例,阐释心理社会治疗模式是如何运用在老年人个案工作中的。

【案例分析】

一天上午,某社区服务站来了一位前来投诉的居民季大妈。季大妈投诉她的邻居赵大爷在两家共用的走廊里堆放了大量杂物,一是带来容易失火的隐患,二是导致走廊里空气难闻。赵大爷还经常在楼道里吐痰,甚至还有过便溺的情况。季大妈多次提醒无效,双方吵骂的情况也时有发生。一大早,季大妈发现门口有人便溺的痕迹。季大妈确信是赵大爷所为,心中气愤难平,因此前来社区投诉。

为解决问题,社区工作者小张着手了解情况。在对双方做过家访后,小张形成了一个初步的诊断,内容如下:

赵大爷,78岁,其老伴儿早逝。赵大爷依靠微薄的退休金生活,患慢性支气管炎、高血压、冠心病。赵大爷的两个儿子均已成家并育有子女,儿子们平时工作都较忙,收入不高。由于经济方面并不宽裕,儿子们对老人的日常照顾几乎没有,只有在老人发病住院的情况下,才会帮忙照顾。两个儿媳与赵大爷的关系都一般。孙子和孙女都在上小学,与老人也不亲近。赵大爷的家庭关系表现较为疏离,无法为其提供强有力的家庭支持。赵大爷性格孤僻,在社区里没有朋友,与邻里关系不良。

由于缺乏足够的家庭与社会支持,加之不良的身体状况,赵大爷有深刻的危机感,因此在日常人际互动中,较容易表现出敌对性行为,例如与邻居季大妈经常发生言语冲突。

社会工作者小张的介入情况:

1. 与赵大爷建立专业关系。此阶段重点向赵大爷传递出尊重、接纳、同理、支持的感觉,帮助赵大爷减轻焦虑,产生改变邻里关系的动机。

2. 经赵大爷同意,联系社区志愿者,帮助其清理走廊里的杂物,为改善与邻居季大妈的关系打下基础。

3. 帮助赵大爷审视自身行为,使其认识到在走廊里吐痰、便溺的行为只会加剧邻里矛盾,为缓和与邻居季大妈的关系做好准备。

4. 做赵大爷家人的工作。虽然赵大爷的两个儿子在经济方面都不宽裕,但是可在能力所及范围内,尽可能为老人提供一些物质方面的帮助。增加对老人的探望次数,例如从原来的不定期探望改为定期的一周探望一次,让老人感受到来自家庭和亲人的温暖与关爱,减少无力感与不安全感。

(四) 家庭治疗模式

1. 家庭治疗的含义

家庭治疗是一种以整个家庭为对象,把治疗焦点放在家庭各个成员之间关系上的治疗方法。这种治疗方法通过促进家庭成员彼此的谅解、增进情感交流,帮助家庭成员了解家庭

内部的病态情感结构,改善家庭功能,增进家庭和谐,实现家庭的正常发展。

2. 家庭治疗的假设

家庭治疗将每个家庭成员个体视为一个系统,也将整个家庭视为一个系统,系统间彼此影响。个体与家庭的发展既有协调一致的时候,也会发生矛盾与冲突。因而,在家庭发展的不同周期,可能会出现各种矛盾。当矛盾无法得到有效解决时,个体系统与家庭系统间的冲突就会出现,个体的心理障碍也会随之发生。

3. 家庭治疗的原则

家庭治疗的原则主要包括建立假设、循环提问及保持中立。

(1) 建立假设。社会工作者在收集资料的基础上,建立起有关服务对象问题的一个假设;在后续的工作过程中对这一假设不断进行验证,或者推翻再重建。

(2) 循环提问。社会工作者就同一个问题从不同的角度向多个家庭成员进行多次提问,以获得更为准确全面的信息。

(3) 保持中立。社会工作者对每一位家庭成员及整个家庭的信仰、价值观保持中立,不予评价,对家庭改变的结果也保持中立。

4. 家庭治疗的常用方法

家庭治疗的常用方法有干预性会谈、家庭雕塑、去诊断、积极赋义、家庭作业等。

(1) 干预性会谈。

干预性会谈一般以问题为导向,采用多种提问方式,如直接性问题、迂回性问题、策略性问题、内省性问题等。直接性问题主要用于了解情况。迂回性问题多具有探索性,用于了解家庭内部深层次的问题及家庭成员彼此间的关系。策略性问题往往可以为服务对象提供多种看法与选择。内省性问题则多以假设性的问题帮助服务对象重新评价家庭当前的认知和行为,找出问题之所在,从而构建新的家庭关系,寻找新的解决办法。

(2) 家庭雕塑。

家庭雕塑是一种通过空间、姿态、距离、造型等非言语的方式来表现家庭内部关系和权力分配的情况,使家庭内部动力得以呈现出来,激发家庭成员表达真实情感,促进家庭成员成长的专业方法。

(3) 去诊断。

家庭往往将当前所面临的困境或问题归咎于某位家庭成员,并给其贴上"病人""问题人物"之类的标签。去诊断是指社会工作者带领家庭逐步探索,帮助家庭认识到问题并非哪一个成员造成的,而是家庭内部大大小小的系统运转不良引起的,从而为被标签化的家庭成员去除标签的过程。

(4) 积极赋义。

积极赋义是指社会工作者启发、引导家庭成员从正向视角对家庭呈现出的情况进行审视,取代其以往惯有的批判、指责视角,以帮助家庭发生改变,增强正性的力量。

(5) 家庭作业。

布置家庭作业是家庭治疗经常采用的一种方法,用于检验治疗的适应性,帮助家庭成员建立新的家庭关系。家庭作业一般包括角色互换练习、记秘密红账、水枪射击或弹橡皮筋等。

5. 老年人家庭治疗的目标

针对老年人采用家庭治疗模式,常见的工作目标有:协助老年人建立新的关系体系,增进老年人沟通,强化老年人的自主性与独特性,加强老年人社会角色扮演能力,减轻老年人个人症状等。

实训项目

个案工作模式选择。

【实训目标】

针对具体情况,能够选择合适的个案工作模式来开展服务。

【实训内容与方法】

(1) 阅读以下案例并思考:针对季大爷的情况,社会工作者可以选择什么样的个案工作模式来开展服务?如何开展服务?

(2) 个人针对以上问题写出发言提纲。

(3) 以小组为单位进行集体讨论。

案例

季大爷,男,70岁,工厂退休工人,每月有两千多元的退休工资。老伴儿陈大妈,65岁,没有退休工资。二人无子女。季大爷因患有心脏病、高血压,平时的生活起居主要由老伴儿照顾,日子过得还算平稳。

一个月前,陈大妈因突发急性心肌梗死不幸去世。季大爷既无法接受这突如其来的打击,又担忧自己无法一个人应对未来的生活,他整日把自己关在家里,以泪洗面,不愿与人沟通。

考虑到季大爷没有子女的这一情况,街道干部迅速成立了一个党员志愿者小队,暂时负责季大爷日常生活的照料,但这也非长久之计。街道干部打算针对季大爷的情况,制订一个详细的帮扶计划,同时派出社会工作者为季大爷开展个案服务。

【实训评估】

(1) 评估标准:

① 能合理选择个案工作的模式开展服务。

② 服务中能体现对老年人的尊重、接纳和个别化特征。

(2) 评估方式:

① 个人的发言提纲可作为一次作业评定成绩。

② 以小组为单位,根据讨论中的表现评定成绩。

任务二　熟悉老年人个案工作的基本程序

情境

詹大妈,67岁,老伴儿于5年前过世。詹大妈一个人居住,其独生女小丽定居美国。

年初,詹大妈下楼时不慎摔了一跤,造成膝部关节损伤,行动不便。小丽得知消息后急忙回国探望。虽然母亲平日身体健康状况良好,但考虑到母亲年岁日益增大,又是一个人居住,于是小丽积极动员母亲随自己一起去美国定居。

本是出于一片孝心,但小丽没想到自己的想法竟然遭到母亲的强烈反对。几次沟通无果,小丽气愤地对母亲说:"我一个人在国外打拼,好不容易有了现在的成绩。我不可能放弃在美国的一切。您年纪大了,我爸也不在了,您不跟着我,能跟谁过啊?这次是万幸,没有摔得卧床不起。我离您这么远,以后再有个三长两短可怎么办啊?"

詹大妈说:"我不用你管。我自己的退休工资和积蓄足够花了。我有病就请护工来照顾我。不用你大小姐管。"

眼看着离女儿回美国的日子越来越近,可母女俩却陷入了沟通僵局。社会工作者听说了此事,主动上门为二人开展调解工作。

学生分析:

1. 针对詹大妈家目前的情况,社会工作者该怎样打破母女俩之间的僵局呢?
2. 詹大妈母女俩之间存在哪些需要解决的问题?社会工作者的工作目标是什么?如何来实现这些工作目标呢?
3. 开展工作时,利他主义价值观如何指导具体服务的开展呢?

知识导学

老年人个案工作通常可以分为接案、收集资料与预估、制订服务方案、开展服务、结案与评估5个阶段。下面根据工作流程的先后顺序,对每个阶段的工作内容分别进行介绍。

一、接案

接案是整个个案工作的开始阶段,在这个阶段,社会工作者对老年人的问题展开初步评估,根据机构的职能与拥有的资源情况判断老年人是否可以成为个案工作的服务对象。如果老年人求助的问题不属于机构的服务范围,可经过必要的程序,将老年人转介至能够提供服务的机构,使老年人的问题能够得到恰当的解决。

(一)服务对象来源

在接案阶段,服务对象的来源一般包括服务对象主动求助、社会工作者在工作中发现的潜在服务对象、其他机构转介而来的服务对象。

(二)工作内容

社会工作者在接案阶段的工作内容主要包括了解老年人的求助意愿、促使有求助意愿的老年人成为服务对象、澄清老年人的求助期望、初步评估老年人的问题及需要。

1. 了解老年人的求助意愿

对以咨询信息为主的老年人,社会工作者要尽可能地多提供一些有关信息;对有求助意愿者,社会工作者要鼓励其成为服务对象。

2. 促使有求助意愿的老年人成为服务对象

此时,社会工作者与老年人之间的专业关系能否顺利建立,将直接影响老年人对社会工作者的信心以及解决问题的决心,进而影响其求助意愿的强弱程度。

3. 澄清老年人的求助期望

老年人的求助需求与社会工作者实际提供的帮助不一定都能够完全匹配。社会工作者需要向老年人介绍机构的服务范围与资源,明确哪些服务是可以提供的,帮助老年人了解并非自己所有的求助需求都可以得到满足。并且,需求的满足不能仅靠机构与社会工作者,老年人自身的积极参与也是非常重要的。

4. 初步评估老年人的问题及需求

社会工作者一般可以通过对以下几个问题的了解来进行初步的评估。

(1) 老年人的求助意愿如何?老年人是主动前来求助的,还是被动的?

(2) 老年人求助的主要问题是什么?问题是如何产生的?期望求助的目标与结果是怎样的?

(3) 老年人自身曾为问题的解决做过什么努力?寻求过哪些帮助?获得过什么资源?

(4) 老年人机构所拥有的资源或社会工作者的能力能否确保为老年人提供必要的服务?

(5) 老年人、机构和社会工作者三者之间的期望与要求能否互相协调?

当上述工作内容都完成后,如果老年人求助的问题属于机构可提供的服务范围,也愿意与机构签署个案工作协议,那么老年人就可成为个案工作的服务对象。如果老年人求助的问题不属于机构的服务范围,或者老年人所在区域不归属机构提供服务的范围,那么社会工作者可将老年人转介至能够提供服务的机构。转介时需谨慎处理,如果处理不得当,可能会使老年人受到二次伤害。

5. 填写个案工作接案表

个案工作接案表如表 6-1 所示。

表 6-1 个案工作接案表

服务对象姓名		社会工作者姓名	
日期、时段	年 月 日 时 分——时 分	地点	
服务对象来源及接受服务意愿			
来源:□主动求助 □转介 □外展 说明:			
接受服务意愿:□不愿意接受服务 □不适用 □愿意接受服务 说明:(不愿意接受服务或不适用请说明)			

续表

服务对象情况			
服务对象基本信息(包括但不限于姓名、性别、年龄、联系方式等基本要素)			
服务对象困境及需要			
社会工作者建议			
危机程度	□低 □中 □高 说明：		
紧急服务	□需要 说明： □不需要		
社会工作者(签名)		日期	
督导者(签名)		日期	

> 【思考与讨论】
> 　　在与老年人初次接触的过程中，社会工作者可能会面临哪些困难？社会工作者该如何应对这些困难呢？社会工作者需要特别注意哪些事项呢？

二、收集资料与预估

在老年人成为个案工作的服务对象之后，就进入收集资料与预估的工作阶段了。在这一过程中，社会工作者需要掌握资料的来源和收集渠道，明确哪些资料是需要重点收集的，并能在上述基础上对服务对象面临的困境或问题进行分析，形成初步的判断，为接下来服务方案的制订做准备。

(一) 收集资料

1. 资料来源

在个案工作过程中，社会工作者可以通过会谈、访视（家庭、学校、机构、单位、社区等）、文献回顾、问卷调查等方式获得服务对象的有关资料。

这里的社会工作会谈主要是社会工作者与服务对象之间有目的专业性的谈话，区别于一般的聊天,是为了完成社会工作服务的目标。

家庭访视需视情形而定。一般来说,下列情况需要进行家庭访视:求助者并非服务对象本人,由他人(如家人、朋友等)代为求助;社会工作者认为服务对象的问题与家庭有关;服务对象问题的解决需要家人的参与;社会工作者需要向服务对象的家人了解情况。实施家庭访视工作时,一要明确访视对服务对象的必要性及影响,如确有必要则安排访视工作;二要明确访视的目的与内容,可结合服务对象求助的问题规划访视过程中资料收集的方向与内容;三要做好访视前的准备工作,诸如联络人、联络方式、访视路线等;四要尊重访视对象,真诚待人,做好访视结束后的工作安排,主要包括预约下次访视时间;五要做好访视的记录工作。

2. 资料收集范围

社会工作者需要收集的资料一般包括老年人的个人资料、老年人所处环境的资料以及老年人与所处环境互动情况的资料。

(1) 老年人的个人资料主要包括基本信息(如年龄、性别、婚姻状况、教育水平等)、生理状况(如老年人的既往病史等)、心理状况(如人格特点、智力水平等)、价值观、日常生活能力等。

(2) 老年人所处环境的资料包括家庭环境(如家庭成员之间的关系、家规等)、社区环境、朋辈环境等有关信息。

(3) 根据"人在情境中"的观点,老年人遇到的许多问题是由于自身与身处的外部环境之间的不良互动造成的。收集老年人与所处环境互动情况的资料为社会工作者确定以后解决问题的切入点提供了参考。

(二) 预估

1. 什么是预估

预估是在收集与服务对象有关的详细资料,了解服务对象问题形成的过程后,依据既定情境中的事实与特点推论出有关服务对象问题含义的暂时性结论的过程。在收集资料的基础上,社会工作者与服务对象一起对问题形成一个初步的评估,具体内容包括:问题是什么,如何形成的,服务对象现有的解决问题的资源。

2. 预估的基本步骤

(1) 优先评估服务对象面临的风险,如健康、受虐、抑郁、自杀倾向等。

(2) 对所收集资料进行分析和解释。

① 排列顺序。按时间顺序和重要性对资料进行排序,形成在时间上有先后次序、逻辑上有因果关系或有其自身脉络的事件图。

② 发现问题。发现资料各部分间的逻辑关系,用整体性视角去了解服务对象的需要和问题。

③ 识别原因。将那些形成问题或者可以缓解问题的因素找出来。这需要社会工作者深入问题内部,探查问题内在深层的因素,分析问题形成的本质原因。

④ 做出解释。将所获得的有关服务对象系统的资料、直觉与服务对象一起讨论,形成概念性的认识,去解释问题。

⑤ 协调咨询。根据实际情况,有时需要进一步咨询或与其他专业人员共同检查和

分析。

(3) 认定问题。

根据对收集资料的分析和解释,探究服务对象的情况、问题和需要,形成对问题的阐述。

① 描述服务对象的问题和需要,包括:问题是什么,问题的范围、原因、严重程度及持续的时间。

② 描述问题是如何发生的或发生的原因,包括:问题是在什么情况下发生的,发生的时间、先后次序,服务对象及其他重要系统的反应及所做的处理。

③ 探究服务对象的问题得不到解决的原因。

④ 描述服务对象的资源状况。

⑤ 与服务对象共同决定解决问题的优先次序。

(4) 填写个案工作预估表(如表6-2所示)。

个案工作预估表要清晰地表达对问题的认识,作为下一步制订服务方案的依据。

表6-2 个案工作预估表

服务对象姓名		个案编号		社会工作者姓名	
一、背景资料					
(一) 服务对象个人的生理、心理及社会等方面的资料					
(二) 服务对象社会环境的微观、中观、宏观系统等资料					
(三) 服务对象对自己及处境的感受、观念和看法					
二、服务对象问题及需要分析					
(一) 以需求为导向,与服务对象讨论其需要、困境或问题					
(二) 以资源为导向,识别服务对象及其所处环境中的资源、优势与障碍					
三、服务目标					
四、服务内容					
社会工作者(签名)			日期		
督导者(签名)			日期		
注:此表格请在个案工作首次接触后5个工作日内完成。					

3. 预估的注意事项

(1) 社会工作者在评估问题的过程中,要尊重老年人,鼓励老年人积极参与。

(2) 社会工作者在评估的过程中,要尽可能保持个人价值观的中立。

(3) 对问题成因的判断要多从系统化角度出发,不能简单归因,草率了事。

(4) 老年人遇到的问题有时并非只有一个,而是一系列的问题。这时,社会工作者应根据时间、资源等因素与老年人共同选择一个问题作为突破口。不要眉毛胡子一把抓,什么都想解决,最终却哪一个都没有解决好。究竟该选择哪一个问题作为切入点,参考的标准有:目前对老年人来说急需解决的问题,带来系列问题的核心问题,最容易解决的问题。然后根据机构的资源、社会工作者的评估、老年人的实际情况来综合考量,最终由社会工作者与老年人共同确定需要解决的问题。

【思考与讨论】

在收集资料的过程中,社会工作者如何提高资料收集的准确性以及有效性?

三、制订服务方案

明确了老年人需要解决的问题后,社会工作者需要制订服务方案并与老年人签订服务协议。

(一) 服务方案内容

服务方案一般包括下列内容。

(1) 老年人的基本情况,包括姓名、年龄、婚姻状况和受教育情况等。

(2) 老年人面临的主要问题的描述。

(3) 老年人希望达到的目标与社会工作者的工作目标。

(4) 个案工作每一个阶段需要采用的方法及动用的资源。

(5) 工作时间表。

(6) 机构及老年人的联系方式。

(二) 服务方案目标的制定原则

制定的目标是否合理,将直接关系到服务方案的质量,影响社会工作的服务效果。在制定服务方案的目标时,需要遵循的原则如下。

(1) 制定的目标要明确具体,尊重老年人的意见并使老年人清楚地知道自己与社会工作者接下来努力的方向。

(2) 制定的目标是可以实现的。目标分为近期目标、中期目标和终期目标,根据老年人的实际情况、机构拥有的资源以及社会工作者的能力来逐层推进目标的实现。

(3) 在老年人身体、智力等因素都允许的情况下,目标由社会工作者与老年人共同制定。

(三) 服务方案评估标准

服务方案制订出来以后,社会工作者如何判断方案是否合理、有效呢?一个好的服务方案应以服务对象为导向,并能够促进服务对象产生积极的变化。有学者指出,一个好的服务方案应具备4个方面的要素:① 目标具有远见性;② 有具体的、可测量的、有先后顺序的子目标,子目标一般有短期、中期及长期之分;③ 有以子目标为导向而制定的具体实施策略,并整合资源;④ 明确了服务方案的时间安排及责任分工。也有学者提出了可能会造成服务方案无法得到有效实施的15种因素:问题界定错误;预估缺乏完整性;忽略缺乏的资源;判断标准不准确;忽略或缺乏与问题相关的知识、信息;工作时间安排得不够合理;社会压力(如服务机构主管、同事等人)对社会工作者产生影响;对不确定信息的容忍度较低,例如服务对象对变化产生的焦虑、困惑;忽略服务对象的能力;忽略重构服务对象物质环境的机会;社会工作者对不同的服务对象采取相同的应对模式;低估实施服务方案所需的知识、技能及时间;工作目标设定过多;服务对象及其他重要关系人未参与服务方案的制订;忽略文化差异对服务对象及服务方案实施的影响。

(四) 签订服务协议

服务协议是由社会工作者与老年服务对象共同承诺合作,实现双方同意的目标和计划,是促使双方关系具有承诺和责任要素的重要途径。服务协议的一般内容包括:服务目标,服务的内容及采用的方法,双方的权利和义务,服务的时间、地点及次数,双方签字。

四、开展服务

制订好服务方案,与老年人签订服务协议后,就进入社会工作服务的具体实施阶段。社会工作强调个别化的服务原则,因而针对不同的服务对象,常常采用不同的工作模式与方法。社会工作者在提供个案服务阶段所扮演的主要角色有催化者、经纪人、教育者、治疗者、倡导者等。

(一) 催化者

社会工作者利用自身的专业知识与技巧,挖掘老年人的潜力,促进老年人的积极转变,这时社会工作者的角色就是催化者。

(二) 经纪人

老年人问题的解决,很多时候需要社会工作者能够整合多方资源,确保资源及时地输送给老年人,监督提供的资源的质量,这时社会工作者的角色就是经纪人。

(三) 教育者

社会工作者在必要的时候需要为老年人提供一些资料或信息,帮助其理解问题,增强其解决问题的能力,这时社会工作者的角色就是教育者。

(四) 治疗者

社会工作者运用自己的专业技能帮助老年人提升自我认知能力,减少或消除不适应的行为,学习新的解决问题的技巧,这时社会工作者的角色就是治疗者。

(五) 倡导者

老年人的一些问题往往不仅仅是个人问题,还涉及更深层次的社会问题。社会工作者与机构结合实际情况,积极向社会倡导,切实保障老年人的权益,这时社会工作者的角色就是倡导者。

五、结案与评估

（一）结案

结案是指社会工作者与服务对象之间的专业关系结束的处理工作。个案工作可以结案的情况一般有以下几种。

（1）工作目标完全或者部分实现了，社会工作者与老年人均同意结束个案服务。

（2）老年人自己提出结案。经过专业帮助，老年人解决问题的能力得到了提升，可以独立解决问题了，于是决定提前结案。

（3）社会工作者与老年人之间的专业关系并不顺畅，甚至影响了工作的开展。这种情况下，双方或者某一方提出提前结案。

（4）社会工作者在服务的过程中发现，老年人又遇到了一些新的问题，需要其他机构或者社会工作者的加入。

（5）因为一些不可预期的因素（如社会工作者调离机构、服务对象搬离机构的服务范围、服务对象突发疾病等）使得个案工作无法继续，需要提出结案。

上述(3)、(4)、(5)往往还涉及转介或转案（将服务对象转给同一机构内其他社会工作者）。

老年人在个案工作即将结束之际可能出现的反应往往有：矛盾心理、行为退化、否认结束。矛盾心理常表现为既为自己的问题得到解决而高兴，又对专业关系的结束而不舍，同时又担忧自己的未来。有的老年人在行为方面表现为退化到个案工作初期的状态。有的老年人表现为直接否认、拒绝结案，指责社会工作者。

服务对象在结案时的负面反应及具体表现如表 6-3 所示。

表 6-3 服务对象在结案时的负面反应及具体表现

服务对象的负面反应	服务对象的具体表现
假装服务还没结束	企图否认
重现之前的行为问题或者假装出现新的行为问题	通过制造新的问题来挽留社会工作者
指责社会工作者结束的时机不对，表示自己尚不能处理自己的问题	直接向社会工作者表达愤怒情绪
与社会工作者的关系紧张，拒绝结案	回避，缺席，间接表达愤怒的情绪

因此，社会工作者在准备结案之前需要提前告知老年人，让老年人做好心理准备；同时，带领老年人回顾所开展的个案工作的历程，巩固已取得的成效，提升老年人独立解决问题的信心；与老年人一起探讨结案后，影响个案服务效果的可能因素及应对举措；妥善处理老年人的离别情绪。

（二）评估

评估是指对老年人提供服务的有效性进行评定。评估有助于社会工作者积累经验，作为今后工作的借鉴，同时可以作为机构评价社会工作者工作成效、提升机构服务质量的依据。评估工作并非在个案工作结束后才做。根据评估开展的时间段，评估可分为过程评估和结果评估两种类型。

评估的内容一般包括工作目标的实现程度、服务方法的适用程度、老年人改变的状况、服务介入工作的人力、物力和其他资源的投入等。

评估的方式主要有社会工作者自我评估、服务对象评估、同行评估、外请专家评估等。评估过程中要注意保密原则。

（三）回访

个案工作结束后，有时候根据需要，社会工作者会在个案结束后3个月到半年内安排回访。回访包括电话回访、上门回访等方式。回访的目的在于了解老年人是否能够继续保持个案工作的效果，有无反复，同时也起到检查社会工作者服务效果的作用。

结案还要做好书面记录工作。常见的记录方式有过程式记录、摘要式记录等。

实训项目

收集资料、制定服务目标。

【实训目标】

(1) 结合服务对象的具体情况，确定资料收集的范围，掌握资料收集的方法。

(2) 制定合理的个案工作目标。

(3) 增强对老年人的关怀之情。

【实训内容与方法】

(1) 阅读以下案例并思考：针对周大爷的情况，为了帮助周大爷，社会工作者需要收集哪些资料？如何收集资料？社会工作者的个案工作目标该如何制定？

(2) 个人针对以上问题写出发言提纲。

(3) 以小组为单位进行集体讨论。

案例

> 周大爷，69岁，在某老年公寓居住了半年。半年间，周大爷一直住的是单人间。最近，老年公寓调整了收费标准。以周大爷的退休工资水平，只能居住在双人间。公寓管理者安排周大爷和朱大爷同住一屋。周大爷心中气愤难平，对朱大爷经常恶语相向。朱大爷住不下去，调换了房间。公寓管理者又安排了马大爷与周大爷同住。没过多久，马大爷也要搬走。公寓管理者感到此事颇为棘手，于是请社会工作者出面帮忙解决。

【实训评估】

(1) 评估标准：能理解尊重周大爷并制定合理的个案工作短期目标、中期目标及长期目标。

(2) 评估方式：

① 个人的发言提纲可作为一次作业评定成绩。

② 以小组为单位，根据讨论中的表现评定成绩。

项目六 掌握个案工作方法

任务三 掌握老年人个案工作会谈的技巧

【情境】

某校社会工作系大三学生小张,利用暑假去某养老院开展专业实践。听说小张是社会工作专业的,有志于从事老年社会工作服务,养老院王院长非常高兴地接待了小张,并将刚刚入院的齐大爷介绍给了他,希望他可以尽快地帮助齐大爷适应养老院的生活。

在与齐大爷进行了初次沟通后,小张制订了一个详细的帮助齐大爷尽快适应养老院生活的服务计划。正当小张兴冲冲地想约齐大爷一起讨论这个服务计划时,却被王院长委婉地告知,齐大爷不想再见他了。小张一头雾水,想弄明白这一切究竟是什么原因?

学生分析:

1. 在与老年人初次会谈时,社会工作者有哪些注意事项?需要做好哪些准备工作?

2. 与居家养老的老年人相比,入住养老院的老年人还有哪些情况需要社会工作者特别关注?

3. 在与齐大爷第一次沟通的过程中,可能发生了哪些情况使得齐大爷不想再见到小张呢?这些情况是否可以避免呢?

【知识导学】

会谈贯穿个案工作的始终。会谈效果的好坏将直接影响个案工作的服务成效。为了掌握老年人个案工作的会谈技巧,我们首先学习个案工作会谈的有关知识。

一、个案工作会谈

(一) 个案工作会谈的定义

个案工作会谈是一种有目的的谈话。会谈时,社会工作者与服务对象有明显的角色分工,社会工作者要推动整个会谈朝着既定的工作目标前进。会谈一般是有计划的。

与其他治疗性会谈相比,个案工作会谈一般具有以下特点:会谈是个案工作最直接的技术;个案工作会谈聚焦于个人社会角色扮演与社会功能的实现,工作重点在于调适服务对象与其所处社会环境的关系上;个案工作会谈以建立与服务对象的专业关系为首要任务;个案工作会谈具有很大的灵活性,事先较难确定谈话框架。

(二) 个案工作会谈类型

根据不同的分类标准,个案工作会谈可以分为不同的类型。

1. 根据会谈地点的不同,个案工作会谈可分为机构会谈与非机构会谈

(1) 机构会谈是指服务对象经由机构安排,与社会工作者在社会工作服务机构内进行

会谈。

(2) 有时出于一些特殊考虑,社会工作者会选择在机构之外的地点与服务对象进行会谈,即非机构会谈。例如,出于对服务对象身体健康情况的考虑,社会工作者会前往其家庭与其会谈。非机构会谈较易受到外界环境的干扰,会谈质量也会相应地受到一定程度的影响。

2. 根据会谈目的、性质的不同,个案工作会谈可分为资料性会谈、评估性会谈和治疗性会谈。

(1) 资料性会谈主要用于收集与服务对象有关的背景资料,为下一步开展预估、制订服务方案做准备。

(2) 评估性会谈是指社会工作者根据机构现有资源拟定会谈提纲,并据此对服务对象进行评估。评估的内容主要包括两个方面:一要评估机构是否能够为服务对象提供服务;二是如果机构可以提供有关服务,那么就要确定可提供服务的具体内容。

(3) 治疗性会谈旨在帮助服务对象改变所处的环境以及服务对象与其所处环境之间的互动,最终帮助服务对象更好地适应社会,增强社会功能。

(三) 会谈过程

每一次会谈都有其自身发展的阶段性。贯穿个案工作服务历程的会谈也有其内在逻辑可循。下面,我们对一次会谈的过程与从接案到结案的会谈过程分别加以介绍。

1. 一次会谈的过程

一次会谈一般包括起始、发展、成熟和结束四个阶段。

(1) 起始阶段。

从会谈一开始,社会工作者就要尽可能地制造出积极的会谈氛围,并灵活应对服务对象的回应。

(2) 发展阶段。

在这一阶段,社会工作者已基本选定了某个议题作为会谈焦点,服务对象也在经历了一番内心的挣扎与斗争之后,透过自己的语言及非语言信息传递出了问题的关键所在。

(3) 成熟阶段。

服务对象此时已清楚地认识到问题的实质,明确了自己的真正需要,心理上也已准备好接受社会工作者的建议及专业服务。

(4) 结束阶段。

社会工作者要关注服务对象的情绪状态,在服务对象较为平静的状态下结束此次会谈。

2. 从接案到结案的会谈过程

从接案到结案,会谈一般包括起始阶段、探索阶段、了解阶段、介入阶段、评估阶段这5个阶段。

(1) 起始阶段。

会谈的起始阶段,重点在于建立社会工作者与服务对象之间良好的助人关系。服务对象不论是主动前来求助,还是转介而来,或者经由社会工作者的外展服务发掘而来,都可能会因为自己所面临的问题的性质、向不熟悉的外人求助等引发一些情绪,如焦虑、矛盾、羞愧、懊悔等。社会工作者要将服务对象视为有价值的个体,在服务过程中秉持接纳、不批判等原则。

(2) 探索阶段。

在探索阶段,社会工作者要帮助服务对象去探索与问题有关的认知、情绪及行为等,从而帮助服务对象弄明白真正的问题所在。

(3) 了解阶段。

在了解阶段,通过整合会谈过程中收集到的资料,社会工作者不再局限于此前服务对象自己对问题认识的架构,而是提出不同的看法,帮助服务对象摆脱自己的思维惯式,代之以更客观地去看待自己的问题。

(4) 介入阶段。

介入阶段,社会工作者会采取某些具体行动来改变服务对象的认知、行为,调适服务对象与其所处环境的互动等。

(5) 评估阶段。

评估阶段,社会工作者与服务对象共同针对服务方案中设定的目标及服务措施进行评估,了解目标是否达成,措施是否有效,是否存在调整与修改的必要等。

(四) 个案工作会谈的基本原则

在个案工作会谈的过程中,社会工作者应严格遵守以下基本原则。

(1) 注重服务对象的个别化,了解其感受与需要的独特性。

(2) 以不批判的态度去面对服务对象及其所面临的问题。

(3) 充分尊重服务对象的自决权。

(4) 对会谈内容做好保密措施。

二、老年人个案工作会谈技巧

会谈技巧是一名合格的社会工作者必须具备的基础技能之一。会谈质量的高低,不仅关系到每一次会谈的效果,最终还可能会影响到社会工作助人目标是否能顺利达成。接下来,我们一起来看看会谈开始前以及会谈过程中需要掌握的一些关键技巧。

(一) 会谈前的准备工作技巧

1. 会谈场所的安排

会谈开始前,社会工作者要尽量确保与老年人会谈的场所光线充足、温度适宜、不受外界干扰,让老年人感觉到舒适、安全,愿意向社会工作者分享自己的想法、感受。

2. 会谈时间的安排

考虑到老年人的身体健康状况,一次会谈的时间不宜安排过长,一般为40分钟左右为宜。

3. 社会工作者的准备

社会工作者预先要了解服务对象的基本情况,对会谈的目标、会谈内容事先做一个计划。

【思考与讨论】

社会工作者即将与一位从其他机构转介而来的老年人做第一次面谈。从转案记录上社会工作者了解到，老人的听力与视力都不佳。那么，社会工作者在会谈开始前应该做好哪些准备工作呢？

（二）会谈技巧

个案工作会谈技巧一般可分为单一性技巧与复合性技巧两类。单一性技巧是指通过一种方法来达成工作效果的沟通技巧，如倾听、同理等技巧。复合性技巧是指通过多种方法的综合运用来实现某种效果的沟通技巧，如具体化、澄清等技巧。下面，我们分别对单一性技巧和复合性技巧进行具体介绍。

1. 单一性技巧

单一性技巧主要包括些许鼓励、同理、简述语意、情绪反应、转移、重构、解释、面质、询问、自我暴露等技巧。

（1）些许鼓励。

些许鼓励是指社会工作者通过语言或者非语言的方式让服务对象感受到社会工作者对其所表达的内容感兴趣、很关注，常用的语言有"嗯""是这样啊""后来呢"等。非语言方式多为关切的语气、关注的眼神等。

（2）同理。

同理是指社会工作者在充分理解服务对象谈论内容的基础上感受到其情绪状态，并通过适当的表达让服务对象知道社会工作者已经明白其谈论的内容以及这背后所隐藏的情绪。

【同理技巧练习】

以下内容是某次个案工作会谈中社会工作者与服务对象会谈内容的节选。

服务对象：（激动得浑身发抖）我有三个女儿，两个儿子。他们一起提出要送我来养老院住时，我真想把他们从我家赶出去！

社会工作者：_____。

…………

请思考并讨论：如果使用同理技巧，社会工作者该如何回应服务对象呢？

（3）简述语意。

简述语意是指社会工作者用自己的表述方式对服务对象所说的内容进行复述。简述语意可以使服务对象感受到自己被社会工作者关注着，帮助服务对象聚焦于会谈的内容，有助于社会工作者检查对服务对象传递信息理解的准确性等。

（4）情绪反应。

情绪反应是指社会工作者对服务对象表达的内容着重从情绪层面做出回应。做情绪反应时，社会工作者要留意服务对象有关情绪的表述，关注服务对象的肢体语言、语音语调等。

（5）转移。

转移是指社会工作者在会谈过程中改变会谈的方向及内容。转移的时机一般选在：一个话题的讨论已告一段落，服务对象谈论的内容与会谈目标关系不大，服务对象对会谈的内容表现出没有兴趣，讨论的内容让服务对象觉得不自在，社会工作者希望引导出服务对象新的看法时等。

（6）重构。

重构又叫正向再诠释，是指社会工作者用正向、积极的视角将服务对象负面的认知、情绪、问题等予以重新阐释，帮助服务对象从不同的视角看待事物，调节其消极认知引发的负面情绪。

【重构技巧练习】

以下内容是某次个案工作会谈中社会工作者与服务对象会谈内容的节选。

服务对象：我老了，不中用了。连我自己看自己都觉得又老又丑。

（社会工作者沉默）

服务对象：我现在还能做什么？老废物一个！

社会工作者：<u>起码现在您愿意和我聊天。要知道，不是每个人都愿意主动找我们社工的啊。</u>

服务对象：这倒是。

……

请思考并讨论：画线部分的社会工作者的回应内容中主要使用了重构技巧。我们还可以如何去回应以帮助服务对象从不同的视角看待问题呢？

（7）解释。

解释是指社会工作者依托人类行为与社会环境等有关知识，对服务对象的行为、情绪等进行说明。解释时，社会工作者要注意语气，可以提建议的方式来展开话题。

（8）面质。

面质是指社会工作者在必要时指出服务对象言语、行动等前后不一致，甚至矛盾之处，来帮助服务对象看到自己忽略、掩盖的事实，促进服务对象的成长。面质时，社会工作者要注意自己的态度是坚定的，语气是温和的。

【面质技巧练习】

以下内容是某次个案工作会谈中社会工作者与服务对象会谈内容的节选。

社会工作者:可不可以说说您当时的想法或者感受?

服务对象:我看在夫妻几十年的份上,心想算了,都老夫老妻了,不再追究了。不值当。

社会工作者:嗯。那之后的情况如何呢?

服务对象:一开始日子还算平静。可我心里还是委屈、愤怒。一有机会,我就借机敲打他。老头子嫌我啰唆,现在干脆躲到大女儿家去住了。

社会工作者:_____。

……

请思考并讨论下列问题:

1. 结合上述对话,请分析指出服务对象的表述中是否存在前后不一致的地方。
2. 社会工作者该如何回应呢?

(9) 询问。

询问是指社会工作者在需要的情况下对服务对象提问。询问往往是为了获得信息,确认信息的准确性,帮助服务对象聚焦问题,提升服务对象对会谈的参与度等。询问的原则主要包括:一次尽量只问一个简短的问题,重在了解服务对象的认知、情绪、行为等,询问时要避免一些不合适的问题。例如,诱导性问题,多重问题,以"为什么"开头的问题,答案只有"是"或"不是"的问题等。

【询问技巧练习】

以下内容是某次个案工作会谈中社会工作者与服务对象会谈内容的节选。

服务对象:我和同住一屋的其他两位老人都吵过架。现在他们都不跟我说话,我也不跟他们说话。

社会工作者:_____。

请思考:为了解服务对象与其他两位老人吵架的原因,社会工作者该如何回应又不会引起服务对象的自我防御与反感呢?

(10) 自我暴露。

自我暴露是指社会工作者向服务对象透露一些个人的信息。自我暴露并不是率性而为的,而要视情况而定。例如,当社会工作者想提升与服务对象之间的信任与合作关系、引导服务对象宣泄情绪或者鼓励服务对象更好地开放自己时,社会工作者常常会采用自我暴露技巧。

2. 复合性技巧

复合性技巧主要包括专注、倾听、澄清、探究、聚焦、具体化等技巧。

(1) 专注。

社会工作者对服务对象体现出的专注有利于在服务初期建立专业关系,在服务过程中可以鼓励服务对象表达,提升其参与度。社会工作者常常通过眼神、肢体语言、些许鼓励及适当的沉默,让服务对象感受到自己所表达的内容受到社会工作者的尊重与重视。

(2) 倾听。

倾听是沟通的基础,是所有会谈技巧的先决条件。倾听时要牢牢把握会谈的目标来选择倾听的重点,避免刻板印象与先入为主观念的干扰。

(3) 澄清。

澄清既包括对服务对象所传递的信息进行澄清,又包括对社会工作者角色、社会工作者与服务对象关系进行的情境澄清。对服务对象表达的内容进行澄清时,社会工作者常常会借助"我不知道我对您刚才所表述的内容理解得是否准确""您是不是在说……"之类的表达来邀请服务对象澄清信息,明确自身的现实处境,或者能够从新的视角来看待问题。情境澄清有助于服务对象调整对社会工作者、对服务方案等不合理、不切实际的期待,避免服务对象产生期待落差。

【澄清技巧练习】

以下内容是某次个案工作会谈中社会工作者与服务对象会谈内容的节选。

服务对象:我宁可自己辛苦点儿,也不想和儿子一家住在一起了。尤其是儿媳妇,我实在是受不了。

社会工作者:_____。

请思考:如果使用澄清技巧,社会工作者该如何做出回应,使得服务对象所表达的信息更加清楚、具体和深入呢?

(4) 探究。

探究是一种帮助服务对象谈论自己、具体界定问题的谈话策略。探究包括补充性探究、澄清性探究、反应的探究3种类型。补充性探究是指社会工作者针对服务对象表达中不完整、不清楚、被遗漏的信息,邀请服务对象做补充性说明。澄清性探究是指社会工作者邀请服务对象对其自身前后冲突的表达做解释。反应的探究目的在于探索服务对象的认知、情绪、感受等。

(5) 聚焦。

聚焦是指社会工作者帮助服务对象关注对其自身处境最重要、最关键的内容。当服务对象无法深刻认识自身问题时,社会工作者可以通过聚焦引导服务对象,以节约时间成本。

开放式的问题、具体化及同理是社会工作者经常用来进行聚焦所采用的技巧。

(6) 具体化。

服务对象在会谈中的有些表述不够清楚,会影响社会工作者界定工作目标、选择工作方法。为了保证会谈成效,社会工作者会帮助服务对象表达得尽可能清楚。倾听、些许鼓励、情绪反应、开放式的问题、探究、聚焦等是社会工作者常常使用的技巧。

【具体化技巧练习】

以下内容是某次个案工作会谈中社会工作者与服务对象会谈内容的节选。

服务对象:只要我儿子能当得起一家之主,我就没什么好操心的了。

社会工作者:_____。

请思考:社会工作者该如何使用具体化技巧做出回应,从而明确服务对象所说的"只要我儿子能当得起一家之主"这句话背后所蕴含的准确含义呢?

实训项目

个案工作会谈技巧的综合运用。

【实训目标】

分析服务对象的谈话内容,选择合适的会谈技巧予以回应。

【实训内容与方法】

(1) 阅读以下案例并分析指出会谈中社会工作者运用了哪些会谈技巧。这些技巧是如何帮助到朱奶奶的?

(2) 个人针对以上问题写出发言提纲。

(3) 以小组为单位进行集体讨论。

案例

朱奶奶,78岁。老伴儿两个月前因病去世。两人唯一的女儿远嫁外地。朱奶奶自老伴儿去世后,就在女儿的安排下住进了某老年公寓。朱奶奶患有老年性白内障、心脏病、膝盖退行性病变。因朱奶奶刚刚经历了丧偶之痛,情绪一直较为低落,平日里活动也非常少,除了睡眠的时间外,多坐在室内听广播,不愿与人沟通。

以下内容是某次个案工作会谈中社会工作者小楠与服务对象朱奶奶会谈内容的节选。

小楠:(微笑)奶奶,今天的胃口怎么样?刚才中午饭吃了什么呀?

朱奶奶:没胃口,吃不下。

小楠:(面带关切的表情)那您吃了没有?现在感觉饿不饿?

朱奶奶：吃了一点儿。不觉得饿。

小楠：嗯。奶奶，如果感觉到饿，可以告诉王阿姨（老年公寓的护工），让她给您准备点儿。这会儿室外的阳光不错，也没有风，要不我推您到小花园里呼吸呼吸新鲜空气吧。

朱奶奶：不麻烦了。就这儿挺好。我懒得见人。一看见人，就想起我家老头儿（朱奶奶的眼眶湿润了）。

小楠：是的，您和老伴儿几十年的风风雨雨，一路走过来，现在突然一下子生活中许多事都要靠自己。这段日子，您确实过得太不容易了。

朱奶奶：谁说不是呢？我到现在还没缓过来。我觉得我缓不过来了（朱奶奶流泪了）。

小楠：（关切的眼神）我听着也觉得心里很难过。难为您了。

朱奶奶：真的是太不容易了！我们俩就一个孩子，又在外地。她事业发展得挺好，也孝顺，要接我过去和她一起住，可我住不惯。我年纪又大了，眼睛也看不见，自己照顾不了自己。她也没办法，只好把我送到老年公寓来住。

小楠：奶奶，您目前身边没有可以亲近的人，您一下子觉得非常不适应，觉得孤独、寂寞是吗？

（朱奶奶点头）

小楠：奶奶，听您刚才讲的，现在住公寓是没有办法的办法。

朱奶奶：哎。我住不惯。

小楠：能跟我说说吗？看看我们一起可不可以做些什么。

朱奶奶：说了也没用。

小楠：我很想知道是什么让您觉得"说了也没用"呢？

⋯⋯⋯⋯⋯⋯

【实训评估】

（1）评估标准：能准确回应服务对象表达的内容，帮助服务对象梳理思路、聚焦问题。

（2）评估方式：

① 个人的发言提纲可作为一次作业评定成绩。

② 以小组为单位，根据讨论中的表现评定成绩。

教学情境　老年人个案工作案例分析

情境

甄婆婆，69岁，因罹患胃癌需要入院接受手术治疗，但其认为西医"是外国人的把戏"而拒绝接受手术。甄婆婆只有一个独生子，丈夫早年就已去世，她自己一个人含辛茹苦地将儿子抚养成人。

面对固执的母亲,孝顺的儿子不知所措。眼看着病情不等人,儿子只好求助医院的社会工作者,帮忙说服母亲及时接受手术治疗。

学生分析:
1. 如果甄婆婆成为个案工作对象,接下来社会工作者要开展哪些服务工作?
2. 在服务的过程中社会工作者可能会使用到哪些技巧?
3. 社会工作者在服务过程中有哪些注意事项?

知识导学

在本项目3个任务中,我们详细介绍了老年人个案工作的有关概念、程序和会谈技巧。在本教学情境中,我们将通过一个案例来示范老年人个案工作的实务是如何具体开展的。

案例

叶大娘,58岁。老伴儿肖大爷,61岁,最近要求与叶大娘离婚,遭到叶大娘拒绝后,肖大爷扬言要搬出两人居住多年的旧居,一个人在外租房居住。两人现处于冷战状态。儿子与女儿对父母离婚的事情并不支持,都站在母亲叶大娘一边。眼见情况陷入僵局,儿女又无计可施,万般无奈下向社会工作者求助,希望帮助解决父母的婚姻问题。

一、接案

社会工作者在接待叶大娘和肖大爷的儿女们时,敏锐地感觉到了他们的矛盾心理。儿女们觉得父母这么大年纪还闹离婚,真是丢人。俗话说,家丑不可外扬。虽然向社会工作者求助了,但这也是无奈之举。因此,社会工作者在接案的过程中,要对服务对象常见的矛盾心理有所把握。

服务对象常见的矛盾心理包括:服务对象把自己的问题外归因,不认为是自己的问题,而认为是别人的问题;服务对象把问题当作感受来表达;服务对象不清楚自己的行为是否合适;问题在于服务对象在选择上的矛盾性;服务对象不愿意去界定清楚问题的本质。

社会工作者在与叶大娘和肖大爷的儿女们沟通之后,提出下次见面能否单独邀请两位老人前来面谈,以便更好地了解有关情况,儿女们表示愿意尽力一试。

二、收集资料、界定问题

在会谈的过程中,社会工作者除了要收集有关的信息外,还要重点关注服务对象的感受。社会工作者的回应直接影响服务对象在会谈中的情绪与认知,也会对社会工作助人活动产生直接或间接的影响。社会工作者对服务对象的回应可以分为3个层次。这3个层次

由低到高、逐层递进。

第一个层次：社会工作者的回应是不合适的。例如：社会工作者没有尊重服务对象的感受，暗示服务对象所感受的是不正确的，贬低服务对象，提供给服务对象未经深思熟虑的服务方案，不尊重服务对象的价值观。

第二个层次：社会工作者能够尊重服务对象及其价值观。社会工作者对服务对象表达的感受采取接受态度，在语言及行为上都表现出对服务对象的关注。

第三个层次：社会工作者的回应既有对服务对象的尊重，也包含了服务对象的价值观。

以下内容是社会工作者与两位老人初次会谈时内容的节选。

社会工作者（以下简称"社工"）：感谢您二位今天准时来赴约。我对大家为改变现状而做的积极努力表示感谢。

肖大爷：我一定会来的。问题总拖着不解决也不是办法。我希望快点解决，早得解脱。

叶大娘：（面部表情激动、语调高昂）得什么解脱？我伺候了你一辈子，难道说我虐待你、压榨你一辈子，让你这么想得到解脱啊？

社工：（关切、询问的眼神）有谁可以告诉我你们两个之间发生了什么事情？你们吵了起来，我很想知道缘由。

叶大娘：我不知道。有很长一段时间都是这样。

社工：很长一段时间？我不明白，有多久呢？

叶大娘：应该是从他退休半年多以后开始的，我们就经常吵架。

社工：您和肖大爷这段日子过得不容易啊！

肖大爷：我过得不痛快。心里总是平静不下来。

叶大娘：你过得不痛快？我还过得不痛快呢！这么多年都是这么过日子的，以前怎么没听你讲不痛快。你现在就是存心找碴儿，放着好日子不好好过！

（又一轮吵架开始了）

叶大娘：每次都是说不了两句就吵。吵完了，可什么也解决不了，也不清楚为什么吵。

社工：肖大爷，您觉得是这样吗？

（肖大爷点头不语）

社工：恕我冒昧，您如此坚决地要和叶大娘离婚，以至于坚决到再不同意就打算搬出去住，是您对这种沟通状态感到束手无策或者说感到厌烦而想到的最简单的解决办法吗？

肖大爷：可以这么说。年轻的时候忙工作，说不通，扭头忙工作就过去了。现在我退休了，两个人整天在一起，实在无法忍受。

……

三、制定服务目标

服务目标制定的合适与否，直接关系到服务成效。一个合适的服务目标应该包括下列要素：需要改变的行为，行为改变所处的外部环境，行为改变的程度。

本案例中，子女们求助的目的是请社会工作者帮助劝说其父母不要离婚，好好过日子。社会工作者与其父母会谈后，明确了首要服务对象为叶大娘和肖大爷，服务目标在于改变叶

大娘和肖大爷不健康的沟通模式。至于离婚问题,可以放在两人的沟通模式得到调整之后再视具体情况而定。

四、提供服务

社会工作者在提供专业服务的过程中遵循个别化的服务原则,针对不同的服务对象及其面临的问题采用不同的工作模式与方法。不论采用何种模式与方法,社会工作者往往都会聚焦于帮助服务对象改变认知或行为。影响服务对象行为的因素一般包括:服务对象的价值观,服务对象对问题的感受,服务对象的行为及思考习惯,服务对象的沟通模式。本案例中,社会工作者选择了从帮助服务对象改变行为习惯入手,进而促进其沟通模式的改变。

以下内容是社会工作者与两位老人中期会谈内容的部分节选。

社工:(征询的眼神)通过前几次的会谈,我了解到一些情况。我想把我的感受坦诚地与您二位做个交流。我觉得目前二位的沟通方式可以说是让你们彼此受尽了苦头,而你们又苦于不知道如何能够解决。但是你们心里都希望可以从这种无休止的争吵、痛苦中解脱出来。我不知道我的理解是否对?如果您二位觉得有什么不妥之处,请告诉我,好吗?

叶大娘:我想知道怎样解决。

肖大爷:如果我们不吵架了,问题也许就好解决了。

社工:问题不是一两天形成的,解决起来也不一定可以立竿见影。让我们看看你们对改善彼此吵架的预期是怎样的吧。举个例子,叶大娘,相比目前的状况,什么样的争吵次数是您觉得可以忍受的?

叶大娘:这个我从没有想过。总是说着说着就吵起来。

社工:肖大爷,您呢?

肖大爷:我也没想过。我只想过耳根清净的日子。

社工:这样吧。以一周时间为期,您二位回去各自记录一下吵架的次数、时间、缘由。等下次会谈的时候,我们再一起来讨论,看看可以做些什么。

……

社工:我很想知道你们各自记录的情况怎么样了。

叶大娘:我记了,但没有全部记录下来。

肖大爷:我没记。记这个有什么用啊?

社工:那我们看看叶大娘记录的内容吧。叶大娘因为腰痛,让肖大爷帮忙做家务。肖大爷说等看完报纸再做。叶大娘就和肖大爷吵了起来。

肖大爷:我又没说不干,只是看完报纸后再干。

叶大娘:你那个报纸比我还重要?

肖大爷:你这是无理取闹嘛!

社工:看来,叶大娘您因为肖大爷没有立即去做家务而感到自己不被关心,因此觉得伤心、难过、愤怒。

叶大娘:嗯。

社工:肖大爷知道您的感受吗?

叶大娘：他怎么会知道？知道就不和他吵了。

肖大爷：就是你的暴脾气，上来就和我吵。

社工：肖大爷，您现在了解叶大娘的感受了吗？

肖大爷：哎！她一骂我，我哪还顾得上去想。

社工：叶大娘指责您的时候，您什么感觉？

肖大爷：我觉得她太自我、太固执。我晚一会儿做又怎么不可以了？为什么她一说，我就要马上做呢？我一个大男人在家里被她呼来喝去的，不像话。

社工：叶大娘，想必您现在多少了解一些肖大爷的内心的感受。那我们看看，为了减少争吵，可以做些什么呢？

叶大娘：怎么没努力过？一开始，我告诉自己要忍，可是根本不管用。

肖大爷：我曾经试过不和她说话，或者少说话。可是这样也不行。我少说话或者不说话也会得罪她。她认为我瞧不起她。

叶大娘：你不说话，我怎么知道你是怎么想的呢？

……

社会工作者帮助服务对象明确了隐藏在争吵背后彼此的感受，也使两位老人逐渐了解了这种具有破坏性的沟通模式。此后，社会工作者继续要求服务对象在会谈结束后记录每周的争吵情况，并在之后的会谈中进行讨论、分析，帮助两位老人不断调整。

五、结案

在服务即将结束的时候，社会工作者既要强调服务对象已经取得的积极变化，同时也要提示服务对象，问题的彻底解决可能还会需要更长的时间和持续的努力。有的时候，有些问题也可能根本无法得到彻底解决，但我们仍然要以理性、积极的心态去面对问题、去调适。

以下内容是社会工作者与两位老人在结案时会谈内容的节选。

叶大娘：这个星期，我俩有了好几次心平气和的交谈。当然，吵架还是有的。

肖大爷：比起以前，好多了。

社工：你们看起来已经有了很好的进展。但改变不是一朝一夕的事情，今后可能还会有一些反复，这都属于正常情况。

叶大娘：是的，我们会努力的。

肖大爷：我们都不想再回到以前那种状态了。

社工：经过努力，你们已经取得了不错的成果。一个月后，我会给你们打电话，来了解最新的进展情况。

实训项目

1. 个案工作回应技巧练习。

【实训目标】

针对服务对象的谈话内容，能准确回应其感受。

【实训内容与方法】

(1) 阅读以下案例,以社会工作者的身份去回应服务对象的谈话。

(2) 个人提出自己的回应方案并写出发言提纲。

(3) 以小组为单位进行集体讨论。

案例

以下内容是某次个案工作会谈中社会工作者与服务对象李大妈会谈内容的节选。

李大妈:我退休后一直闲在家里没事做,后来认识了社区舞蹈队的老师,开始跟着舞蹈队跳舞健身。参加了舞蹈队后,我心情也好了,身体也好了。可是我老伴儿不愿意了,说我丢人,不让我去。有几次我偷着去练习舞蹈,结果他跑到舞蹈队大闹,我不好意思再去舞蹈队了。

社会工作者:_____
_____。

【实训评估】

(1) 评估标准:能理解服务对象表达的内容,体会到服务对象的感受,明白服务对象感受中所折射出来的价值观。

(2) 评估方式:

① 个人的发言提纲可作为一次作业评定成绩。

② 以小组为单位,根据讨论中的表现评定成绩。

2. 预估服务对象的问题。

【实训目标】

(1) 分析服务对象的谈话内容,对其面临的问题做出预估。

(2) 理解老年人面临困境,激发学生为老年人服务的使命感。

【实训内容与方法】

(1) 阅读以下案例,预估服务对象面临的主要问题。

(2) 个人针对以上问题写出发言提纲。

(3) 以小组为单位进行集体讨论。

案例

以下内容是某次个案工作会谈中社会工作者与服务对象章大爷会谈内容的节选。

章大爷:我妻子被确诊为胃癌。白天我要陪她入院接受化疗,晚上也要照顾她。因为化疗副作用明显,她很痛苦,常常在夜里哀号,有时还会痛哭。我整天让自己忙得

没有时间去想这可怕的事情。儿女们工作都忙,我不想让他们也跟我一样承受巨大的压力。说实在的,我自己也不知道还能扛多久。你说,这事儿怎么就摊在我们身上了呢?

【实训评估】

(1) 评估标准:在回应服务对象表达内容的基础之上,帮助服务对象梳理思路,对问题做出预估。

(2) 评估方式:

① 个人的发言提纲可作为一次作业评定成绩。

② 以小组为单位,根据讨论中的表现评定成绩。

3. 制订个案工作服务方案。

【实训目标】

(1) 分析服务对象的谈话内容,界定问题。

(2) 针对服务对象的具体情况,制订个案工作服务计划。

【实训内容与方法】

(1) 阅读以下案例,界定服务对象的问题,并制订具体可行的个案工作服务方案。

(2) 个人针对以上问题写出发言提纲。

(3) 以小组为单位进行集体讨论。

案例

以下内容是某次个案工作会谈中社会工作者与服务对象沈大娘会谈内容的节选。

沈大娘:这几年日子可以说越过越好。我和老伴儿的退休工资都涨了两次,儿子的房贷也基本还清了,家里没什么负担了。等再过段时间,手头宽裕些,我和老伴儿还想着再买辆家用轿车。因为儿媳妇怀孕了,很快要生产了。这样以后方便些。

社会工作者(以下简称社工):听着您这些话,我眼前像是出现了一张全家福照片,照片里的您满脸幸福的样子。我心里也觉得很开心。

沈大娘:是呀。这么好的日子谁不开心呢!可是就有人存心不让人过安生日子。

社工:怎么了?

沈大娘:还不是我儿媳妇。她还有几个月就要生产了,闹着要单过。

社工:您目前是和儿子一家住在一起吗?

沈大娘:嗯。自从儿媳妇怀孕,我和老伴儿就搬过来和他们一起住。儿子工作太忙,没时间。我们来做做饭,搞搞卫生。

社工:听起来,情况似乎一切正常啊!

沈大娘:一开始都挺好的。就是这一两个月,儿媳妇因为怀孕,脚和腿肿得厉害,就请假休息了。问题打这就开始了。

社工：您说的"问题"指的是什么呢？

沈大娘：我洗的床单，儿媳妇说有洗衣粉味儿，说肯定没洗干净，对胎儿不好。蒸的糖包，她说糖太多了。要不是她爱吃，我也不会蒸的。净是一些这样芝麻大的事儿。

社工：那您儿媳妇没请假之前，也有这些问题吗？

沈大娘：她早出晚归的，好像没有。记不清了。应该也有吧，但是不多。

社工：这么听起来，好像问题是在她请假在家休息后这个阶段才出现的。

沈大娘：对。以前挺好的。

……

【实训评估】

（1）评估标准：能准确界定服务对象的问题，制订有针对性、可行的个案工作服务方案。

（2）评估方式：

① 个人的发言提纲可作为一次作业评定成绩。

② 以小组为单位，根据讨论中的表现评定成绩。

项目七　掌握小组工作方法

小组工作作为社会工作的三大传统方法之一，强调以小组的方法帮助个人和家庭减少日常生活方面的困难以及促进个人的人格成长。老年人小组工作的主要目的在于帮助老年人从团体中获得适当的生活知识和经验，培养良好的社会适应能力，以发挥其应有的社会功能。本项目介绍老年人小组工作的含义、老年人小组工作开展的过程，并对老年人小组工作的一些典型案例进行分析。

学习目标

知识目标：
1. 了解老年人小组工作的含义和类型；
2. 理解老年人小组工作的原则；
3. 掌握老年人小组工作的基本程序及注意要素。

技能目标：
1. 具备组建老年人小组的能力；
2. 具备设计老年人小组工作方案的能力；
3. 具备带领老年人小组的能力。

思政目标：
1. 践行尊老敬老爱老传统美德；
2. 尊重老年人生命价值，积极提升老年人幸福感。

任务一　认知老年人小组工作

情境

某小区人口资料显示，该小区中 2400 户居民只有 5000 人，并且老人占有较大的比例，不少还是空巢家庭的老人。社会工作者对该小区空巢家庭老人进行了访谈，了解到大多数老人的物质生活非常充裕，子女都各自成家，工作繁忙，来探望的时间较少，生活在同一个小区的朋友和亲戚较少。老人较少参加社区或外界的活动，因此一般待在自

己家里看电视,喝喝茶,做点家务,生活比较单调。有的老人因为慢性病发作心情比较烦躁,渴望与人交流却没有人陪伴在身边。该小区有一位老大爷,每天就像上班一样准时准点地乘坐同一路公交车,上了车就坐到自己习惯的位置。而这位老大爷每天坐两趟车的原因也很简单:只是想解解闷,为自己找一个精神寄托。这些老年人生活得很孤独,缺少支持。支持网络是协助老年人进入健康老年的重要元素。有研究表明,越拥有良好人际关系网络的老年人,他们越能够维持良好的身心健康。随着老年人年龄的增长,子女会成家立业而与其分开居住,或伴侣离世,老年人的体力衰退,健康状况下滑,或社交圈子逐渐缩窄,老年人越来越感到孤独,小组工作正好为老年人提供了人际交往的机会,重新建立新的支援网络,协助他们面对老年的种种失落,如丧偶、社会地位下降和人际关系疏离与减弱等。

学生分析:

基于情境中老年人的情况,社会工作者该如何运用小组工作方法为老年人提供服务呢?

知识导学

一、老年人小组工作的含义

归依群体是人的本性,对于老年人来说同样如此。随着老龄化时代的到来以及家庭结构转变的影响,现代老年人面临着越来越严峻的养老问题和情绪问题。老年人小组工作正是通过为老年人建立良好的支持网络来帮助其缓解这些问题。

(一)老年人小组工作的定义

老年人小组工作是指在社会工作者的协助和指导下,利用老年组员之间的互动和小组凝聚力,帮助老年组员学习他人的经验,改变自己的行为,正确面对困难,恢复自己的社会功能和促进自己成长的专业服务活动。①

(二)老年人小组工作的含义

以上这一定义包含以下两层含义。

(1)老年人小组工作既是一个工作过程,也是一种直接的助人方法或手段。老年人小组工作过程是社会工作者与小组成员、小组成员之间进行的面对面的互动过程,在这个过程中,小组工作通过有目的的小组经验分享,改善老年人的态度、行为和应对社会环境的能力。

(2)老年人小组工作的对象包括由健康老年人所组成的群体,以及面对问题和困扰的老年人或其家属组成的群体。当服务对象为健康活跃的老年人时,可以开展以社会交往为主要内容的小组活动,关注老年人的生理、心理和社会功能的改善,提高其生活质量。当服务对象为面对问题和困扰的老年人时,可以开展以适应生活为主要内容的小组活动,

---

① 吴华,张韧韧. 老年社会工作[M]. 北京:北京大学出版社,2011:16.

舒缓老年人的生活压力与挑战,降低各方面带来的负面影响,增强老年人适应社会生活的能力。

> 【思考与讨论】
>
> 请分析老年人小组工作方法与其他方法有什么不同。

二、老年人小组工作的功能

小组是一种动态的组织,小组整体的变化和成长对它的成员会产生深远的影响。对于老年人小组来说,这种影响可概括为以下几点。[①]

(一) 传播信息

小组成员间通过互动交流会有许多信息的传递,而这些信息会满足老年人求知的愿望,或给予老年人启迪,或给予老年人以宽慰、乐趣等。通过小组了解丰富的信息有助于老年人驱散孤独,获得良好的心境。

(二) 灌输希望

老年人在一起相互交流,可以探讨问题,可以获知他人的见解和看法,可以受到启迪和开导,可以受到感染,可以学习从不同的角度看问题。所以,这种成员经验的分享有助于老年人获得希望和力量,促使他们改变看问题的角度,这对于解决老年人面对的问题和预防问题的发生有着非常重要的意义。

(三) 发现相似处境的人

老年社会工作者很多时候会把面对相似问题的老年人组成一个小组。对于小组成员来说,他们能够在小组中发现与自己处境相似的人,这对他们来说无疑是一种安慰。这时小组成员间可以相互倾诉而不必担心不被理解或被嘲笑,同时,老年人还可以共同探讨问题的解决办法。所以,发现相似处境的人,有助于老年人放下思想包袱,进入一个比较积极的状态,这对小组的发展和老年人来说都具有积极意义。

(四) 形成利他主义的氛围

对于老年人来说,既然大家处境相似,面临相似的问题,就应当互相帮助、彼此支持、分享经验、共渡难关,所以小组内能够形成利他主义的氛围。而这种互帮互助往往让老年人获得被尊重、被接纳、有能力帮助他人等比较愉快的体验。这种真实而有意义的接触能够发挥小组的治疗作用。

(五) 练习社交技巧

老年人在小组中可以观察他人的交往表现,可以发现自己认同的交际风格,可以学习人际交往的知识和技巧。这些无疑能够发展老年人的社交能力,缓解老年人在人际关系方面面临的困境,对于巩固和发展老年人的人际交往技能具有积极的意义。

---

① 周玉萍,薛仲,康永征. 老年社会工作[M]. 北京:知识产权出版社,2007:166—168.

(六)促进行为的改变

老年人在小组中可以通过与认同对象的接触向他们学习,如学习他人开朗乐观的精神、积极的生活态度等,从而达到改变和成长的目的。这种影响对老年人来说可能是潜移默化的,但是它一经确立,就会对老年人产生持久的影响,使老年人的行为得到改变和重塑。

(七)体验归属感

归属感是个体对于所处群体的依恋、认同等积极的体验。这种体验对老年人的身心健康是非常有利的。实践发现,在小组工作进入一定阶段以后,老年人之间的关系日趋和谐和自然,他们会非常自然地使用"我们"这个称谓,真正融入团体。这使得小组的向心力增强,有利于小组成员获得满足感,体验到在集体中的快乐。

【思考与讨论】

老年人小组工作的功能只有上述7种吗?你还能列举出其他功能吗?

老年人小组工作是如何提升老年人的幸福感的?

三、老年人小组的类型和小组工作主题

(一)老年人小组的类型

根据不同的标准,老年人小组有不同的分类,最常见的是根据小组工作的性质和目的将老年人小组分为老年人社交康乐小组、老年人支持小组、老年人治疗小组、老年人服务小组和护老者小组。

1. 老年人社交康乐小组

老年人社交康乐小组适合社会功能退化或丧失的老年人,它将有共同兴趣的老年人组织在一起,帮助他们积极参与有利于身心健康的活动,以达到使其适应老年生活的目的。

2. 老年人支持小组

老年人支持小组旨在运用支持性的干预策略培养老年人互助,应付压力性生活事件,激活和强化老年人的应对能力,以便他们能有效地适应和应对未来的压力性生活事件。

3. 老年人治疗小组

老年人治疗小组的目的是帮助老年人改变行为,应对和改善个人问题,或者是在经历了身心和社会生活的创伤后得以康复。虽然支持是小组的一个要素,但其重点是帮助老年人重新调整自己和康复。

4. 老年人服务小组

老年人服务小组是通过小组帮助老年人开展志愿服务工作,培养和发掘老年人的服务意识和潜能。例如,发动低龄老年人组成小组为高龄老年人提供服务。

5. 护老者小组

护老者小组的服务对象是老年人的家庭成员或其他照顾者,社会工作者将这些人组织

在一起，一方面帮助其学习护老知识和技巧，另一面帮助其缓解护老过程中所承受的压力。

老年人小组的类型不同，小组工作开展的目的、社会工作者扮演的角色、工作的重点、维系的因素、小组成员的构成、沟通方式以及自我披露程度、工作形式等都各有不同。表 7-1 对这几类老年人小组进行了简单的比较。①

表 7-1　不同类型老年人小组的比较

比较项目	社交康乐小组	支持小组	治疗小组	服务小组	护老者小组
小组工作开展的目的	帮助小组成员与同辈群体积极参与有利于身心健康的活动	帮助小组成员应付日常生活中的压力	帮助小组成员改变行为及康复	促成小组成员共同合作，为老年人提供服务	帮助老年人的家庭成员发挥其护老功能
社会工作者扮演的角色	设计活动内容，促进活动展开，提供活动程序	促使小组成员间相互支持与帮助	专家、权威人物、改变者、促使者	协调者、组织者	教育者、支持者、使能者、倡导者
工作的重点	小组程序成为活动参与、学习等的媒介	小组成员间互相分享与共同关注	小组成员的问题、关注点及目标	完成服务任务	护老者的需要及老年人的需要
维系的因素	对活动、学习、技巧、发展上的共同兴趣	共同的苦恼及相似的经历	小组成员之间的相互关系	相同的目的和关注	护老者的角色
小组成员的构成	不同人士或有相似的技能水平，有能力参与活动者	曾经遭遇相似的困难和苦恼的成员	可以不同背景，但拥有共同关注点的小组成员	人数多，背景不一，鼓励分工	不同人士组合，但都是护老者，都在承受护老方面的压力
沟通方式	在活动中用语言或非语言进行沟通	小组成员之间通过相互分享和支持高度互动，公开沟通	大多数时候是社工与小组成员之间的沟通	因任务及角色而采用不同的沟通方式	小组成员之间以及与社会工作者的沟通和分享
自我披露程度	低度	中度或高度，主要分享适应技巧	高度	低度	中度或高度，主要分享适应技巧
工作形式	取决于活动程序性质，团队合作精神及语言与非语言参与情况	非正式，平等参与，共同讨论	小组成员互助解决问题	形式化程序	一般非正式及平等参与，也包括正式的演讲

【思考与讨论】

还可以根据哪些标准对老年人小组进行分类？可以分为哪些类型？请举例说明。

---

① 卞国凤. 老年社会工作方法与实务[M]. 2 版. 北京：北京师范大学出版社，2021：122.

(二) 老年人小组工作的主题

不同类型的老年人小组,其工作的主题也不相同,根据老年人的特点和不同需要,老年人小组工作的主题可分为以下几种。

(1) 缅怀过去。通过重新审视过去、阐释过去所发生的事件,使老年人达到自我认知和整合,重新感悟人生的意义。

(2) 现代社会知识。通过与同伴交往以及与他人交换观点,老年人可以保留他们的文化与价值观点,并能够融合那些与他人对现实社会生活看法相一致的现代社会观点。

(3) 自我独立性。通过教育和引导,使老年人学习加强自我照顾的技巧,学会解决与子女间关系的冲突,了解获取社区资源的途径等。

(4) 生理和心理变化。通过社会心理、健康知识和照顾等教育活动,引导老年人互相学习,以及克服身体和精神疾病所带来的忧虑,加强自我照顾的技巧;通过小组成员间的经验分享来缓解彼此的内心抑郁,通过互相支持和鼓励加强彼此康复的动机与持久性。

(5) 家庭的人员关系。通过小组活动,鼓励家庭内的老、中、青成员互相了解和合作,共同解决生活中遇到的不和谐问题。

(6) 社区资源的利用。通过小组活动,引导老年人认识社区中可利用的资源、服务及利用的方法,帮助老年人克服服务使用时的顾虑和恐惧。

(7) 适应环境。通过小组活动,为老年人建立起社区支援网络,以减轻其不安感,并增加其对生活环境的控制感。

(8) 闲暇与文化活动。通过开展社会性和康乐性的小组交流和活动,帮助老年人重新定位自己的社会角色,给老年人带来极大的满足感和成就感,使老年人能够重新找到适应社会生活的新方法。

(9) 死亡教育。通过小组活动,开展死亡教育,让老年成员们认识和讨论死亡,思考如何面对死亡前后的问题;也可以让老年成员互相交流对死亡的看法,鼓励他们说出自己的忧虑和不安,以摆脱对死亡的恐惧心理。

【思考与讨论】

还有哪些主题适合开展老年人小组工作?请举例说明。

四、老年人小组工作的原则

(一) 从价值观上尊重老年人,努力理解和接纳老年人

从价值观上尊重、接纳老年人是做好老年社会工作最基本的前提。一个人如果在思想观念上排斥、歧视老年人,是无法真正理解老年人的,也就不会真正愿意以自己的努力来帮助老年人解决其生活中面临的困难和问题。社会工作者只有真心关心老年人,切实了解他们的真实感受,从而理解、接纳老年人,才能同老年人建立良好的专业关系。

(二)耐心了解老年人的需要,热情鼓励老年人的进步

社会工作者应充分考虑老年人的生理和心理特点,而不能以自己的行动和反应能力来要求老年人,更不能急于求成;在对老年人开展讲解、说明、劝导工作时,要有耐心,说话语气要尽量委婉,必要时应作反复说明以使老年人充分理解自己的意图;开展活动时要给予老年人细致周到的照顾,确保老年人在体力和心理上能够承受,并对老年人多加鼓励,对其所取得的任何进步和改变都应及时地给予肯定和赞赏,以促使他们建立起良好的自信心。

(三)相信老年人的能力,协助老年人自立和自决

社会工作者不能代替老年人行动和决策,因为对老年人大包大揽并不是解决问题的好办法,反而会伤害老年人的自尊心,使他们感到自己无能而产生沮丧心理。社会工作者应当相信老年人自身的能力,并通过增强老年人的自立能力,提高老年人的自信心,积极鼓励他们在可能的情况下自行做出选择和决定。

(四)与老年人建立相互信赖的良好专业关系

能否与老年人建立起相互信赖的专业关系,是老年社会工作能否得以顺利开展的基本保证与前提。因此,社会工作者在工作中必须设法取得老年人足够的信任,并辅以必要的、适度的情感投入,充分理解老年人的独特感受,从而能够有效地协助老年人解决生活问题或提高生活质量。但值得注意的是,在开展服务活动过程中,助人的专业关系是一种融情感性和工具性于一体的混合关系,关系的建立是有目的的,社会工作者要始终以解决老年人的苦恼或促使老年人成长为中心,要避免出现移情和反移情现象。因此,社会工作者的情感投入要有一定的限度,最终目的是为了更有效地开展助人活动。

实训项目

策划老年人小组工作服务方案。

【实训目标】

(1)增强对老年人小组工作概念的理解。

(2)了解老年人小组工作的类型和主题。

(3)掌握老年人小组工作的原则。

【实训内容与方法】

社会工作者小张发现在自己服务的小区中,大多数老年人很难接受身体逐渐衰退的事实。据他们反映,年龄越大,他们越觉得生活很沉闷,很孤独,由于身体原因,常常觉得力不从心,以前能做到的事情,现在已经做不到了,因此觉得自己越来越没有价值,整天唉声叹气,度日如年。小张决定将这些老年人组织起来,通过小组工作的形式帮助老年人更好地适应老年生活,促进老年人相互间的心理支持和日常生活中的互助互爱,使老年人身心愉快。

(1)你觉得小组对老年人晚年生活的意义是什么?为什么?请记录下来。

(2)根据这些老年人的特点,列出该小组的类型、主题、小组工作的重点、社会工作者扮演的角色和小组工作的原则。

小组的类型:_____

小组的主题:_____

　　小组工作的重点：＿＿＿＿＿＿＿＿＿＿＿＿＿＿＿＿＿＿＿＿＿＿＿＿＿＿
　　社会工作者扮演的角色：＿＿＿＿＿＿＿＿＿＿＿＿＿＿＿＿＿＿＿＿＿＿
　　小组工作的原则：＿＿＿＿＿＿＿＿＿＿＿＿＿＿＿＿＿＿＿＿＿＿＿＿

（3）在班级中分享各自的看法并进行讨论。

【实训评估】
（1）评估标准：
① 能准确把握老年人小组工作的意义和重要性。
② 能掌握不同类型老年人小组工作的重点。
③ 能运用老年人小组工作的原则。
（2）评估方式：
① 每个人的观察和思考分析记录可作为一次作业评定成绩。
② 根据每个人在班级分享讨论中的表现评定成绩。

任务二　熟悉老年人小组工作的基本程序及注意要素

情境

　　回顾你曾经在某个社团或小组中的成长经历，请思考：大家聚在一起的目的是什么？初次聚会时，你的心情是怎样的？你是怎样与社团或小组成员熟识的？后来社团或小组成员的凝聚力如何，成员之间有没有发生冲突？你为什么会离开社团或小组，离开时的心情如何？你是怎么处理离开时的情绪的？这个社团或小组给你带来了哪些体验和收获？通过回顾，你可能会发现，每一个小组都会有其发展历程，组员和小组在不同阶段有着不同的特点和需要处理的事情。带领好一个小组需要掌握小组发展历程中各个阶段的特点、任务和技巧。

学生分析：
你现在作为一个社会工作者，知道该怎样开展小组工作吗？

知识导学

　　小组工作依据其发展阶段，一般可以分为需求评估阶段、准备阶段、开始阶段、发展阶段和结束阶段，下面分别对这几个阶段进行介绍和分析。

一、需求评估阶段

（一）需求评估的含义

　　需求评估是小组工作的首要步骤。无论是因机构的要求还是因服务对象的要求而开展的小组工作，其小组工作的类型和主题的选择最终都要以服务对象的真实需求来确定。需求评估就是对所要服务的老年人的情况进行了解，确定其需求满足情况及其成因，并发现这

些成因的可变性和可控性,形成暂时性评估结论,从而为老年人小组工作计划的制订提供基础。

(二)需求的类型

1. 标准需求

标准需求是指社会工作者、主要信息提供者或社区专家都明白的状态、条件或环境,他们能够发现在现存服务和老年人群体需求之间存在的差异。

2. 感受到的需求

当个人被问及是否需要某一特定服务时,其反应就是感受到的需求。这是假定个人受访时的自我陈述可以反映出个人期望的需求和想要的服务。当老年人感觉到某些需求与期望不能满足,并把它们说出来时,那便是老年人感受到的需求。这种需求可能是主观的感受,也可能是基于客观事实而产生的感受,它反映了老年人接受服务的意愿。

3. 表达出来的需求

当个人把自身感受到的需求通过行动表达和展现时,就形成了表达出来的需求。此时,老年人不仅仅感受到了自己存在着某方面的需求和期望,而且还将这种需求和期望落实到行动上,去实际寻求或申请某项满足此种需求和期望的社会工作服务。

4. 比较需求

比较需求是基于与某种事物所作的比较而产生的。如果一些老年人获得了服务,但另一类相似的老年人却没有得到同样的服务,后者知道这些情况后便会产生新的需要。这种与其他个人比较而产生的需求就是比较需求。

在开展小组工作的过程中,最直接的需求评估办法就是去了解小组成员表达出来的需求。小组成员将他们最根本最主要的需求表达出来,社会工作者将这些需求进行归纳整合,制订出适合小组成员的小组工作计划。

(三)需求评估的方法

需求评估有赖于资料的收集和分析。社会工作者可以运用多种方法来收集相关的资料,通过对这些资料的分析,明确什么是问题,什么是担心,什么是资源,什么是任务。下面就介绍两种常用的需求评估方法。

1. 问卷调查

问卷调查是社会工作者在评估需求时常用的一种方法。问卷调查法并不是像很多人想象的那样,随意从网上下载一个问卷的模板,然后发给老年人填写,这样就完成了所谓的需求调查。在实际的问卷调查实施工作中,有一个非常重要的问题,即怎样设计一份科学的调查问卷。

第一,在设计问卷之前,必须明确你想获得什么信息。当把调查问卷从老年人那里收集上来之后,你能从中得到你想得到的信息,这才是一份适合的调查问卷。你可以把你希望从问卷里得到的信息罗列下来(写在纸上),全面检查几遍是否有遗漏的信息,而不是在脑海里默念。例如,我们希望通过问卷得到关于以下问题的信息:老年人目前的生活状态是怎样的?老年人面临的困惑或问题有哪些?老年人目前拥有的资源有哪些?老年人希望在什么时间参加小组活动?等等。

第二,将需要了解的信息细化为一个个小问题。将所需要了解的信息罗列出来之后,下

一步需要做的是设计问题,确保在老年人回答这些问题后,你能得到这些信息。这一步是问卷设计的关键,也是难点,因为我们都知道,好的提问比回答更精彩。需要注意的是,在设计问题时,我们不可能通过一个问题便可以得到希望得到的信息,有时候需要将问题组合起来才能达到目的。还有一种情况,就是问题的层次性,即你想了解的信息可能需要通过几个小问题来体现,这几个问题之间要有逻辑关系,一层一层地剥开。

2. 访谈法

社会工作者还可以访问一些潜在的服务对象,了解他们对一些重要问题的认识和对各方面的需求。比如刚进入养老院的老人可能会有一些不适应,存在着严重的消极情绪,社会工作者可以向他们询问以下问题:

(1) 刚进入养老院,在一个新环境中,您所面临的主要问题有哪些?最重要的问题是什么?

(2) 在这个问题上,您希望我们提供什么帮助?

(3) 在未来,您希望有哪些改变?

(4) 您面临的主要压力是什么?

(5) 您准备怎么做来改变现在的状况?

…………

(四) 需求评估注意事项

社会工作者开展老年人小组工作,有时是出于老年人的主动申请,但大多数时候是由社区服务机构提出或社会工作者策划而来的。因此,社会工作者在进行需求评估时,往往会出现一个误区,即是从工作者的"专业需求"出发还是以服务对象的真实需求为本。有时,社会工作者可能会以自己的主观判断或其他原因而对服务对象的问题和需求进行错误的评估。社会工作者应充分了解服务对象的信息,进行评估时争取服务对象的参与,以正确评估服务对象的问题和需求。

【思考与讨论】

你知道还有什么方法可以帮助社会工作者找出老年人的真实需求吗?如果有,请举例说明。

二、准备阶段

(一) 明确小组背景和目标

社会工作者找到服务对象的真实需求,是确定小组背景和目标的基础。接下来要做的是明确小组成立的原因。为什么要筹建该小组,是围绕服务对象的需求而定的。小组工作的目标也要围绕服务对象的需求而制定,要明确通过小组工作的开展来满足服务对象哪些方面的需求,以及达到怎样的结果。目标的制定可以避免小组没有方向感。小组没有方向感,很容易

使组员感到无所适从,小组很难取得成效。① 所以,社会工作者要反问自己:小组希望达到什么目标?目标是否明确?目标是否能测量?是否能在约定的时间内实现这一目标?

(二)招募和筛选组员

社会工作者在确定了招募对象之后,就需要决定如何招募组员。有很多方法可以帮助申请者理解小组的目标,帮助他们决定是否加入小组。

1. 招募组员的方法

(1) 直接接触。

(2) 邮寄、张贴海报或发布在布告栏。

(3) 在社区活动中心用影片介绍、演讲或讨论等方式进行宣传。

(4) 通过社区居委会宣传或请社区居委会协助推荐适合的人选。

(5) 利用大众媒体加以宣传。

(6) 与社会上各种组织、机构、小组等的主要负责人接触,请他们协助宣传、推荐。

(7) 老年人之间相互宣传、介绍和推荐。

2. 活动宣传单的内容

(1) 小组聚会的日期、时间、地点、次数和期限的长短。

(2) 参加小组所需的费用及其他相关的开支。

(3) 负责机构的名称及电话号码。

(4) 小组领导者的姓名、电话、经验、训练及资格等个人资料。

(5) 小组领导者和组员的权利与义务。

(6) 其他相关的安排事项,如照顾小孩、交通服务、茶水点心等。

3. 筛选组员

筛选组员的目的是为了澄清申请者对小组的认识,了解其人格特质及自我概念;协助社会工作者勾勒出日后探讨的主题和方向并发现不适合小组的申请者,帮助他们做更有益的选择。通过观察、面谈、电话会谈、与申请者家属等相关人员见面等方法,评估申请者的兴趣、专长以及权利、地位等内容,了解申请者是否认可小组的工作任务、目标等。

在筛选老年申请者入组时,社会工作者会以下述内容作为筛选标准:老年人是否具备参与该小组活动的能力?他们能否在小组中真正受益?他们是否认同小组的工作目标?他们参与小组活动的动机是什么?

此外,社会工作者在选择老年人组员时,要注意老年人有无特殊的身体疾患,老年人的生活经历和家庭状况,老年人的运动机能,老年人的精神状况,老年人所禁忌的事项,老年人与他人的交往能力和关系等。同一组的老年人受教育水平最好不要相差太大,身体活动能力最好差不多;老年人对小组的期望和兴趣也最好较为均衡,等等。小组中每位老年组员的容忍程度也不能相差太远,否则过度容忍的一方会感到自己在小组中处处受挫而产生被压迫感。同时,要注意尽量少吸纳很容易激动的组员,以避免他们出现意外状况或因他们的存在而使小组分裂。

---

① 罗纳德·W.特斯兰,罗伯特·F.理瓦斯. 小组工作导论[M]. 刘梦,等,译. 5版. 北京:中国人民大学出版社,2010:144.

(三) 明确小组的性质

在组建小组时,社会工作者在选择组员时基本上是按照他们的需求以及整个小组完成的任务来确定的。小组的组建是根据社会工作者事先确定的一系列性质来进行的。这些性质包括以下几个方面:

1. 异质性和同质性

小组的异质或同质主要指小组成员在人格特质、教育程度、成长背景、社会经济地位等方面的异同。小组的类型和目标决定了老年人小组是异质性为好还是同质性为好。

一般来说,同一老年人小组组员的问题最好具有同质性,需求的层次相当,避免异质性太大。老年人组员在目标和个人特点上的同质性,能够促进沟通,协助组员彼此之间建立关系。如果缺乏对目标的共同认识,组员在小组中的互动就缺乏基础。因此,组员应该认同和接纳小组的主要目标,这样他们在小组聚会中才能有所收获。

不同老年人的能力和小组经验会影响小组活动过程。组员曾经参加过的小组的性质、参加次数等,将影响组员彼此之间的投入程度,有些组员过去的经验也会影响其加入小组后的行为,甚至影响其他组员的行为。在组员的组合方面,社会工作者要考虑组员的经历和专长,以利于小组互动和分享。异质性在支持性小组和成长性小组中作用尤为明显,组员来自不同的文化、社会阶层、职业或者地区,具备不同的应对策略、生活经历和专长,这样组员就有机会了解不同的观点和生活方式。组员在应对模式上存在的差异可以让组员看到更多的选择、出路和解决方法,也提供了更多的机会让组员获得支持、自我确定、互相帮助和彼此学习。

2. 开放性和封闭性

开放性小组是指小组中的组员会有所改变,当部分组员离开时,小组会同意新组员的加入。而封闭性小组则不然,小组成员从开始到结束保持不变,即整个小组聚会期间,组员都是固定的,即使中途有组员离开也不增补。

在某些情况下,封闭性小组比开放性小组更好。在封闭式小组活动过程中,自始至终保留相同的组员参与,便于为其提供一个系统的、涵盖能力建设的、循序渐进的训练。但在封闭性小组中,如果有组员中途退出,组员的人数可能会过少,缺乏更多新的想法、观点和技巧,导致组员间的互动不够充分。相比之下,开放性小组存在很多不足之处,其中最致命的缺陷就是不稳定,它不像封闭性小组那样拥有稳定的角色和规范以及强大的凝聚力,相反,它可能会出现领导的缺失、人员的流动、组员的退出和小组认同的丧失等状况。但很多时候,受现实情况的制约,开放性小组是唯一的选择。因此,社会工作者在策划开放性小组时,要确定能够控制组员何时参加小组、何时离开小组、何时适合引入新的组员等问题。

3. 小组规模

小组的规模取决于小组组员的年龄、小组的类型、小组的目的、所探讨问题的性质、社会工作者的经验以及单次小组活动时间的长短等。不同规模的小组具有不同的优缺点。

在人数较多的小组中,互动关系相对会增加;人数众多,组员接受的来自不同生活状态和价值观念的冲击较多,资源较为丰富;组员匿名的情况增多,会感觉比较安全,也不太紧张。但是组员的互动关系不够深入,参与程度会降低;组员的意见较易分歧,沟通也较不容易,往往会出现分化现象;小组的组织性较差,且较容易缺乏协调性;组员会感觉到有阶级之分,易集权,即趋于领导者取向。

在人数较少的小组中,组员较能完全投入到小组的沟通网络中,较有满足感,也较易于达成共识,信息能够较自由地传递。但人数较少的小组,其资源有限,接受的冲击也自然减少;组员间的互动会过于频繁,会影响组员的满意度,且组员在容忍冲突方面会遇到困难;组员唯恐彼此有疏离,因而要用大家都满意的方式在一起工作,所以会有紧张、被动、耍手腕和受约束的现象。

因此,小组规模不要太大,这样有利于实现目标,也不能太小,从而有利于组员获得足够的令人满意的经历。一般来说,小组规模在6~12人比较理想。如果小组规模大,至少要让组员有足够的机会彼此互动;如果小组规模小,则应让每位组员完全地介入并参与,有被小组包容在内的感觉。

(四)准备活动的场所

小组的活动场所会影响组员的行为和小组聚会的形式。房间的规模、空间、座位的安排、家具和环境都需要仔细考虑。对小组活动场所的安排不周,可能会导致活动早期的困难、组员的不合适行为以及在小组活动过程中出现难以预料的问题等。

对于老年人小组,活动场所空间大小要适宜,房间太大,会分散组员的注意力;房间过小,则会导致组员不安、易躁、焦虑、具有攻击性。在场所环境布置方面,可以布置一些图画或象征物,表示对老年人的接纳,促进老年人对小组的认同。在场所设施上,由于老年人视力普遍下降,行动不便,所以要保证房间灯光明亮、桌椅稳固。此外,还要考虑一些特殊老年人的特点和需要,例如,有些老年人可能会喜欢有轮椅通道的房间,容易坐上去的舒服的高背椅子,明亮但不刺眼的灯光,以及良好的音响等;活动场所的温度也要控制在一个舒适的程度,不能太冷,也不能太热。

总之,社会工作者要考虑环境对小组完成任务所能产生的方方面面的影响。如果小组要进行非正式的讨论,社会工作者应提供令人放松的场所,营造出轻松、非正式的氛围。如果小组要完成正式的任务,社会工作者就要营造一种正式的气氛等。

(五)设计小组服务方案

在策划小组时,社会工作者需要准备一个书面的服务方案。花一点时间来策划和撰写一份服务方案,可以帮助社会工作者为小组活动做好充分的准备。一般来说,小组服务方案包括以下几个方面的内容。

(1)小组名称。
(2)基本理念。
(3)主要理论。
(4)目的和目标。
(5)服务对象和招募方法。
(6)小组活动安排(如表7-2和表7-3所示)。

表7-2 第一次活动

时期和时间	地点	主题	具体内容	所需物资

表 7-3 第二次活动

时期和时间	地点	主题	具体内容	所需物资

…………

(7) 预计困难和解决方法。

(8) 评估方法。

(9) 经费预算(如表 7-4 所示)。

表 7-4 经费预算表

收入项目	金额	支出项目	金额
	总计		总计

(10) 其他事项。

(六) 注意要素

在面对老年人开展小组工作时,除了要遵循小组工作的基本原则外,根据老年人及小组工作方法的特点,还应注意以下几个方面。

1. 与老年人一起共同确定小组目标

每一个参加小组的老年人都有自己的目的和期望,由于一些小组的服务宗旨或目标都会在小组开始以前有初步的想法,这就有可能导致社会工作者制定的目标与组员的个人目标发生冲突。所以,社会工作者应与组员充分互动并共同制定小组的目标,以组员的利益和需求为出发点,根据老年人的特殊需要和特点制定更为具体细致的小组目标。总的来说,小组目标是通过组员之间的相互认同和接受个别组员的目标形成的小组共识。

2. 筛选组员时要选择适合的老年人

如果社会工作者对组员的选择不恰当(如选择的组员不符合机构的功能、组员的问题和个人目标与小组整体的目标不一致等),则不利于小组的形成和发展。所以,对组员的选择很重要,社会工作者要尽可能地收集资料,了解组员和潜在组员的兴趣、需求等,将兴趣、需求相同或相似的组员集合在一起,以利于小组的形成和发展。

3. 通过小组非正式聚会,增加老年人对小组工作的了解,以使老年人的需求、期望与小组活动相适应

老年人应对自己参与小组的动机和要求有更加具体的了解和认识,社会工作者可以通过安排未来小组组员参与小组的非正式聚会达到这一目的。在这次小组非正式聚会中,社会工作者可以用小组讨论的形式或通过相关小组工作的影视资料向小组组员介绍小组的运作。社会工作者也可以在适当的时候澄清开展小组工作的目的和组员必须遵守的小组规则,以及组员在组内的工作范围、小组领导者的权利和责任等。如果个别组员在这次非正式聚会中发觉这个小组的目标与他想要通过参加小组去实现的目标有较大的差别,他可以取消入组申请,因组员退出小组而出现的空额可以由社会工作者另找他人替补。同样,如果社

会工作者发觉个别老年人在这次小组非正式聚会中所表现出的参与小组的动机或其他个人因素不适合这个小组,要劝导其放弃参加这个小组,或转介其参加其他适合的小组。

4. 消除老年人与小组活动相关的心理障碍

社会工作者要能够有效地处理老年人参加小组活动的心理障碍,让老年人愉快地走出家门。这要求社会工作者在开展小组活动之前能够与老年人进行单独接触,与老年人聊天是了解老年人和与老年人情感交流的最佳方式。通过这种方式,增进彼此之间的了解。社会工作者在了解老年人的身体健康状况的前提下,向老年人介绍开展小组活动的内容和意义,吸引老年人参与。

三、开始阶段

(一) 小组特点

当组员被通知聚会时间、地点并且第一次参加聚会,就意味着小组工作进入开始阶段,这个阶段的组员具有的明显特征是心理和行为比较矛盾,这种状态会持续一段时间,具体体现在以下几个方面。

(1) 两极情感困境。这个阶段的组员对他人有既想接近又想回避的戒备心理;期望拥有自主权,又渴望接近他人或被他人认同。

(2) 以往经验的影响。组员以往的经历会被自然地带进小组,从而影响他们在小组中与人的相处。

(3) 试探。组员对小组、其他组员、社会工作者会有不同的试探,他们通常对小组是否能达到预期目的持怀疑态度,会通过一些非语言信息,如着装等,来了解对方。

(二) 任务确定

在开始阶段,社会工作者应该把工作重点放到帮助老年人建立相互信任的关系上,增加他们沟通和交流的机会,发现老年人之间的相似或共同特质,澄清组员之间或对社会工作者及小组活动的误解,对老年人进行鼓励和关怀等。在此阶段,小组活动的主要任务包括以下几个方面。

(1) 介绍组员。组员到齐后,社会工作者要做的第一项工作便是请组员做自我介绍。自我介绍能够帮助组员一起分享各自的担心和兴趣,由此发展出彼此的信任。社会工作者可以告诉组员在自我介绍中主要介绍哪些内容,比如,除了介绍自己的名字外,还可以根据小组的目标来确定要介绍的内容。

(2) 明确小组的目标和组员的期望。在小组开始阶段,社会工作者需要对小组的目标以及自己在小组中的作用进行简单的说明。若组员不清楚小组的目标,他们的不安情绪就会增强,活动热情就会降低。

(3) 讨论保密原则。组员间的相互信任是小组凝聚力产生和小组活动顺利进行的重要基础。当组员相信小组是一个非常安全的"场所"时,才会讨论具有情感深度的问题。因此,在开始阶段,社会工作者需要引导组员认真地讨论保密问题,强调保密的必要性以及泄密可能带来的危害。

(4) 制定小组规范以及组员签署小组合约等。小组是数人甚至十几个人的集合体,组员之间存在着个体差异。为了使得小组顺利发展和达到预期目标,在开始阶段,社会工作者

需要引导组员共同制定小组规范并签署小组合约,合约中,双方就具体的期望、责任和职责达成协议。

(5) 在开始阶段,社会工作者扮演的角色主要是领导者、组织者、协调者和鼓励者等。在整个过程中,社会工作者要根据老年人的特点,采用各种方式,让老年人能够听清、明白并能够接受。

(三) 工作技巧

在开始阶段,社会工作者需要运用一些技巧使老年人放下戒备,这些技巧也是整个老年人小组工作过程中要求社会工作者灵活掌握的。

(1) 真诚。真诚是指要有诚实与开放的心胸。在工作中,社会工作者要将生气表达出来,也要把温暖说出来,同时社会工作者可以适度地进行自我披露。

(2) 温暖。温暖通常是指一种非占有的温馨。它包括积极重视与尊重,积极重视表现为社会工作者对组员感兴趣且关心他们,能够接纳每一位组员。尊重是指社会工作者尊重组员的努力,即使失败了,社会工作者也要一方面表示遗憾,另一方面承认组员曾经努力去克服困难的事实。

(3) 同理。所谓同理就是一种设身处地的态度,能够站在他人的立场来理解他人的行为与感受。对于社会工作者来说,此时要能精确地回馈组员的经验与感受,且这种回馈是诚恳的,是自然地表示出来的。

(四) 注意要素

(1) 不能强迫老年人参与任何一项活动。虽然社会工作者鼓励组员积极参与,但应该让老年人组员们知道他们有权力拒绝参与令自己感到不安的活动。

(2) 小组活动时间的长短和小组活动内容的选择应考虑老年人的身体状况。小组活动时间不宜过长,一般控制在一个半小时以内,因为过长的时间会使老年人感觉劳累、疲倦,影响下次参与活动的积极性。小组活动的内容安排不宜过于复杂,因为老年人在听觉、视觉、动手能力、理解力上不如年轻人,若活动或游戏太难,老年人会因为做不到而感到自卑、无能。

(3) 社会工作者要不失时机地赞赏老年人的能力,通过赞赏来增加老年人的自信心,特别是对主动发言的老年人或克服困难完成某些小游戏的老年人,应给予其适当的赞赏,这对其增加自信特别有效,也能很好地调动起他参加下次小组活动的积极性。但赞赏是真诚的鼓励,而不是夸大的言辞或奉承。有时一个鼓励的眼神、一个支持的动作,比千万句赞美的话更具力量。对于一些性格内向的老年人,社会工作者可以请他们帮忙通知其他组员参加活动,活动前负责签到、点名,在活动中多给予其发言和表现的机会等。

(4) 在活动中,社会工作者应协助老年人表达关于小组活动的感受,从中发现问题,总结经验,以使以后开展的活动更符合老年人的兴趣、爱好。这种感受的表达,不仅可以通过口述,还可以通过文字、画画。例如,可以请老年人把参加活动的感受写在纸上、把活动中印象最深刻的人和事物画下来。社会工作者把老年人的作品收集起来,做一个展板,既可以让参与者获得归属感和成就感,也可以吸引未参与者的注意,从而很好地为小组活动做宣传,提高活动的参与率。

四、发展阶段

(一) 小组特点

发展阶段,老年人在与其他组员建立关系的过程中,需要经历一系列的试探、冲突和调整。此阶段小组的特点表现为以下两点。

(1) 权力竞争和矛盾冲突。小组进入发展阶段后,老年人彼此之间的关系变得比较亲密,对小组也比较认同,但是,在这个时候权力竞争和组员矛盾冲突就会显现出来。有些组员的言语和行为开始出现攻击性,有些组员会沉默不语,还有些组员成为小组中不满情绪的发泄对象。除了这些,还有一部分组员仅满足于自己在小组中的角色,对社会工作者提出的质疑表现出一种不配合的态度。

(2) 小组动力得到发展。发展阶段后期,组员彼此熟悉程度进一步加强,基本能接纳其他组员的性格,能够相互支持并进行自由沟通;组员对小组的认同度也较高,开始用"我们"而不是"我"来表达对小组的认同。这时,老年人也变得更团结、更客观、更合作。因此,此时的小组能够形成良好的状态,依靠自己的动力发展运作。

(二) 任务确定

在发展阶段,组员之间的矛盾和权力竞争,小组角色的分化与运作,小组目标的转化与追求,小组的规范与凝聚力等成为本阶段的焦点问题。社会工作者的主要任务包括进一步实现小组目标、处理好组员的冲突和矛盾,必要的时候应对小组发展过程中的重新整合,给予小组发展路径的建议,鼓励组员,增强他们参与小组活动的动力。具体工作包括以下几个方面。

(1) 在聚会时,帮助组员遵照议程进行而不要离题。为了顺利地进行讨论,社会工作者首先应该阐明讨论的题目、程序和步骤。这样,组员就能对可能出现的情况有一个清晰的认识或预先有一个准备,并了解应遵循的规则和程序。有时,当议题非常重要而且牵涉到所有组员时,就应该在这个阶段多花费时间,当对议题的总意图和目标达成协议后,就可以成立委员会或委派一个人处理细节问题,并在下一次聚会中向小组报告和做进一步讨论。

(2) 处理矛盾。在发展阶段,社会工作者应该帮助组员更好地认识自己、澄清自我感觉,对组员表达出来的个人心声应予以积极的回应并加以引导和协调,鼓励组员相互尊重与关怀、相互帮助与支持等。

(3) 提供和反馈信息,帮助组员讨论。社会工作者通过收集和提供信息帮助组员解决问题,对组员的相互了解产生影响。此外,社会工作者向组员反馈信息,将帮助组员形成创造性解决问题的方法。在这个过程中,社会工作者可以以身作则,与组员分享自己的意见,鼓励其积极讨论问题。

(4) 社会工作者在这个阶段扮演的角色是资源提供者、促进者和支持者。

(三) 工作技巧

小组发展阶段,社会工作者需要借助一些技巧来激发组员讨论如何处理组员们的担心和冲突,帮助小组以平稳的、令人满意的方式来继续运作。

(1) 稳定系统。社会工作者要善于利用冲突,澄清冲突的本质,作为一个支持者协助组员缓解冲突带来的紧张。此时,社会工作者应以高度和谐的态度,表达出对组员的诚恳、接

纳、同理和尊重,尽可能地去调和组员的关系。

(2) 赋权。赋权可以协助组员全身心地投入小组工作。社会工作者通过说明自己对组员动机和坚强毅力的信心,指出组员的能力和成就所在,让组员明白,社会工作者相信他们是有能力的,以增强组员实现小组目标的决心。

(3) 引导。一方面,在活动开展前,社会工作者向组员提出原则性的建议和要求以及社会工作者根据以往的经验提醒组员可能出现的问题及注意事项;另一方面,社会工作者可以随时解答组员的询问,帮助他们解答困惑和疑问。

(4) 支持。社会工作者给予不善于表达的组员以特殊的注意,鼓励其表达自己的看法;同时,社会工作者也应鼓励小组自我管理和自我约束。

(四) 注意要素

(1) 目标偏离。老年人的谈话容易跑题,话题比较分散,这些可能会导致小组活动的开展偏离小组的目标,这就要求社会工作者要始终以老年人的需要和利益为主,时刻评估小组目标的实现程度,以始终把握小组的目标。

(2) 权力控制。在小组活动过程中可能会出现权力控制问题。如果社会工作者对权力使用不当、过分干预组员和小组,成为小组的领导中心,以专家或领导者自居,最终会损害组员的互动和限制组员的参与和共享。

(3) 亚小组。小组发展过程中还有可能出现不利于小组发展的亚小组,亚小组的影响力如果超过小组,会影响小组的整体凝聚力,也不利于社会工作者的引导,从而严重影响小组的发展。因此,在小组发展阶段,社会工作者要给予亚小组更多的关注和引导。

(4) 退组现象。在发展阶段,组员可能会因为不信任小组或不满意小组对自己的问题的解决而退组,还可能由于身体健康问题或其他问题而退组,如果处理不好,可能会影响其他组员,使其他组员出现焦虑、不信任等,这就需要社会工作者掌握好沟通的技巧和解决问题的能力,恰当地处理组员退组问题并处理好其他组员的情绪等问题。

(5) 游戏论。发展阶段是达成小组目标的关键时期,此时大量的工作容易使社会工作者走向游戏论的误区,即认为带领小组就是带着老年人做游戏或其他娱乐活动,只要气氛热烈就是一个成功的小组,这种认识是片面和简单化的。好的小组离不开游戏的使用,但游戏只是一个载体,它承载着社会工作者要传达给组员的某种理念,为后面将要进行的深入探索做铺垫,小组的核心和灵魂是组员间坦诚的沟通与分享过程。

五、结束阶段

(一) 小组特点

结束阶段意味着小组目标的实现和小组进度的结束。在这个阶段,小组特点如下。

(1) 组员彼此之间熟识,这时,他们一般能接纳其他组员的个性、实力、态度和需要,彼此之间能够相互支持,自由地进行沟通。

(2) 小组结束时,组员可能同时有正面和负面的情绪感受。当组员意识到他们能够实现目标且在小组互动中帮助他人时,就会产生一种能力感和有用感。有的组员可能会因为对小组的依赖或对自己的不信任等而产生分离的负面情绪,如焦虑、退化和逃避等。

(二)任务确定

在结束阶段,社会工作者的主要任务就是巩固组员正面的、积极的情绪体验,尽力消除组员负面的、消极的情绪体验,巩固小组工作的成果。此时,社会工作者的具体工作包括以下几个方面。

1. 评估

在结束阶段,小组工作评估是一项非常重要的任务。其实,小组工作评估从小组工作开始就进行了,一直持续到小组工作结束。在结束阶段对小组工作进行评估的目的,在于检验社会工作者所付出的努力和工作效果。因此,评估时需要考虑组员的收获以及他们的能力提高程度等。对小组工作的评估有两种形式:一种是对小组工作过程的评估,另一种是对小组工作成果的评估,主要通过收集组员对小组的评价来测量小组是否实现预期目标。

2. 处理情绪

社会工作者应处理好组员对于分离的情绪,运用一定的方法和技巧,帮助组员继续保持他们在小组中获得的经验和改变,帮助组员认识到分离带来的正面感受,让他们看到小组给予他们的经验的重要意义,增强他们改变和发展自己的动力。

3. 巩固和维持改变

在小组工作结束的时候,社会工作者应该让组员树立信心并鼓励其独立,协助组员制订计划,以适应外部的情境。必要时,社会工作者可以帮助组员寻求进一步的帮助和支持,如建立家庭成员或其他照顾者给予的支持和帮助。

(三)工作技巧

结束阶段是小组生命中的关键阶段,在结束阶段,小组工作的核心就是巩固小组工作成果,强化小组经验,处理离别情绪。此时,可能用到的技巧包括以下几个方面。

(1)预告小组工作结束时间。提前向组员通告小组工作结束的时间并督促组员尽快达成目标。社会工作者可以帮助组员回顾和梳理他们在小组中的成长历程与收获,并要求组员通过自评的方式,对自己的目标达成情况进行总结和评估。

(2)引导组员进行感受表达和经验分享。对于正面的经验分享,社会工作者在结束阶段要引导组员分享大家一起走过的小组历程和每一个细节,以增强组员的信心和成长的力量。对于负面情绪的处理,目的不是消除负面情绪,而是协助组员认识出现负面情绪的原因并帮助其分析客观现实、建立积极的态度。

(3)提升组员独立解决问题的信心和能力。通过创造和设置虚拟条件的办法,让组员学会如何正确地去适应不具支持性的环境条件,有意识地培养组员理智地分析、判断和独立处理问题的能力,以及寻求资源支持的能力。

(4)弱化小组对组员的吸引力和影响力。通过引导组员回顾和总结他们在小组中的收获,指出他们已经得到了他们期望在小组中得到的东西;与组员讨论他们为什么不再需要小组,并鼓励组员运用已经学到的方法和技巧独立地解决问题。

(5)催化小组结束。为了缓解组员离别时的负面情绪,社会工作者可以发动组员来组织小组送别活动。活动的程序和内容可以大家一起商定。总之,活动应在一个轻松、愉快而又温暖的气氛中结束。

(四) 注意要素

(1) 组员参与评估。在结束阶段对小组工作进行评估时,社会工作者可能会因为工作的需要或是自己成绩的需要而忽略组员的参与和对组员问题解决的评估,不能很好地了解组员行为的改变及以后的发展,这些会损害组员的利益。所以应鼓励组员积极参与评估,社会工作者也要坚持正确的价值观并进行正确的评估。

(2) 合理安排时间,保证重要议题得以充分讨论。在结束阶段,社会工作者要控制讨论的时间,从而保证所有的问题都能得到处理。要精心控制时间以便使每一个议题都能够得到足够的讨论,而不是匆忙讨论或没有经过思考就做出决定。如果时间不够,社会工作者和全体组员就必须考虑余下的议题中哪些是应该优先讨论的,哪些可以推迟再讨论。

(3) 做好未来计划。社会工作者与组员共同计划组员离组后的安排,目的是让组员完成由组内到组外的过渡,使其在未来有一个持续的发展与成长。组员未来计划的制订必须考虑其意愿、能力、需要以及自身的资源,同时,计划要现实、合理。

(4) 社会工作者可在方案设计中加入后续跟进服务环节,即在小组工作结束后的一段时间,社会工作者应进行追踪辅导或探访等活动,借此来评估小组工作的成效,同时也可督促组员继续发展和成长。

实训项目

1. 策划小组工作方案。

【实训目标】

(1) 培养学生策划不同类型小组的能力。

(2) 培养学生把握小组工作重点的能力。

【实训内容与方法】

每四人组成一组,针对下列服务对象来策划小组工作方案。在方案中,需要确定小组工作方案的结构以及第一次和最后一次小组活动的细节。在策划时,要认真考虑小组工作的要点以及小组不同阶段的特点和工作。

(1) 每个组选择下列一个群体作为服务对象并策划小组工作方案:

① 对自身家庭关系感到无奈和愤恨的老年人,他们虽然有配偶和子女,但是大家互不理睬甚至关系恶劣。

② 担心自己糖尿病病情会恶化的老年人,他们身体健康状况日渐变差,难以适应老年生活。

③ 配偶去世,心情难以释怀的老年人。

(2) 每个小组工作方案需要着重思考以下几个问题:

① 需要考虑的重要问题。

② 整个小组工作方案的结构。

③ 第一次聚会计划。

④ 第二次聚会计划。

⑤ 最后一次聚会计划。

【实训评估】

(1) 评估标准:

① 能准确把握策划小组的要点。

② 能够准确把握小组各阶段的工作重点。

(2) 评估方式:

每个组的策划书可作为一次作业评定成绩。

2．小组组员招募。

【实训目标】

(1) 培养学生制作宣传单的能力。

(2) 培养学生招募组员的能力。

【实训内容与方法】

请仔细阅读下面的小组活动宣传单,指出其中的长处与不足并提出修改建议。

资料

夕阳美——社区老人康乐小组招募书

当我们年轻时,因为忙于生活和工作,每天忙碌地过着日子,对自己的身心健康可能不会那么在意。现在,我们退休了,你是否发现自己的身体状况越来越差但又不知道如何保养?你是否会越来越不知道如何跟子女沟通?你是否会对隔代教育有困惑,提出"拿什么管教你,我的孙辈"的问题?

来吧,加入"夕阳美——社区老人康乐小组",在这里您可以接受社区义诊、学习保健知识,学习与子女和孙辈沟通的知识和艺术,让您真正实现"老有所为,老有所乐"!

——隔代教育相关问题茶话会;小区义诊咨询活动;"忆往昔,看今朝,想未来"主题活动;沟通的艺术——家庭成员沟通技巧学习等内容。

这些活动丰富了老年生活,帮助老年朋友了解养生知识,增进彼此间的沟通交流,学习与家人相处的方法。社区老人康乐小组活动让老年人充分感受到"老有所为,老有所乐",深受老年朋友的欢迎。

小组内容简介:

一、小组目标

1．通过各种小组活动和体验,帮助老年朋友了解养生知识。

2．通过小组活动和组员间的交流,学习与家人相处和教育孙辈的方法。

3．通过小组活动,增进彼此间的沟通和交流,引导组员学会给予他人心理支持。

二、小组特征

1．小组性质:学习型小组

2．成员构成:本社区中的老年人

3．参与方式:通过招募方式,组成自愿参加的小组

> 4. 小组人数：根据报名人数进行分组，每个小组约8~10人
> 5. 小组活动次数：6次
> 三、小组活动地点和时间
> 1. 地点：社区活动中心
> 2. 时间：每次约120分钟左右，具体时间为每周五上午9：00—11：00
> 四、报名方式
> 1. 报名电话：××××××
> 2. 报名地点：××××××
> 3. 报名电邮：××××××
> 4. 报名截止：××××××
> 特别注意事项：××××××
> 下周六即将举行第一次活动，请大家迅速报名，并相互转告！
>
> ××社工服务中心
> ××年××月××日

【实训评估】

（1）评估标准：

① 能准确把握宣传单制作的要点。

② 能够掌握如何招募到合适的组员。

（2）评估方式：

每个组的修改建议可作为一次作业评定成绩。

教学情境　老年人小组工作案例分析

情境

> 物业的水暖工小方怎么也不明白，王大爷家的马桶经常坏，按他的经验，这样修好之后起码能用一年，可两天之后又坏了。于是，再次给王大爷修好马桶的两天之后，他又敲门来到王大爷家，笑呵呵地问："王大爷，您的马桶没坏吧？"王老爷一愣，随后一把抱住了小方："孩子，真是难为你了！"老人随后抽抽噎噎地哭了起来，把实情告诉了这个素不相识的水暖工："如果不是你来修马桶，我就连说话的人都没有！"王大爷就是为了说说话儿才想出了这样的一个招儿——把家里的马桶弄坏了！王大爷平时太寂寞了，就希望家里来个人，如果知道今天该收水电费了，他就早早在门口等着，只要听到动静立刻就把门打开。

> 70多岁的刘阿姨每天和老伴儿分头在小区里散步,不到吃饭、睡觉的时间都不想回家。他们最常做的事就是坐在公园里,望着满园景色发呆。"家里也冷清,老伴儿耳聋,也就和保姆说说话。"刘阿姨有6个孩子,但他们只有在周末才会过来看看,"孩子们都忙,我不能老拖累他们。"
>
> 社工小张了解到该小区有不少空巢老人,决定将这些老人组织起来,运用小组工作的方法为其开展服务,以缓解老人们的孤独情绪,提高其晚年生活质量。

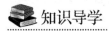知识导学

一、需求评估

需求评估是社会工作者开展小组工作的首要步骤,社会工作者需要了解这些空巢老人面临哪些问题,根据这些问题挖掘出他们存在哪方面的需求。

(一) 空巢老人面临的问题

整体上来看,与非空巢老人相比,空巢老人大多人格不够健全,不够开朗乐观,情绪稳定性较差,且不善于调试;社会适应和应对各种应激事件的能力更差;人际资源更少,交往能力也不及非空巢老人;认知功能衰退更加严重。具体来讲,在人格方面,空巢老人神经质因子高于非空巢老人。这表明空巢老人常常更焦虑、紧张、担忧、郁郁不乐、忧心忡忡,情绪起伏较大,遇到刺激时易有强烈的情绪反应。

1. 性格转变

老年人性格是青壮年时期原有性格的发展和演变。无论是性格外向还是性格内向的老年人,在长时间无法和子女面对面交流的情况下,其性格都有可能发生转变;性格外向的变得性格内向,而性格内向的就变得更加内向,如此性格的转变不仅不利于老年人的心理健康和日常生活,而且还会影响到老年人的社会化水平。这样的性格转变是一个危险的信号,它将直接导致老年人行为的改变,还可能引起各种心理问题和心理疾病,严重的会产生病态行为,危及自身及他人的安全。

2. 行为偏离

空巢老人易发生一些行为偏离,主要分为两大类:一类是由器质性病变引起的,比如脑部肿瘤压迫神经或者脑病变所引起的行为偏离和改变;另一类是由非器质性的因素引起的。

行为偏离的表现多种多样:原来处事认真的人变得固执生硬,甚至急躁;文雅清高的人变得独善其身,不爱理人;性格随和的人变得任性甚至粗野等。进入老年期后,自控力变弱,原来比较隐蔽的性格特征可能完全暴露出来。进入老年期后,有的人由和蔼可亲变得嫌恶别人;有的人由意志坚定、作风正派变得轻浮庸俗;有的人由慷慨变得吝啬贪财;有的人由脾气急躁、心直口快变得谨慎稳重、圆滑周到等。

3. 孤独难受

人类过着群居生活,老年人对孤独普遍感到恐惧和害怕。大部分老年人有孤独、压抑、

有事无人诉说之感。一些老年人平时仅仅在家门口活动,甚至有些老年人常年足不出户。

4．价值缺失

价值感一般是指人们对于自身价值的满足感。价值感对老年人的健康和生命有相当大的影响,很多空巢老人的价值感较低。

5．退休空虚

退休后,人们规律的生活发生根本改变,如果不适应,则会诱发身心障碍,产生苦恼和纠纷。有些老年人将注意力转移到子女及孙辈身上,通过培养第三代找到了新的寄托。

6．精神压力

空巢老人普遍伴有各种疾病,精神上也有很大的压力。长期的治疗加重了家庭的经济负担,即使有医疗保障,有些老年人也会产生内疚、负罪感。而对疾病以及以后生活的担心更增加了老年人的精神压力,使老年人产生抑郁、焦虑等消极情绪,甚至为避免疾病加重或复发而拒绝正常的社会生活,拒绝外出旅游和参加再学习。空巢老人没有倾诉的对象,心理压力更大。

7．依赖性强

一些空巢老人经常打电话给子女,然而说的并不是什么急事,也不是什么大事,往往都是些家长里短的小事。还有一些老人,知道春节过年子女会回来看望他们,他们就显得异常兴奋,有时候离过年还有两三个月就开始张罗年夜饭,从吃什么到怎么做再到碗筷怎么摆放,考虑得十分周到,就希望做好一桌饭菜等孩子们回来。这种行为证明了"分离焦虑"会导致依赖性加大。

(二) 空巢老人存在的社会需求

从以上对空巢老人面临的问题分析可以看出,这些老年人最主要的需求是有充足的机会进行社会交往。交往是人类社会生活的重要组成部分,人们通过交往得到思想的交流、情绪的宣泄、精神的慰藉。退休后,老年人社交范围减小,而且现代社会年轻人生活压力大,时间是稀缺资源,年轻人对满足老年人的精神需求往往力不从心,老年人倍感失落、孤独。因此,老年人都迫切渴望与他人交往和沟通,消除孤独,求得心理上的安慰和满足。

在与他人交往的过程中,老年人有充足的机会表达感觉,有充足的渠道获得感情支持,有机会参与有趣的、富有成果的活动并达到目标,能够达到特定情境的要求(如工作、社会事务),能够得到信息从而获得一些关于未来的确定性,能够对自己的身体状况、社区资源有所了解,知道东西在哪里、应期望什么、在新环境中如何行动,知道在身体和自我照顾方面有需求时如何获得帮助和有办法保持身体的灵活性,等等。

二、小组设计——空巢老人支持小组

(一) 理念基础

随着社会老龄化程度的加深,空巢老人越来越多,已经成为一个不容忽视的社会问题。当子女由于工作、学习、结婚等原因而离家后,独守"空巢"的老年夫妇因此而产生的心理失调症状,称为家庭"空巢"综合征。

空巢老人最大的特点就是"空巢感"。社会工作者可以直接针对社区空巢老人开展各种专业性的介入活动和非专业性的娱乐与学习活动,通过这些小组活动,与这些老年人接触交

流,鼓励他们拓展社会交往领域,积极参加社会活动,从而减轻或消除由于空巢而产生的"空巢感"和其他心理问题,提高他们的生活质量。本次小组活动就是为社区内空巢老人而设,希望通过开展小组工作服务,帮助这些空巢老人更好地享受美好的生活,提高社会交往的能力,使其不再感觉寂寞孤独。因此,本次小组工作以空巢老人社会支持小组为主题,旨在帮助空巢老人转变对待生活的态度,增加生活乐趣,认识身边的可利用的支持性资源,使其晚年生活丰富多彩。

(二)理论架构

1. 生命历程理论

家庭生命周期理论为研究家庭代际关系的演变提供了理论框架。家庭生命周期的变化是家庭模式变化的直观反映。家庭生命周期通常指由夫妇双方结合组成家庭开始,到夫妇双方死亡从而家庭解体而告终的整个家庭发展过程。家庭生命周期理论认为,当最后一个孩子长大成人并离开家庭独立生活的时刻到来之时,也就是家庭生命周期到了老年期,开始解体之际,当配偶一方死亡,老年人单独居住时,家庭就从空巢期进入消亡期。一般来说,空巢家庭往往是家庭发展到了生命的晚期,因而在现实生活中,空巢家庭多指老年空巢家庭,在家庭生命周期理论中,空巢期一般被看作家庭生命周期的最后一个阶段。这一阶段往往意味着人生步入"失去期":随着年龄的增长,老年人的生理功能逐渐衰退,他们将逐渐失去充沛的体力和精力;退休之后,老年人脱离充实的工作状态,生活突然没有了重心;儿女长大后离开身边甚至出国,老年人失去了天伦之乐;与此同时,老年人还要面临丧偶后孤独生活的境况。本次小组工作的服务对象正是这样的空巢老人。

2. 社会支持理论

(1)社会支持的内涵。

我国学者程虹娟归纳了对社会支持的3种定义方式。一是从社会互动关系角度来定义社会支持:社会支持不仅仅是一种单向的关怀或帮助,它在多数情况下是一种社会交换,是人与人之间的一种社会互动关系。二是从社会行为性质角度来定义社会支持:社会支持是指那些导致某人相信自己被关心、被爱、有自尊、有价值的信息,或者导致某人相信自己属于一个相互承担责任的社交网络的信息。三是从社会资源的作用角度来定义社会支持:社会支持来自社会关系的帮助、人们联系的方式以及支持网络中成员间的资源交换。

(2)社会支持的分类。

有学者将社会支持分为归属性支持、满足自尊的支持、物质性支持和赞成性支持4种,也有学者把社会支持分为情感支持(如理解、关心、爱和信任等)、工具支持(如物资、金钱、时间和服务等)、信息支持(如提供建议、消息等)、评估支持(如反馈、比较等)。Barrera 和 Ainlay 将社会支持分为6类,[①]具体包括:物质的帮助;行为的援助,如分担体力劳动的工作;亲密的交往行为,如倾听、尊重、关心和理解等;指导,如提供帮助、信息和指导;反馈,如提供有关他们行为、思想和感情的个人反馈;积极的社会交往,如参加娱乐和放松的社会交往。Cohen 和 Wills 根据社会支持所提供资源的不同性质将社会支持分为4类[②],包括:尊重的支

---

① 施建锋,马剑虹. 社会支持研究有关问题探讨[J]. 人类工效学. 2003,9(1):58-61.
② 贺寨平. 国外社会支持网研究综述[J]. 国外社会科学,2001(1):76-82.

持,指个体被他人尊重和接纳,又称作情感支持、表现性支持、自尊支持;信息支持,有利于对问题事件进行说明、理解和应对的支持,又称为建议、评价支持或认知导向;社会成员身份支持,使个体能够与他人共度时光,从事消遣或娱乐活动,这可以满足个体和他人接触的需要,转移对压力问题的忧虑或者通过直接带来正面的情绪影响来降低对压力的反应,这种支持又称为扩散支持或归属性支持;工具性支持,即财力帮助、物质资源或所需服务等。

(3) 社会支持对心理健康的作用机制。

关于社会支持对于心理健康的影响的作用机制一般认为有以下两种。

一是主效果模型,它认为社会支持对个人心理健康具有普遍的增益作用,它不仅在心理应激的情况下才发挥保健作用,而且对维持个体平时的良好体验和心理状况也有益。这在孤独者和高社会支持者身上得到了证实,亦即无论个体是否面对压力情境,高的社会支持总伴随着良好的心理状况,两者之间存在着明显的正相关。有的研究将社会交往、社区参与、良好的婚姻状况、朋友间的互动关系作为社会支持的标准,其研究结果支持主效果模型。在主效果模型的倡导者看来,只要增加社会支持的水平,必然导致个体心理健康水平的提高。

二是缓冲器模型,它认为社会支持仅在应急条件下与心理健康发生联系,它缓冲压力事件对心理健康的消极影响,能保持与提高个体的心理健康状况。作为缓冲器的社会支持,通常是通过人的内部认知系统发挥作用的。社会支持可能在压力事件和心理健康状况的关系链条的两个环节发挥作用。首先,它可能作用于压力事件与主观评价的中间环节上,如果个体受到社会支持,那么他将低估压力事件的伤害性,通过提高感知到的防御能力,减少对压力事件严重性评价。其次,社会支持能够在压力的主观体验与疾病的引发之间起到缓冲作用,社会支持可以提供问题解决的策略,降低问题的重要性,从而减轻压力。

在综合这些理论知识的基础上,社会工作者可以采取体验式学习的方式,让组员通过参加专门设计的游戏、集思广益、小组讨论、提出问题、回答问题、个案分析、角色扮演、辩论等多种形式的活动而获得真正意义上的成长。

(三) 小组工作目标

(1) 总目标。

提供机会让老年人彼此交往和沟通,使参与小组的老年人更多地认识社区内的其他老年人,扩大他们的社交领域;根据老年人的兴趣开展相关主题的学习、分享小组,丰富老年人的兴趣爱好,减少空巢老人的"空巢感",让他们拥有一个健康的、丰富多彩的老年生活。

(2) 分目标。

① 组员在活动中感受到快乐、开心,消除寂寞。
② 组员知道其他人都在关心自己。
③ 组员间建立良好关系,在小组活动后也可以联系交流。
④ 组员了解社区内养老服务的资源。
⑤ 小组结束后组员间能够相互支持。

(四) 小组特征

(1) 性质:支持性小组。

(2) 组员:该小区中的空巢老人。

(3) 次数:6次。

(4) 频率：每周 2 次。

(5) 时间：上午 9:00—10:30。

(6) 地点：社区活动室。

(7) 人数：8~12 人。

（五）组员招募和筛选

(1) 社区张贴海报招募。

(2) 居委会推荐。

(3) 社区访谈的对象。

(4) 招募组员的范围：该小区中空巢家庭老年人，包括丧偶和独居的老年人；朋友少、外出少的老年人。组员以 60 岁以上、背景相似的老年人为主，有一定的文化水平和活动能力。

（六）具体活动安排

具体活动安排如表 7-5 至表 7-10 所示。

表 7-5 第一次活动：相见欢

目的：
1. 建立小组，让组员和工作人员相互认识
2. 营造活跃、轻松的团体氛围
3. 让组员作自我介绍，增进小组的凝聚力和个体归属感

时间	目标	内容	所需物资
5分钟	让组员和工作人员相互认识	工作人员自我介绍，致欢迎词	1. 活动室布置（张贴活动海报等）及物品准备（茶水） 2. 麦克风2个，音响设备1套 3. 相机
5分钟	让组员了解活动的目的、目标及内容	向组员解释和澄清活动的目的、目标及内容	—
30分钟	让组员之间有初步认识，让组员做自我介绍以及分享心情，说一说参加小组的目的和对小组的期望	组员围坐成圈，以"击鼓传花"形式先选出一个做自我介绍的义工或组员（一名工作人员开始击鼓），然后由刚才做自我介绍的人来击鼓选出下一个做自我介绍的人，依次类推	1. 假花1朵，鼓棒1根 2. 椅子准备到位 3. 相机
15分钟	大家彼此初步了解之后，开始活动，使组员增强彼此之间的信任	游戏——"大风吹"，最开始由工作人员说"大风吹"，组员与义工一同说"吹什么"，然后工作人员说出一样组员身上有的东西，当组员意识到这样东西是自己所有的时候，就要举手示意，若哪位组员反应慢，没有及时举手，则由这位组员开始说"大风吹"，游戏照前面所述规则循环进行	1. 椅子10把 2. 麦克风2个 3. 相机

续表

时间	目标	内 容	所需物资
10分钟	增进小组的凝聚力与个体归属感	介绍小组规范并邀请组员说出自己的意见和建议,讨论后,工作人员收集活动规范意见,待活动结束后整理,在下次活动时公布整体的活动规范	纸、笔
15分钟	鼓励组员表达自己的心愿,同时了解别人的愿望	组员写下自己的愿望,制成愿望树	卡片,树形纸,笔,固体胶
5分钟	结束语	工作人员对此次活动进行总结分享,并提前告知下次活动的时间、地点和内容	—

表7-6 第二次活动：空巢生活

目的：
1. 描述空巢生活的状态
2. 了解彼此的生活状态
3. 形成共鸣与支持性氛围

时间	目标	内 容	所需物资
5分钟	承上启下	回顾上次小组活动的内容,并介绍本次活动的内容及目的	—
10分钟	热身游戏	猜拳游戏： 1. 将组员分成两组,两组成员面对面坐两排 2. 面对面的两人猜拳,赢的一方在游戏中要将手搭在对方肩膀上,平手则彼此把手搭在对方的肩上 3. 游戏开始,将"依比压压""依比捏捏""依比捶捶"依次各唱3遍,当唱到"压""捏""捶"时就做相应的动作	音乐
5分钟	回馈	让组员站起来说说自己的感觉,在小组中体会到的温馨和舒适	—
30分钟	分享生活体验	"金色人生树"：由组员自主选择代表自己状况的"金橘"(代表良好的能对老年人形成有利支持的因素)或者"青橘"(代表让老年人幸福感降低的因素)贴在人生树上。"橘子"上面的文字描述包含了老年生活的各个方面,例如："金橘"上有"我身体感觉较舒服""我行动方便""我有自己的爱好"等,"青橘"上有"我很孤独""我活动不方便"等	大图纸、写好文字的便笺纸、记录本
30分钟	讨论分享	引导组员进一步分享和讨论目前的生活状态和生活态度,积极寻求改变	—
10分钟	总结	组员们相互表达同理心及寻求改变的愿望	—

表 7-7　第三次活动：处理丧失感和寂寞感

目的：
1. 引导组员表达自己生活中的丧失感和寂寞感
2. 寻找应对丧失感和寂寞感的途径

时间	目标	内容	所需物资
5分钟	回顾上次活动，肯定组员的努力和配合	对上次活动作简要的总结，并肯定每个组员的配合	—
5分钟	热身游戏，让组员能更好地在一起娱乐	游戏——"动物园"。让组员与工作人员围成圆圈而坐，一名工作人员到圆圈中间来，模仿两种动物的叫声，让组员来猜，让组员能发自内心地笑	—
15分钟	感受丧失	提供机会让组员们说"再见" 指导组员想象一个自己会与他说"再见"的人 组员自找一人扮演该角色，完成后换下一个人 做完后双方静坐，思考道别后的感受	—
25分钟	分享感受	组员回顾刚才的感受并与其他组员分享	—
30分钟	分享经验和应对方法	引导组员讨论生活中的丧失感和寂寞感及应对方法	—
10分钟	总结	工作人员总结此次活动，并为下一次活动做准备	—

表 7-8　第四次活动：发展互助支持系统

目的：
1. 让组员了解自己目前的支持系统
2. 帮助组员认识小组互助的意义

时间	目标	内容	所需物资
5分钟	回顾上次活动，开启本次活动	回顾上次活动的内容，肯定大家的讨论成果	—
10分钟	加强组员的反应能力和协作能力，给无聊的生活增添色彩	游戏——"数字游戏"。由工作人员在活动之前将组员的名字与工作人员的名字按照拼音的顺序排列，由排在第一的人开始说"一只青蛙"，排在第二的人说"四条腿"，排在第三的人说"两只青蛙"，以此类推，如果某个人说错了，则要接受惩罚，再由这个人开始从10以内的数字开始说起	—

续表

时间	目标	内容	所需物资
15分钟	让组员了解支持系统的意义	工作人员举例说明支持系统的意义	—
20分钟	了解组员的支持系统	假如你要与人交谈,你会找谁? 假如你要找人帮你做家务,你会找谁? 假如你突然病倒,你会找谁? 假如你在家中休养,你会找谁陪你?	—
15分钟	引导组员认识相互支持的意义	每两人一个组,一人拿绳,一人拿窗帘环,将窗帘环都穿在绳上,哪组最快完成哪组获胜	绳,窗帘环
20分钟	讨论	组员今后在生活中相互支持的方法及好处	—
5分钟	总结	工作人员对本次活动进行总结,并准备下一次活动	—

表7-9 第五次活动:加强小组支持并发现社区资源

目的:
1. 加强组员对小组支持的认识
2. 帮助组员寻找可利用的社区资源
3. 帮助组员获得寻求支持性资源的方法

时间	目标	内容	所需物资
5分钟	回顾上次活动,开启本次活动	回顾上次活动的内容,肯定大家的讨论成果	—
20分钟	热身	将一样东西藏起来,选两个人来找,每人限时三分钟。第一个人进屋来找时,大家都不要给他任何提示。第二人进屋来找时,大家要给予他提示,可以告诉他藏了什么东西,藏在哪里,他问任何问题都要回答	—
20分钟	加强组员对互助支持系统的重视	让组员体会:当他需要帮助时,没人帮助他,甚至都不理他时的感觉。希望组员能相互帮助和支持,以缓解空巢生活的孤独感和失落感	适合老年人吃的食物,找到后大家可以一起分享
20分钟	让组员了解除小组支持外,还存在着支持性的社区资源	工作人员介绍社区现有的关于养老服务的情况	相关资料
20分钟	使组员获得发掘资源的能力	引导组员分享和讨论还有哪些资源可以利用,以及一起寻找资源的方法和感受	—
5分钟	总结	工作人员对本次活动进行总结,并准备下一次活动	—

表 7-10 第六次活动：总结评估

目的：
1. 对整个小组活动做总结
2. 评估小组活动的效果
3. 引领组员明确活动结束后自己生活发展的方向

时间	目标	内容	所需物资
5 分钟	回顾	回顾并分享每次小组活动的内容，并感谢组员与志愿者的大力支持，鼓励组员多参加这样的活动，使得生活更加丰富精彩	—
10 分钟	告知结束	宣布本次小组活动即将结束，并对整个小组活动进行评价。注意组员们的情绪变化，并进行安抚	—
40 分钟	总结评估	请组员说一句他们最想说的话，可以是对这次活动的感想，也可以是对工作人员的意见和希望，任何话题都可以	—
15 分钟	发挥组员的特长，巩固组员间相互的支持	每人在卡片上为自己印象深刻的组员或者事件写鼓励的话（不方便书写的组员可由社会工作者代写），互相赠送	笔、卡片
10 分钟	总结	工作人员总结此次小组工作服务，并提醒组员在活动结束后充分利用小组和社区的支持性资源	—
10 分钟	纪念	合影留念	相机

（七）预计困难和应对方法

（1）如果小组活动设置过于复杂和抽象的游戏或程序，会对老年人产生负面效果。解决方法：设置简单的游戏，对活动程序进行精简。

（2）有的老年人不敢袒露自己心中的想法，碍于面子，对自己遇到的困扰开不了口。解决方法：可以先寻找一些积极分子先讲述自己的困扰，在活动中间的休息时间，可以私下与有顾虑的老年人进行接触，鼓励他们勇敢地说出自己的所思所想。

（3）回忆令人不快的过往或许会令老年人情绪低落。解决方法：在活动进行之前，社会工作者应引导老年人对这些情况进行简单的预估，做好心理上的准备。当出现类似情况的时候，社会工作者可对老年人进行安慰，帮助其排解忧愁。

（4）社会工作者的经验不足，可能难以取得老年人的信任。社会工作者控制局面的能力不够，可能会让场面失控。解决方法：在活动进行之前，社会工作者应做好充分的准备，从思想上到资料上，再到临场的发挥上，都要先进行模拟。活动进行之时，社会工作者应尽量展现自己的优势方面，避免暴露自己的弱势。

（5）场地空间上的困难。解决方法：寻求社区居委会的支持与帮助。若无场地可在社区会议室进行。在活动前一天再次前往社区，以确保活动如期举办。

（6）突发情况发生。解决办法：若遇天气原因，活动时间另行通知（在前期通知时向参与人员说明）；若活动中有老人突发疾病，应立即送往医院。社会工作者在通知时应征得老人家人的同意；另外，社会工作者应掌握突发疾病紧急救治知识。

(八)评估方法

(1) 在组员正式参加小组之前以及小组工作最终结束之后,社会工作者可以邀请组员参加问卷调查,比较组员参加活动前后心态是否有改变。

(2) 组员的出席率及参与的投入程度。

(3) 通过观察组员平时的发言,组员之间及和社会工作者的交流,听取他们对小组活动的评价(他们的感受和建议)。

(4) 对组员的家人及他们身边的人做调查问卷或访谈,从而对小组工作进行评估。

(5) 每期小组结束时,请组员填写小组评估表(如表7-11所示)。

(6) 主持人在每一次活动结束后,都要认真填写一份小组记录表,进行自我评估(如表7-12所示)。

表7-11 小组评估表

通过参加小组,你学到的最重要的是什么?
小组中你最喜欢的内容是什么?
小组中你最不喜欢的内容是什么?
你对小组有什么意见和建议?

表7-12 小组活动记录表

小组名称:	年 月 日	记录者:
第 次活动	工作者姓名:	
活动时间: 时 分—— 时 分		
其他参加及到场的工作者或专家:		
活动地点:	天气:	

续表

	序号	姓名	性别	年龄	住址
	1				
	2				
	3				
	4				
出席者	5				
共计： 名	6				
	7				
	8				
	9				
	10				
	11				
	12				

缺席者及理由：

列席者（包括组员的友人）：

小组活动过程概述：

小组工作评估：

三、小组活动效果

（一）活动目标评估

空巢老人社会支持小组成立的主要目标是将老人们聚在一起相互交流、分享经验，由此形成老年人互助发展小组和支持系统，并且通过本小组组员的带头作用在社区内传递这种互助和自我发展的社区氛围。根据组员最后的反馈，本次活动基本达到目标，他们初步具备了发展互助系统的意识，并在一定程度上获得了寻求支持性资源的方法。

（二）活动过程评估

1. 小组的气氛

本次活动的组员招募是通过社区主任联系招募的，大部分组员受空巢生活的困扰，寻求改变的动机较为强烈，且组员在同一个小区，虽然不熟识，但相互之间基本都见过面，因此组员在参与活动时较为配合，也能放得开，这为工作的开展开辟了一条顺畅的道路。但在邀请

组员发言表达情绪时,小组出现了沉默的状况,其中不乏因为社会工作者的提问方式造成的答案的简明性,让小组冷场,另外,也是因为社会工作者对于小组工作的说明不清晰,让组员处于茫然状态,从而出现冷场的情况。

2. 小组工作的本土化

组员经常用开会、听课、社区活动等词汇来指代小组工作和小组活动,而社会工作者则一直使用小组工作一词。在这方面,社会工作者和社区中的老年人可能没有完全达成共识。老年人以为这是社区居委会强制要求参加的活动,在一定程度上曲解了小组工作的真实意图和性质。因此,对于社会工作及小组工作的宣传和解释值得我们进一步深思。

(三) 活动效果评估

1. 加强了社区内老年人的交往程度

之前,社区内的空巢老人大多闷在家里,很少外出,也很少参加聚会。这次小组工作将社区中的空巢老人组织起来,让他们感觉像是真正的好朋友聚在一起娱乐和交流一样,让人看到一种温馨的场面,并且这样有利于社区内老年人今后的互动和沟通。

2. 形成了空巢老人互助发展小组

由于社会工作者的主持能力有待加强,使得在活动中一些需要向组员澄清的内容(如社会工作、小组活动、小组的性质等)尚未澄清。在说明的时候不但没有让人觉得明白,反而让人觉得烦琐难懂。但是,从活动中组员的反应来看,空巢老人社会支持小组使组员的生活增添了一些色彩,也使组员感受到了小组为其带来的乐趣和意义。

四、专业反思

(一) 需要全面提升专业实务工作能力

在方案中存在很多策划人的主观猜测和想象,因此在操作时会碰到一些意想不到的事情。如时间安排上,方案中的时间与实际所用时间存在差距,有的用时很短,有得则严重超出了预计时间。再如,有些活动形式大于内容,并没有很好地引领老年人联想到所要讨论的核心问题等。因此,小组工作对于社会工作者的素质要求是硬性的。首先,社会工作者要有策划方案的能力,在策划时必须评估方案的可行性和预计可能遇到的困难及其解决方案;其次,社会工作者在工作过程中必须保持镇定,思路清晰地带领组员共度小组聚会时间;最后,社会工作者必须要有灵活应变的能力,因为工作中常常出现意料之外的事情,只有灵活地应对才能使小组更加顺利地发展下去。因此,要想成为一名优秀的社会工作者,除了要学习本专业的理论、技巧,还必须广泛涉猎其他的专业知识。

(二) 小组活动的设计及组织中要关注到每一位组员

社会工作者在带领全体组员进行小组活动时,必须要关注那些不积极参与的组员。或许因为羞涩,或许因为一些其他的原因,一些组员未能积极地参与到活动中来。作为小组的带领人,社会工作者需要学会"察言观色",照顾到每一位组员的情绪。在设计活动时,社会工作者要考虑不擅长该活动的人该怎么办,最好设计大家都能参与的活动。同时,社会工作者及时吸收组员的有益建议和意见,了解组员的真正需求,对于小组工作的实际操作与进展更有利。

项目八　掌握社区工作方法

随着人口老龄化程度的加剧,人们逐渐认识到若要实现"老有所养,老有所医,老有所教,老有所学,老有所为,老有所乐",就不能仅仅停留在老年人的个人、家庭、小组层面,还需要根据老年群体的需求,通过社区内老年群体的集体行动,以及自助、互助、自决行为,合力解决社区中老年人所面临的共同问题,改善老年人的生活环境及生活质量。本项目将介绍老年人社区工作的概念、老年人社区工作的模式及老年人社区工作的方法和技巧。

知识目标:
1. 理解社区和社区工作的概念;
2. 掌握老年人社区工作的特点、目标、原则;
3. 掌握老年人社区工作的模式、方法和技巧。
技能目标:
1. 能够选择适合的社区工作模式并有效运用;
2. 能够根据老年人所处情境,灵活运用社区工作方法。
思政目标:
1. 爱岗敬业,践行专业使命;
2. 勇担爱老助老社会责任。

任务一　认知老年人社区工作方法

情境

某居民小区附近有一个建筑施工项目正在进行,白天施工噪声和晚间照明灯光影响了小区里老年人的生活,部分老年居民甚至产生了轻微的不适病症,如头痛、眩晕和失眠等。小区里的老人们先后向建筑公司反映,要求停止扰民。

起初,建筑公司找出各种理由搪塞,没有具体答复,也没有明确拒绝。老人们与建筑公司反复交涉了一个月,问题还是没能得到解决。于是,老人们来找社会工作者小李寻求帮助。

学生分析:
假如你是社会工作者小李,你该如何开展工作呢?

知识导学

社区工作是社会工作的三大直接工作方法之一。作为一种工作方法，社区工作与个案工作、小组工作相比具有其独特性。为了掌握老年人社区工作方法，我们首先介绍社区工作的有关概念。

一、社区和社区工作的概念

（一）社区的概念

自 1887 年德国社会思想家斐迪南·滕尼斯的《共同体与社会》出版以来，"社区"（亦译"共同体"）成为社会学、社会工作学、政治学等学科的重要概念。在滕尼斯的眼中，社区和共同体的内涵是一致的。在我国，"社区"这一词汇是费孝通在 20 世纪 30 年代初翻译滕尼斯的著作时想到的。事实上，人们生活的共同体不仅是个地域性概念，同时也是一个文化的概念。因此，根据汉语的表达习惯，用"社区"表达 Community，可以把共同体与地方二者有机结合起来。

在滕尼斯看来，"社区"是指那些有着相同价值观、人口同质性比较强的社会共同体，其体现的人际关系是一种亲密无间、守望相助、服从权威且具有共同信仰和共同风俗习惯的；这种共同体关系不是社会分工的结果，而是由传统的地缘、血缘、文化等造成的；这种共同体的外延主要限于传统的乡村社区。滕尼斯提出"社区"这一概念，主要是为了与城市社会作比较，以探讨人类社会发展趋势。

随着经济的发展、社会的变化、文明的进步，社区的内涵、外延、结构、功能及其形态在不断更新，并日益丰富和复杂化。有人认为，社区是指居住于某一地理区域，具有共同关系、社会互动及服务体系的一个人群。也有人认为，社区是一个社会集体，这个集体可以是在同一地域内的居民，也可以是有着共同生活方式、信仰、背景、利益及功能的一群人。但是无论如何，社区都离不开人口、地域、组织和人际互动等基本要素。

从社会工作的角度看，社区就是指由一定数量居民组成的、具有内在互动关系和文化维系力的地域性的生活共同体。综合地说，社区有以下特征：社区是一个人群，他们住在相互邻近或衔接的地区，彼此常有往来；具有多方面的共同利益，彼此需要支援；具有许多共同的服务；有多种共同的需要；有相同的生活方式和文化。①

（二）社区工作的界定

要完整地理解社区工作，不仅要把它看作一种服务，更要强调它是一种方法。社区工作在概念上是复杂多样的，在不同的国家、不同的历史时期，有着不同的内涵和形式，现存文献中有对它的多种界定。在我国，由于社会及历史的原因，专业社会工作制度尚处于建设阶段。尽管如此，专业社区工作的社会效能，社会工作者的奉献精神及解决社会问题的科学知识和方法，已经获得政府、社会服务机构和社区居民越来越多的认同。

这里，我们对社区工作的定义是：社区工作是专业社会工作的一种基本方法，它以社区和社区居民为案主，通过发动和组织社区居民参与集体行动，确定社区的问题与需求，动员

---

① 徐永祥. 社区工作[M]. 北京：高等教育出版社，2004：12.

社区资源,争取外力协助,有计划、有步骤地解决或预防社会问题,调整或改善社会关系,减少社会冲突,培养自助、互助及自决的精神,加强社区的凝聚力,培养社区居民的民主参与意识和能力,发掘并培养社区的领导人才,以提高社区的社会福利水平,促进社区的进步。①

二、社区工作的价值特征

社会工作价值观是社会工作专业的灵魂,社区工作作为社会工作的工作方法之一,也遵循其专业价值理念。结合社区工作方法的特点,社区工作的价值特征总结为如下几个方面。②

(一) 以集体为取向的人的价值和尊严

人的价值和尊严以及个人自我选择和自我实现的权利是社会工作的核心价值。社区工作以社区为介入单位和对象,它所关注的始终是社区共同体和人的环境,通过社区组织来实现人的价值和尊严,实现集体增权。

(二) 以制度为取向的社会正义

制度取向基本上认为个人的生活处境非个人所能控制,个人、家庭、社区所面临的问题是社会制度的产物,或是社会变迁中的某些负面因素的后果;同时认为获得基本的生活品是每个公民的基本权利,需要国家或社会通过再分配途径加以保证。因此,社区工作重视社会制度对社会成员提供的平等机会和福利责任。

(三) 以民主为取向的社会参与

民主和参与是社区工作价值体系中一对密切联系的概念。民主和参与体现了人的尊严和社会正义,也是实现人的尊严和社会正义的途径。民主和参与本身具有丰富的社会功能,能提升个人、团体乃至整个社区的政治意识、合作意识和解决问题的能力。

(四) 以互助为取向的助人服务

社区工作是一种间接服务,建立社区内的互助网络是社区发展的重要环节。它注重社区成员、团体和组织之间的互动交往,强调居民建立邻里关系,强化互相照顾、建立和谐社区的重要性。

三、社区工作的基本原则

社区工作的基本原则是在开展社区工作时所要遵循的基本准则,它由社区工作的客观要求和基本目标所决定。基于各国社区发展的经验,社区工作的基本原则概括如下。

(一) 以社区发展为主要目标

社区工作的本质要求是以社区自身需要来制订工作方案,以是否推动社区的进步为评价工作绩效的标准。在社区工作实践中,该原则体现为以人的发展、集体增权、社区能力建设和解决社区亟待解决的社会问题为目标。

(二) 根据实际条件制订工作计划

社区工作是有计划的社会变迁或社会行动,必须根据特定的社区背景和条件制定工作策略。一般来说,社区工作的基本过程包括研究、规划、介入、干预、总结等阶段,各阶段的工

---

① 王思斌.社会工作概论[M].3版.北京:高等教育出版社,2014:7.
② 徐永祥.社区工作[M].北京:高等教育出版社,2004:12.

作手法都不能脱离具体的主客观条件。

(三) 强调居民参与

居民参与是社区工作的灵魂,是社区工作的重要目标和基本手段。不论是社区问题的提出,还是解决问题的途径和手段,都强调社区成员有权利、有能力认识和解决所面临的问题。社区工作强调内在发展,特别注意动员居民参与和居民自主参与之间的联系,通过培育、引导、组织、服务等多种手段发展自主式参与。

(四) 尊重社区自决

在社区工作过程中,社区自决是由社区组织和居民自主选择或确定社区发展方式和行动策略,自主管理属于自治范围内的事务。社区自决的关键在于真正把权力还给社区居民,当社区居民对社区事务不仅有执行和监督义务,而且真正拥有表决权、决策权时,社区才能真正实现自决。

(五) 开展广泛合作

广泛合作既是对社区组织关系的重建,也意味着对社会资源的分享。其实质在于异中求同,使不同的构成要素在某种一致的基础上结合成为一个整体;其前提是社区构成要素的共同性和相互依赖性;其存在的基础是价值体系或工作目标的基本一致性;其条件是对社区生活的共同参与。①

四、老年人社区工作的特点、目标和原则

基于以上社区工作的相关叙述,下面说明老年人社区工作的特点、目标和原则。

(一) 老年人社区工作的特点

1. 分析视角注重结构取向

老年人问题的产生不完全是个人自身的原因,还与社区周围的环境、社会制度及整个社会有密切的关系。因此,社会工作者重点考虑的是社区环境及制度是否和怎样影响老年人的社会功能、限制老年人的能力,这种视角是结构取向的。

2. 介入问题的层面更为宏观

社区工作方法认为解决老年人问题的责任不完全在老年人身上,政府、社区都有责任提供资源、协助处理和解决问题。因此,老年人社区工作比较多地涉及社会层面,牵涉社会政策分析以及社会制度的改变,注重资源和权力的分配。

3. 富有反思精神

社区工作善于从社会结构、社会政策、制度和资源分配角度分析和处理老年人问题,维护急剧社会变迁中老年人群体的权利,并且试图从根本上找出问题的症结,由此引发对社会制度、结构和政策的反思。

(二) 老年人社区工作的目标

根据美国社区工作专家罗夫曼对任务目标和过程目标的分类,老年人社区工作的任务目标是通过提供服务解决一些特定的老年人问题,过程目标是为完成总体目标而做的提升老年人能力的具体工作。满足老年人的需求是老年人社区工作目标的核心内容。进一步来

---

① 徐永祥. 社区工作[M]. 北京:高等教育出版社,2004:12.

看,老年人社区工作的目标包括以下几点。

1. 降低老年人与社会的疏离,推动老年人的社会参与,促进自助与互助,增强归属感

社区工作方法强调以社区为服务对象。老年人社区工作重视老年人与社区的关系,鼓励老年人参与社区事务,在参与过程中解决老年人的问题,促进老年人自助和相互关怀,减弱孤独感和丧失感,消除自卑、无能及无助的心态,调整或改善社会关系,增强归属感。

2. 发挥老年人的潜能,善用社区资源,满足社区需求,巩固老年人的权益

社区工作方法注重服务对象权益及资源的争取。老年人社区工作强调发掘老年人的潜能,更强调在服务过程中开展充权实践,促进服务对象自身的觉醒,提高老年人的社会意识,发掘并培养老年人"领袖",使老年人改变其无权、无力的感觉,维护和巩固老年人的权益。

3. 改变对老年人的负面形象认识,扩大老年人对社会的影响力

社区工作方法多以社会制度、服务对象所处的环境因素为介入重点。老年人社区工作通过组织老年人集体参与,让他们发挥能力,为社区作贡献,体现老年人的价值,建立和完善积极老年的形象。同时,通过促进老年人与社会的接触,加强老年人对社会的影响力。

(三)老年人社区工作的原则

社区工作作为一种专业工作方法,在实施过程中有着特定的原则。加深对老年人社区工作原则的理解,可以使我们更好地为老年人服务,提高效率,实现社会公正。

1. 注重以老年人为中心的发展目标,给予老年人亲身参与的机会

为协助老年人改善自身的生活状况,凝聚老年人的集体力量,就要对老年人有全面、深入的认识和分析,根据老年人的共性,也考虑老年人的个性、爱好及能力差异,使老年人在亲身参与和实践中学习并改变。

2. 有足够的耐心发展老年人,给予老年人适当的支持和鼓励

社会参与对老年人有比较高的要求。社会工作者要相信老年人是有潜能和价值的,要有计划地逐步提升老年人的参与度,强调转变的程度多于完全的改变;要关注、重视每一位老人,发掘他们的参与潜能。

3. 积极正面地看待老年人的形象,发掘更多的社区资源

要尊重和接纳老年人,对老年人抱有积极、正面的印象;要与老年人建立相互支持、信任及平等的关系;要在不同的群体中建立桥梁,发掘更多的社区资源,争取更多的社会支持。

【思考与讨论】

你认为老年人社区工作除了上述特点、目标外,还有其他特点和目标吗?

实训项目

社区工作方法运用。

【实训目标】

(1)增强对老年人社区工作的理解。

（2）培养学生对老年人社区工作的实践能力。

【实训内容与方法】

（1）阅读以下案例，并分析如下问题：

如果运用社区工作的方法，该如何为YG社区的居民开展服务？请写出服务计划。

（2）先由个人阅读并分析案例，针对以上问题写出发言提纲。

（3）再以小组为单位进行集体讨论。

案例

　　YG社区建成于2007年8月，是一个改建回迁住宅区。最近，在社区实习的社会工作专业大学生安安在协助居委会整理老年人工作方面的资料时发现，社区的一些老人通过帮助他人和参与社区事务，换来了充实感和成就感。

　　比如，今年65岁的钱大妈是一楼门长，她自己身体不太好，但楼里其他老人生病需要买药、看护时，她都会热情帮忙。去年11月，老人袁奶奶下楼时不慎扭伤了脚，钱大妈当即叫来出租车，把袁奶奶送到社区卫生服务中心。

　　再如，范大叔是社区活动中心的志愿者，他坚持带领其他常来活动的老人每日一小扫，每周一大扫，保持社区活动中心楼里楼外的干净整洁，为大家创造了文明卫生的健身娱乐环境。

　　还有，金奶奶经常帮助行走不便的老人购物；胡爷爷每天下午义务为托管的小学生辅导功课和讲故事；等等。

【实训评估】

（1）评估标准：能全面、准确地把握老年人社区工作的目标和原则。

（2）评估方式：

① 个人的发言提纲可作为一次作业评定成绩。

② 以组为单位，根据集体讨论中的表现评定成绩。

任务二　熟悉老年人社区工作的基本模式

情境

　　李村是一个依山傍水的自然村落，约有70户人家，人口约390人，其中老人约80人。该村邻近一条国道，距离县城约1个小时左右车程。该村青壮年男女大多外出打工，村子里多为留守老人和留守儿童。老人们既要从事繁重的农业劳动，以维持生活，又要照顾孙辈，担负着抚育儿童的责任。该村平均每户每月收入在400元左右，属于贫困村水平。

学生分析：

如果你是一名社会工作者，你将如何去改善该村村民的生活状况呢？

知识导学

社区工作的基本模式是指社会工作者在不同的社区情境中通常采用的解决问题的基本方法。在实际工作中，社会工作者往往根据实施的场合不同选择其中之一，或者混合使用几种模式为老年人服务。①

一、地区发展模式

（一）含义

地区发展模式是一种强调居民参与、合作，集体组织起来控制、利用社区资源、解决社区问题、满足社区福利需求，增强社区凝聚力和归属感的社会工作方法。

1. 地区发展模式的假设

作为一种社会工作的社区工作介入手法，地区发展模式主要基于以下假设。

（1）关于个人的假设：随着现代化进程的加快，个人越来越显得无助和软弱，个人和社区公共问题都很难得到解决。

（2）关于社会构成的假设：社会逐渐丧失传统社区的自然联系，变成一种现代正式的工具，理性的、制度化的组织关系和市场交换关系，最后进一步失去当地社区原来的文化、知识、信心和能力，发达地区对落后地区形成更大程度的剥削。

（3）关于行动动机的假设：个人倾向于团结、合作，愿意沟通交往，参与民主讨论。

（4）关于发展和变迁的假设：发展是在一种线性的进步关系中融合了小群体主义、生态发展模式和种族发展模式等。

2. 主要服务内容

地区发展模式假设老年人在社会发展中显得越来越无助和软弱，个人和社区公共问题难以得到解决，因此需要社会工作者通过发动老年人广泛地参与社区事务，关注共同问题，培养自主能力，共同来决定行动方案，以达成老年人自助与互助，以及解决老年人问题的目的。用地区发展模式指导和开展老年人社区工作，首先可以考虑的服务内容是：发动社区内的老年人自助和互助、扶植老年人的志愿性合作、培养社区内老年人"领袖"以及开展老年教育工作。社会工作者的角色是使能者、教育者和中介者。

（二）实施策略

地区发展模式主要以过程目标为导向，是一种组织的过程和教育的过程，是在建设当地社区经济、社会、基础设施中，在具体的项目建设中注重培养居民的自助合作态度。

地区发展模式的实施策略是以内部资源的动员、参与、行动为主，注重居民的组织教育，培养居民发展项目的能力，发动、动员居民广泛讨论、协商一致，自下而上地民主决定社区公共发展事务。具体措施有：立足社区基层群众公共利益的扩大，通过沟通、对话和讨论，成立不同的

---

① 徐永祥. 社区工作[M]. 北京：高等教育出版社，2004：12.

居民小组；社区组织之间协商、妥协、合作；争取、团结和支持社区精英；争取、包容社区大众，并使其参与发展项目；促进老年人的个人发展、邻里团结、社区教育，提供服务和发展资源等。

地区发展模式的策略主要集中于推动老年人的参与和互助合作，改善沟通和合作的渠道，更好地运用地区资源，解决现实问题。

(三) 评价

1. 优点

(1) 着重于建立社区自我发展的良性机制。

(2) 采用和谐渐进的工作手法，并强调老年人团体间的互助合作。

(3) 社区内的组织和老年人在参与过程中易于寻求到共识和民主意识。

(4) 目标和工作手法的运用比较符合中国的文化传统。

2. 缺点

(1) 未必能有效和彻底地解决问题。

(2) 对老年人不同利益的调和手段乏力。

(3) 只能触及一些影响较小、无足轻重的问题，对于由基本矛盾引起的问题常显得无能为力。

(4) 民主参与可能导致成本过高。

(四) 适用的社区情境

地区发展模式比较适用于具有以下情境特点的社区，即：居民背景比较一致；居民关系状况不佳，对社区中的其他居民不关心，对社区共同面临的问题不关心；社区变迁比较缓慢。

二、社会策划模式

(一) 含义

策划是一种普遍使用的工作方法，它是在没有采取实际行动前所进行的计划工作，是把目前的情况和将来的理想进行连接的工作。策划涉及一系列行动的决定，包括人力、物力投入，工作方法和组织结构的选择等。社会策划模式是指在了解社区问题的基础上，依靠专家的意见和知识，通过理性、客观和系统化的分析，对解决社区问题的过程和方法进行计划的工作模式。

1. 社会策划模式的假设

社会策划模式主要基于以下假设。

(1) 一般倾向于认为人都是理性的，人际关系是理性选择的工具性交换关系。

(2) 社会假设：典型的系统功能主义的社会观。

(3) 个人行动的假设：人会在价值、利益等诱导下理性地追求个人、社会利益最大化增长。

(4) 发展和变迁的假设：主张通过对社会发展规律的系统研究认识，掌握社会发展的内在规律，然后统一计划、管理，促进社会的发展和变迁。

2. 主要服务方式

社会策划模式强调以理性的、谨慎的计划去控制社区变迁，利用可行的技术去解决具体的实质性的老年人问题。用社会策划模式指导开展老年人社区工作，就是依靠各类专家运用技术能力的合作，了解社区内老年人的真实需求和各类问题，制订详细的解决老年人问题

的方案和为老年人服务的计划,并以最有效的方法予以实施,以把各种服务输送给有需求的老年人。在社会策划模式中,社会工作者的角色是技术专家和方案实施者。

(二) 实施策略

1. 策略

西方国家的社区社会策划主要是指针对社区存在的社会问题,评估需求和目标,然后设计提供具体的社会服务项目来满足居民的需求。中国的城市社区建设规划则不仅包括社会服务项目的规划,而且包括社区建设范围的规划、社区组织建设的规划、社区建设管理体制和运行机制的规划、社区服务项目的规划及社区建设人员队伍的规划。

2. 措施

社会策划模式下的具体策略措施可以分为两个部分。

一是理性技术性措施,包括调查社区问题、收集事实资料、比较分析方案的利益得失、选择最优方案并进行组织管理、落实方案、监督方案的执行、评估方案的成效。

二是社会关系措施,要根据具体的情境,选择冲突或者共识性策略措施。

3. 步骤

执行老年人社区策划的过程,具体来说包括以下步骤。

(1) 了解社会服务组织的使命和满足老年人需求的目标。

(2) 分析环境和形势。

(3) 老年人自我评估。

(4) 界定和分析问题。

(5) 确定老年人的需求。

(6) 确定目标和达成目标的标准。

(7) 寻找、比较并选择好的方案。

(8) 测试方案。

(9) 执行方案。

(10) 评估结果。

(三) 评价

1. 优点

社会策划模式的优点包括:保证服务质量,可满足老年人的即时需求,效率较高。

2. 缺点

社会策划模式的缺点包括:老年人的参与率低;老年人的依赖性上升;专家提供的服务对老年人可能并不适用,降低了他们使用的动机和兴趣。

(四) 适用的社区情境

社会策划模式适合于存在一种或多种严重问题且针对这些问题缺乏合理的方案和实施能力的社区。

三、社区照顾模式

(一) 含义

社区照顾是指在社区内对那些身体和精神有需求的人(如老人、儿童、弱能者和残障

者),通过正式和非正式的社会服务系统对其给予援助性的服务与支持。从实践途径的角度,可以将社区照顾分为"在社区内照顾"和"由社区照顾"。

1. 社区照顾模式的假设

社区照顾模式主要基于以下假设。

(1) 服务对象生活的原环境优于机构的环境。长期的院舍照顾会导致被照顾人士的个人的生活能力下降,而如果在其生活的原环境中由社区给予适当的照顾与支持时,其个人生活可以保持高度的独立性,有利于个人发挥其最大的潜能和身心康复。

(2) 社区可以有效地利用非正式资源对需要康复服务的服务对象实现支持和照顾。该模式可以将社区内疏远的网络连接起来,将那些松散的资源整合起来并有效利用,实现正式服务和非正式照顾系统互补,建立理想和关怀的社区生活。

2. 社区照顾的特点

(1) 协助老年人融入社区。

社区照顾的任务目标是为有需求的老年人提供照顾和支援,协助他们在社区中过正常的生活。社区照顾模式认为,老年人所生活的社区是其正常的生活环境,这里有他们熟悉的人群,有与他人交往的机会,有进行正常社会生活的条件,这对老年人是十分有利的。社区照顾模式不排斥老年人选择养老机构,尊重老年人自己对生活的选择和安排,但社区照顾模式强调不管老年人选择了怎样的生活方式,其目标是协助老年人正常融入社区,为其创造适合其生活的外在环境。

(2) 强调社区对老年人照顾的责任。

社区照顾的目的是能够及时回应老年人的问题和需求,服务得更好。在社区中,由各类组织和其他居民合作,为老年人提供照顾服务,力求在社区环境中改善老年人的生活质量。

(3) 提倡建立相互关怀的社区。

社区照顾的过程目标是营造尊老敬老爱老的社区环境,倡导建立一个具有关怀性的社区:一方面,社区居民和志愿者参与帮助和关怀老年人;另一方面,老年人也可以参与社区活动,帮助他人,发挥老年人的潜能。

(4) 倡导双向互动。

社区照顾注重运用正式照顾(政府和相关组织提供的照顾服务)与非正式照顾(家庭、亲朋、邻居提供的照顾),在照顾过程中强调相关主体的互动:一是社会工作者与老年人之间的互动,二是老年人与其家人之间的互动,三是邻里之间的互动,四是老年人之间的互动,五是老年群体与其他社会群体之间的互动。

(二) 实施策略

1. 关注老年人的情感需求

由于家庭结构和居住方式的改变,多数老年人未与子女共同居住,而子女关怀和情感支持是老年人普遍存在的基本需求,所以要关注老年人的情感需求,提升年轻人赡养老人的意识。例如,倡导年轻人为父母提供生活照料、经济供养、精神慰藉等方面的支持;倡导不在父母身边居住的子女经常给父母打电话、看望父母、与父母多团聚,让父母感受家庭的温暖、获得感情寄托和精神支撑。

2. 倡导邻里互助，注重服务的针对性

邻里是社区照顾中老年人的重要资源，邻里之间的照顾具有方便性和及时性。社会工作者要倡导邻里互助，可以采用如"结对帮扶"活动，左邻右舍与社区的孤寡独居老人结成帮扶对子等方式。

虽然老年群体有共同的特征和需求，但不同的老年人的特点和需求也有所不同，所以社会工作者应遵循个别化原则，为老年人提供具有针对性的服务。

3. 关注老年人的多方面需求，提供内容丰富的服务

要保持老年人正常的生活，需要全面思考并为老年人提供相应的服务，满足老年人生理方面、心理方面和社会方面的需求。老年人的需求呈现出多样性和差异性，一般来讲涉及以下几个方面。① 生活照顾服务：日间照料服务，包括做(买)饭、代购物品、户外活动服务；送水换气、洗涤衣被、缝纫修补、打扫卫生等。② 康复理疗：包括健康指导、保健咨询、慢性病预防、残疾人康复指导、康复护理、体检、建立健康档案等。③ 精神慰藉：包括图书阅览、讲书读报、文体活动、谈心交友、老年课堂、心理咨询及疏导、陪伴等。④ 法律服务：包括法律咨询、法律援助等。⑤ 社区资源的使用等。社会工作者要关注老年人不同的需求，协调、组织资源，以满足老年人的需求。

4. 注重整合社会资源，多方面搭建支持网络

社会工作者要关注和动员政府、企事业单位、社区、社会服务组织等所拥有的资源，倡导他们关心关爱老年人，通过连接和整合老年人所需要的资源，并将这些资源的利用方式和方法传递给老年人，使老年人能获得多方面的支持，能够正常地在社区中生活。

(三) 评价

1. 优点

社区照顾模式的优点包括：对服务对象人性化的关怀，动员社区普通居民参与社区照顾，倡导社区层面服务的综合化。

2. 缺点

社区照顾模式的缺点包括：资源及权力下放可能引发政府责任与角色问题，社区资源状况可能不符合社区照顾的要求，存在激励机制问题，难以保证非正规照顾的服务质量，可能存在社区对有困难人士的排斥和歧视问题。

(四) 适用的社区情境

社区照顾模式适用于：街道一级的社区服务中心和社区居委会同时面对老年人的不同需求，提供更为人性化服务的社区；政府能提供一定的支持，使社会工作者、社区志愿者及社会组织和社会慈善资源能够形成稳定的参与机制的社区；有关部门建立健全相应的法规与政策，与现行的社会保障制度配套的社区。

实训项目

老年人社区工作模式的选择与运用。

【实训目标】

(1) 增强对老年人社区工作模式的理解。

(2) 培养区别老年人社区工作模式的能力。

【实训内容与方法】

(1) 阅读以下案例,并分析下列问题:

① 每个案例中的社区所具有的资源及遇到的问题有哪些?

② 根据这些资源或问题选择适宜的老年人社区工作模式。

(2) 个人阅读并分析案例,针对以上问题写出发言提纲。

(3) 以小组为单位进行集体讨论。

案例

案例1

××社区是原市郊棉纱厂家属区,建成于1988年,当初居民都是职工及家属。现有900户常住户,在籍人口2682人,其中821人是户籍在册,人不住在社区,房屋出租给外来务工人员。在剩余的1861人中,60岁以上的老年人有677人,这些老年人中50%是空巢或丧偶独居。由于××社区属于老旧社区,在社区规划和设施便利程度上比较欠缺,老年人生活不方便。在2019年秋季,有一位独居老年人在家中去世几天后才被社区工作人员发现。该事件发生后,社区内很多老年人情绪低落。

案例2

XZ社区建成于2000年,是一个高校教师住宅区。现有住户4556户,其中321户是承租户家庭。社区总人口约16 820人,其中常住老年人约2500人,80岁以上的老年人有177人,空巢老人162人,独居老人32人。因为社区附近有派出所、地铁站、公交车站、邮局、银行、超市、药店、饭店和菜市场等公共服务设施,社区内有人大代表工作室、社区文化活动中心、社区体育运动中心、社区卫生服务中心、社区养老餐桌、中学、小学和幼儿园,居民生活很方便。

2021年,社区老教授志愿者讲师团发挥资源优势,辐射周边社区,开展了各种主题鲜明、内容丰富的讲座,受到居民和街道的赞扬,荣获市老教师协会优秀社团称号。另外,社区理论学习中心组、社区统战联谊会、夕阳美歌唱团、木兰舞蹈队、平安巡逻队、社区老教师协会、为老为小服务志愿者小组等群众团体运行顺利,为社区申报2022年魅力社区创造了条件。

案例3

BJ社区有24栋楼、4000多户家庭,90多户"孤寡病困"的老年人家庭需要帮助。这类老年人中以80岁以上高龄老人居多,都是子女不在身边,有需要在生活上照顾的,但更多的是精神极度寂寞空虚,迫切需要精神上的慰藉。杨女士为首的20多名退休老人组成帮扶队,一年四季穿行于各个楼区,为孤寡、空巢、困难老人送去帮助。帮扶队尽心竭力地开展助老服务,让社区孤寡老人、空巢老人、困难老人敞开心扉,抒发情感有平台,遇到困难有人帮。

针对社区里老年人的需求,帮扶队制订了帮扶计划:对于生活上有困难的,队员们分片承包,每人负责几个家庭,每天去照看,帮助买菜、陪同看病等,精神上需要关注的,除了聊天,帮扶队还开展了一系列适合老年人参与的文化娱乐活动。每逢端午节、中秋节、重阳节等传统节日,帮扶队的队员们总是集思广益,策划开展丰富多彩的文化活动,这些活动既能满足老年人老有所乐的需求,又能让老年人在活动中切身感受到老有所学和老有所为,因此深受大家的欢迎,社区老年人的精神文化生活质量得到明显提高。

在每月最后一周的周一,社区开展便民服务日活动。根据老年人体弱多病的实际情况,帮扶队请来医院的医生,定期为老年人传授保健知识;部分老年人提出想了解遗产继承方面的知识,帮扶队请来律师,为老年人开设法律讲座;行动不便的老年人理发困难,帮扶队就组织有手艺的党员为老年人剪发……

当有人问起杨女士哪来的动力时,她说:"退休了还能为大家做点事,让我觉得自己还有价值。"

【实训评估】

(1) 评估标准:能准确把握地区发展模式、社会策划模式和社区照顾模式的特点,并能根据实际情况进行选择和运用。

(2) 评估方式:

① 个人的发言提纲可作为一次作业评定成绩。

② 以组为单位,根据分享讨论中的表现评定成绩。

任务三　掌握老年人社区工作的方法和技巧

情境

在某社区的户籍在册人口中,60岁以上老年人人口数为2033人,约占户籍总人口数的25.8%,其中,80岁以上的老人有362人,纯老人家庭162户,单身独居老人19人,孤寡老人32人。目前,该社区老年人问题突出表现在两个方面。一是老年人经济保障和医疗保障不足的问题。该社区有部分老人二十多年前退休,因退休较早,退休工资较低,随着生活费用的不断上涨,现在这些老人生活比较窘迫。此外,随着年龄的增长,疾病越来越多,医疗费用也在逐年增加,使这些老人面临收入低、生活困难、看病难的困境。二是老年人感觉缺乏照顾、服务和支持的问题。该社区有部分老年人因缺乏照顾、沟通和求助途径而曾经出现过意外情况。

学生分析:

1. 案例中的老年人有哪些需求?
2. 社会工作者可以为这些老年人开展哪些服务?
3. 社会工作者在服务的过程中可能会用到哪些技巧?

知识导学

社区工作是一个解决社区问题、满足社区需求的过程,这个过程涉及一连串的工作步骤及技巧。社区工作需要认真考虑行动取向、主要工作对象、主要介入策略、主要工作技巧和社会工作者的角色等几个方面内容。从社区工作的工作步骤来看,在运用社区工作方法为老年人服务时,应该重点把握以下几个方面的内容及相关技巧。

一、需求分析

在我国老年人社区工作中,了解老年人的需求是工作重点。有了对老年人基本情况和需求的认识,我们才能策略地将资料进行梳理,对老年人面临的问题进行描述和界定,明确问题的范围、起源和动力,进而找到介入的角度。

关于需求的类型,英国学者布莱德肖归纳总结出以下4种。[①]

(1) 规范性需求。

规范性需求是指专业人员、行政人员或专家学者依据专业知识和现有的规定或规范,指出在特定情况下需求的标准。

(2) 感觉性需求。

当个人被问及是否需要某一种特定服务时,其反应就是感觉性需求。在社区中,大部分老年人感觉到某些需求与期望不能满足并把它们说出来时,那便是老年人的感觉性需求。

(3) 表达性需求。

当个人把自身的感觉性需求通过行动来表达和展现时,这种需求即表达性需求。

(4) 比较性需求。

需求的产生基于对某种事物所做的比较。例如,一些居民获得服务,但另一些条件相似的居民却没有得到同样的服务,后者便会产生新的需求。这种与其他人或社区比较而产生的需求被称为比较性需求。

社会工作者举办活动和开展服务时,要引起老年人的兴趣,必须以老年人关心的事务、老年人的需求作为切入点,吸引老年人投入。老年人关心什么?老年人的兴趣是什么?老年人有能力处理的是什么?老年人的需求是什么?这些都是社会工作者要了解和熟悉的。社会工作者可以运用访问法和社区调查等方法获得这些信息。

【思考与讨论】

在某体育学院家属住宅小区内,60岁以上的老年居民占相当大的比例,他们大多数是已经退休的某体育学院的教职员工,身体状况普遍较好,有的还具备一定的体育运动专业特长。他们退休以后,有一部分人还在各种岗位上发挥特长,继续

[①] 全国社会工作者职业水平考试教材编委会. 社会工作综合能力(中级)[M]. 北京:中国社会出版社,2023:229-230.

从事着不同的工作;有一部分人则无所事事,或流连于棋牌室,或扎堆聊天;还有一小部分人则受各种生理和精神疾病的困扰。该住宅小区属于单位管辖范围,小区内设立了家属委员会,行使居民自治管理职能。但由于该家属委员会的职能设置和人员配备不够健全,工作开展不够到位,在小区内部服务和管理上造成了一定的混乱。

请思考并讨论该小区老年人的需求有哪些。

二、动力分析

社会工作者按照下述步骤操作,可以获得比较全面而准确的动力网络图,为下一步制订工作方案打下坚实的基础。

(1) 找出活跃的老年人、团体、组织、机构,分析他们的目标、组织结构、信念和期望、资源及权力来源等,以获得对其行动取向和行为动机的把握。

(2) 将各个组织按行动取向和功能的不同进行分类,然后分析彼此之间的关系状况,看看是否有分歧或冲突,进而获得对不同体系的互动关系的全面了解。

(3) 由于在静态的环境中不易观察到彼此的关系,因而可以从一些社区事件入手,观察、分析、发现各组织团体的不同的立场、行动取向和行为动机。

【思考与讨论】

2012年2月,WA社区落成并入住228户人家,其中独居老人19户,孤老7人。新建成的住宅区空气清新,花木繁盛,活动会所齐备,能够为居民提供良好的安居和休闲环境,是一个可实现封闭管理的小区。由于物业公司为最大限度地收取物业费而纵容业主,小区内出现违章种植、公共绿化被私围、车辆停放无序、车库出租为仓库等现象,负责物业管理的JF物业公司与社区居民的关系一直不顺。

2017年年底,双方关系降到冰点,物业缴费率只有40%,物业公司的工作人员人数也减少至极点,5.6万平方米的小区只有4名保安两班倒,2名清洁工倒垃圾,1名管理员坐前台,1名兼职水电工维护公共设备正常运行。一些老年居民带头向社区居委会反映问题,希望居委会出面协调解决。居委会通过联系房产公司、JF物业公司,摸清住户底细,回复老人们在春节后研究解决。

2018年3月,社区老年人要求居委会成立专项工作组,以社区书记为首成立协调组,以老年居民代表为主成立安民组。协调组与物业公司总部管理层多次沟通协商,该物业公司终于同意增加工作人员,提高服务质量,在业主委员会成立后退出管理。安民组在小区内挂横幅、发放《告居民书》、征询意见、推荐业主代表,营造氛围。

> 2022年年初,社区居委会向街道反映情况,得到支持后,克服困难,召开业主大会。安民组老年居民通过上门、打电话等方式,把选票发到每个居民户。2022年5月7日,由13人组成的业主委员会终于成立。业主委员会广泛征集居民意见,表达住户意志,报告分析5家可以选择的物业公司的优劣,按照"公开、公正、公平"的原则,组织业主行使民主管理权利,在街道社区办的指导、WA社区居民委员会的协调和支持下,最后成功地撤除JF物业公司,更换为QT物业管理公司。
>
> 请思考并讨论:从老年居民的角度分析各社区组织在更换物业公司的过程中的不同立场、行动取向和互动关系。

三、接触社区中的老年人

社区中的老年人是老年人社区工作的资源和归宿,也是老年人社区工作的依靠对象和受益群体。与社区中的老年人接触可以是正式的,也可以是非正式的;可以是一对一的形式,也可以是集体的形式;可以通过谈话、访问交流,也可以通过电话交流。与社区中的老年人接触是一种有意识的介入活动,社会工作者应设法建立信任关系和引起老年人的谈话兴趣,因此要做好充分的准备:包括明确目标和出发点,选择访问时间和得体的穿着,适合的自我介绍,准备话题并引导访问、展开话题,预想可能遇到的问题和应对方法,设计适当的结束对话和访问的方式等几个方面。

四、建立专业关系

专业关系建立的好坏直接影响即将开展的社区工作能否顺利进行。介入社区是社会工作者的基本功,要有计划、有步骤地逐层展开。常用的介入社区的方法包括开展全区性活动、举办大众化的参与性活动、开展宣传咨询活动、介入社区事件、经常深入社区、家庭访问、利用社区媒介展开宣传动员等。

需要注意的事项是:要积极沟通,个别化对待老年人,与不同组织交往,了解影响专业关系建立效果的因素。

社会工作者在建立专业关系时要遵循的原则是:掌握老年人参与的动机,有针对性地动员;注意选择参与的对象;让老年人看到参与对于解决社区问题的作用;让参与的老年人感受到自己的改变;让老年人有成就感;减少老年人参与的代价;注意社会工作者自身的素质对老年人参与的影响。

> 【思考与讨论】
> 专业关系与日常生活中的关系有什么不同呢?

五、制订服务计划

一份好的计划能够为社会工作者按部就班地开展工作提供足够的指引。但必须注意程序并非一成不变,而应该随着环境的转变而不断更新。一般来说,制订计划可以参照如下步骤:确定基本目标,研究老年人的特点、需求、兴趣,配合机构的宗旨、赞助团体的期望,评估自身拥有的资源以及可以动员的资源,制订初步计划,评估可行性,确立详细计划,预计可能遇到的困难及解决方法。

【思考与讨论】

在某拆迁改造的老社区,一批新租赁房屋入住的年轻人与回迁入住的老年居民因健身场所和作息习惯等不同,经常发生纠纷。在社会工作者及社区民警的多次协调下,矛盾才得以顺利解决。但是,社会工作者却一直为该社区邻里间的不和睦、大家缺乏交流、不能互相帮助、老年人生活枯燥无味而苦恼。

请思考并讨论:如何协助社会工作者制订一份促进睦邻友好的服务计划呢?

六、组织老年人活动

老年人社区工作十分强调以社会网络为中心的价值理念,强调以老年人感觉到的需求为依据的原则,重视协同合作,提供机会使老人相互支持,创造更加平等和相互关怀的社会环境。如何让老年人主动参与和组织社区活动、自我服务成为老年人社区工作的主要内容和重要任务,是社会工作者的一项基本功。它包括组织老年人参与多样化的社交康乐宣教活动和公益活动,召开老年人会议,培育老年人"领袖",培训志愿者队伍,有效连接社区资源,推动老年人的社会参与,建立老年人支持网络,提高老年人的生活品质。

【思考与讨论】

市民学校里,计划生育培训课正在进行,老师在台上授课,台下坐满了居民,其中不少是白发苍苍的老人。"白天年轻人都去上班了,临时通知了一些老年人来凑数。"社区干部如实地解释说。

请思考并讨论:组织老年人参加计划生育的宣传活动是否具有意义?为什么?

七、评估

评估是对计划落实情况的一种交代,也是改善服务质量的一种途径,是老年人社区工

中必不可少的环节。评估包括过程评估、结果评估和效益评估 3 种方式。评估的过程分为以下步骤：确定目标，建立量度准则，选择适当的研究设计，选择适合的资料收集方法，评估计划的有效性。

实训项目

老年人社区工作关系的建立与维系。

【实训目标】

(1) 增强对社区老年人需求的理解。

(2) 培养与社区老年人建立专业关系的能力。

【实训内容与方法】

(1) 阅读如下案例，并分析下列问题：

① 案例中的老人遇到了哪些问题？

② 如何与社区老人建立专业关系？

(2) 先由个人阅读并分析案例，针对以上问题写出发言提纲。

(3) 再以小组或班级为单位进行讨论。

案例

某社区老年人数量很多，而且大多为随迁老人，这些随迁老人从全国各地来到这所城市，帮子女照顾孩子，他们的生活内容比较单一，主要是接送孩子、为孩子做饭等。他们在随迁地没有朋友，也少有亲属，平时子女也都外出上班。他们很难融入社区生活，感到很孤独。

【实训评估】

(1) 评估标准：能准确把握老年人的需求，并能掌握与社区里的老年人建立专业关系的方法。

(2) 评估方式：

① 个人的发言提纲可作为一次作业评定成绩。

② 以组为单位，根据讨论中的表现评定成绩。

教学情境　老年人社区工作案例分析

知识导学

在本项目的 3 个任务中，我们详细介绍了老年人社区工作的有关概念、模式和技巧。本教学情境中，我们将通过一个案例来示范老年人社区工作的实务是如何开展的。

项目八　掌握社区工作方法

> **案例**
>
> A社区在北京市的中心城区,占地面积108 000平方米,居民人数5500余人,其中流动人口500余人,常住人口中退休老人居多,大部分老人有时间、有精力,对于文化娱乐生活的需求比较迫切。为了满足老年人的需求,社区尽可能多地举办社区活动,既有每年一次大规模的"传承社区文化·发掘传播胡同文化"的文化周,也有许多临时性活动。
>
> 自2013年起,LM社工事务所与社区合作,以培育社区老年人组织为抓手,探索地区发展模式下的社区建设。社会工作者在推动文娱团体发展的同时,逐步引导老年骨干关注社区问题,推进社区志愿服务团队的发展,从整体上有效满足了社区居民的实际需要。

一、需求分析

社会工作者在介入前期通过访谈、问卷和焦点小组等多种方式,进行了老年人需求评估和分析,发现老年人的兴趣集中在文化教育、健康宣讲、舞蹈锻炼、绿色兑换和手工制作等方面,而且男性老年人更喜欢棋牌和室内运动等。同时,社会工作者对社区发展需求也进行了动态评估,梳理出治安、噪音、道路挤占等居民期待改善的问题。

这个阶段的工作要求是:分析社区需求和社区资源,确定主要任务和工作模式,选择介入策略,制订服务方案,准备相关的人力、资金、支持体系等。同时需要注意:社会工作者在没有充分掌握社区状况和找到合适的工作方向时,不要将工作过分活动化和事件化。过分活动化的弊端在于社会工作者耗费了大量精力在活动策划和组织上,容易迷失组织老年人参与的方向。而仅仅从社区事件入手也可能破坏社区关系,影响日后扎根社区发展社区的工作。

二、成立组织

针对需求分析的结果,2013年下半年,社区服务的核心理念是"安平乐道",即让老年人在安定平凡的生活中,通过最简单直接的娱乐方式,寻找自己的快乐之道。社会工作者参考借鉴地区发展模式,以满足老年人文化娱乐需求为出发点,开设了美食鉴赏、巧手环保、健康养生、旅游摄影等兴趣活动,现场招募兴趣小组成员。兴趣小组定期举办活动,有比较明确的活动内容,吸引了老年人的参与,组建了多个文娱团队,初步形成社区社会组织的雏形。社会工作者暂时担任小组负责人,在活动中积极与组员沟通,了解和征求组员对小组活动的建议。同时,社会工作者寻找和发现社区老年人中的带头人,并且对其进行培训,提升其对参与社区事务意义的认识。

这个阶段的工作内容是:发掘资源和进行社区教育,推动成立老年人小组,提供自助服务计划,开展密切邻里关系的社区活动。特别需要注意:此阶段容易出现组员加入和流失的现象,老年人在信任社会工作者的时候会不自觉地依赖他们,各类老年人小组内部和小组之间会产生竞争,这些需要社会工作者谨慎处理。

三、规范组织

社区中新组成的各类老年人小组朝气蓬勃,很多老年带头人积极努力并充满理想。社会工作者通过勤上门、勤问候、勤道谢,与社区中的老年居民和老年人小组巩固友善、关爱的工作关系,组织组员投票选举小组组长,共同订立组织章程和发展规划,引导兴趣小组的发展方向。社会工作者借助社区文化周系列活动,动员更多的老年人参与社区活动,增强组织动力。

这个阶段的工作目标是:社会工作者得到大部分老年人的支持,社区老年人小组的带头人能够不断成长并起到带头作用,组织工作系统化并得到辖区资源单位和相关政府部门的支持。需要注意的是:有的带头人因为工作压力大,或因为组员期望过高,或因为得不到组员足够的支持,或因为不愿意承担监督责任,工作兴趣逐渐减弱。社会工作者不能把注意力过分集中在少数带头人身上而忽略了大多数老年人,同时也要不断提醒老年人小组提供服务时应促进接受服务的老年人持续关注和参与社区建设。

四、发展组织

社会工作者引导各小组围绕"我们需要什么,我们可以怎么做"进行讨论,鼓励组员勇敢发声,展现自己的潜能,找到自己在组织发展中的位置。例如,手工小组提出将小组作品进行义卖的设想,讨论推举财务负责人,组员轮流负责售卖工作;美食小组在每个月开设生日宴活动,为当月过生日的社区高龄老人和独居老人庆祝生日,小组组员拿出自己擅长烹饪的菜肴给寿星们品尝,并请摄影小组为老人们拍照留念。小组之间联动合作,共同促进社区居民的紧密连接。

在社区小组互助合作中,社会工作者看到了小组组员还有许多潜能,可以开展更加深入的服务。社会工作者和居委会邀请老年小组骨干开展以社区存在的问题为主题的焦点小组,先后两次以启发意识和问题讨论为重点,组织骨干们学习,增加他们的自信和热情。2017年11月组建社区志愿服务队伍,即平安爱心队。随着服务的不断延伸,2019年社会工作者在社区党委和居委会的支持下,把平安爱心队打造为枢纽型社区社会组织,成为各类小组的统筹者,发挥共享中心的功能,推动社区朝向社区自治发展。

在这个阶段,服务还没有结束,社会工作者从台前走向幕后,从引领者走向支持者角色,突出加强社区社会组织的互助合作气氛,融合团队关系,培育骨干力量协助解决邻里纠纷、排除安全隐患等。

五、服务评估

2013—2020年,社会工作者先后培育了美食小组、舞蹈小组、手工小组、摄影小组和平安爱心队。在组织建立初期,通过一系列文化娱乐活动凝聚了一批有精力、有爱心的老年居民,他们乐于走出家门,参与社区活动。在文化娱乐活动方面,组建了自娱自乐类社区社会组织。经过组织规范和互助发展,社会工作者挖掘并培育了社区志愿服务组织,引导老年人关注社区公共事务,主动参与社区建设。从成果评估的角度看,社会工作者和社区的老年人共同努力,在A社区搭建了居民自我服务和自我管理的平台。社会工作者不断推动组织发

展,促进社区社会组织积极参与社区公益事业和公共事务,为形成有序、协调、广泛参与的社区自治体系打下基础。同时,随着居民对服务专业化的要求越来越高,期待社会工作者以促进社区志愿服务组织为突破口,调动整合更多社会资源和力量,服务居民,激励居民投入社区建设。

因此,这个阶段的主要介入策略是策划和倡导。社会工作者通过资料分析和关键访谈,利用科学和客观的标准衡量社区老年组织的功能定位,协助其界定未来工作方向。需要注意的是:评估工作不能过分依赖感性或太注重数据统计,应将重点着眼于未来工作方向。

【思考与讨论】

针对上述案例,请思考并讨论:社会工作者在发动老年人积极参与社区建设的过程中,需要注意的事项是什么?

实训项目

老年人社区工作方法的运用。

【实训目标】

(1) 增强对老年人社区工作模式的理解。

(2) 掌握老年人社区工作模式的实施策略。

【实训内容与方法】

(1) 阅读以下案例,并分析下列问题:

① 社区工作者运用了什么社区工作模式协助老年人解决医疗卫生服务站的建设问题?

② 结合公寓老年人的集体行动,你可以总结出哪些成功经验?

(2) 个人阅读并分析案例,针对以上问题写出发言提纲。

(3) 以小组为单位进行讨论。

案例

某产权式老年公寓坐落于 HD 社区内,自 2018 年 11 月开始接收老年人入住,为老年业主提供 24 小时服务。老年业主对公寓餐饮、卫生、日常护理、文化娱乐服务比较满意,但是开发商承诺的医疗服务站的服务却迟迟不见踪影。老年业主身体小有不适并需要治疗时,不得不到离社区很远的医院去就医。老年业主对医疗服务不能如约兑现而日益不满。

从 2020 年 10 月开始,老年业主在社会工作者的协助下,首先召开了社区会议,讨论确定维权行动计划和行动规范,并成立老年公寓老人委员会,由老人委员会会长多次与公寓投资方负责人进行对话,但是投资方继续敷衍了事。于是,在 2021 年 1 月老人委

员会会长和两名会员及一名社会工作者组成临时维权小组,负责向政府有关部门进行权益申请。通过与政府部门交流,老人委员会了解到,公寓投资方没有及时补交卫生部门要求的材料而耽搁了医疗卫生服务站建设。

经过老人委员会与公寓投资方再次谈判和持续监督申请、审批、施工进程后,医疗卫生服务站终于在2021年5月正式投入使用,方便了老年公寓和社区中的其他居民。

【实训评估】

(1) 评估标准:能准确理解老年人社区工作模式的假设和适用情境,并掌握其实施策略。

(2) 评估方式:

① 个人的发言提纲可作为一次作业评定成绩。

② 以组为单位,根据分享讨论中的表现评定成绩。

推荐阅读

1. 徐永祥. 社区工作[M]. 北京:高等教育出版社,2004.
2. 王思斌. 社会工作概论[M]. 3版. 北京:高等教育出版社,2014.
3. 周沛,易艳阳. 社区社会工作[M]. 2版. 北京:社会科学文献出版社,2019.
4. 仝利民. 老年社会工作[M]. 上海:华东理工大学出版社,2006.
5. 卞国凤. 老年社会工作方法与实务[M]. 2版. 北京:北京师范大学出版社,2021.
6. 吴华,张韧韧. 老年社会工作[M]. 北京:北京大学出版社,2011.
7. 万亚伟. 浙江社区社会工作案例选[M]. 北京:中国社会出版社,2012.
8. 陈树强,李璐龄. 社会工作实务案例教程. 北京:中国人民大学出版社,2021.

模块四

老年社会工作实务

- 项目九　社区老年社会工作
- 项目十　机构老年社会工作
- 项目十一　服务有特殊需要的老年人

项目九　社区老年社会工作

人口老龄化是当今世界人口发展的趋势。随着我国家庭结构和居住方式的改变，老年人家庭不断空巢化的趋势明显，独居老年人的数量逐渐增加。虽然老年人选择由养老机构提供日常生活照料的意愿有所提升，但是大多数老年人还是选择居家养老。因此，开展社区居家养老服务就尤为重要，让更多的老年人共享社会经济发展成果，真正实现"老有所养，老有所医，老有所教，老有所学，老有所为，老有所乐"，促进和谐社会建设，运用社会工作方法为老年人提供专业服务显得日趋必要。本项目主要介绍社区老年社会工作的内容和方法，并根据我国社区服务和社区建设的实际情况，结合案例对如何在社区中开展老年社会工作进行探讨。

知识目标：
1. 了解在社区中开展老年社会工作的内容；
2. 掌握在社区中开展老年社会工作的策略和方法。

技能目标：
1. 能够根据社区老年人的特点和需求，策划适合的服务计划；
2. 在社区老年人服务提供过程中，灵活运用不同的专业方法。

思政目标：
1. 弘扬尊老敬老爱老传统美德；
2. 爱岗敬业，努力增进老年人福祉。

任务　掌握社区老年社会工作内容和方法

情境

某社区的户籍在册人口中，60岁以上老人共9033人，约占户籍总人口数的25.8%，其中，80岁以上的老人有1909人，纯老人家庭762户，单身独居老人319人，孤老72人。目前，该社区老年人问题突出表现在两个方面。一是老年人经济保障和医疗保障不足的问题。该社区有部分老年人退休工资较低，随着年龄的增长，疾病越来越多，医疗费用也在逐年增加，使这些老年人处于收入低、生活困难、看病难的困境。二是老年人感觉缺乏照顾、服务和支持的问题。该社区中有部分老年人因缺乏照顾、沟通和求助途径而曾经出现过意外情况。

学生分析：假如你是该社区的社会工作者，你将为该社区的老年人开展怎样的专业服务？

知识导学

随着老年人口比例的上升，传统的家庭养老的负担日益加重，渐呈不堪负荷之势。家庭养老及机构照顾已不能满足老年人的需要，于是，探寻更加积极有效的社区老年人服务成为重要课题。

一、社区老年社会工作的产生

社区与老年人有着十分密切的关系。老年人是社区内的一个重要群体，随着老龄化的到来，老年人口所占比例将会越来越高。经过多年的社区生活，老年人对社区有较强的归属感、依恋感，了解社区的环境设施，掌握了很多社区信息，建立了紧密的社区联络网。

既然社区的事务与老年人的生活息息相关，他们应该拥有权利及义务去关心社区和参与社区事务，但现实并非如此。一方面，很多老年人对社区周围发生的事情很少关心，很少参与社区内的活动，也较少运用社区的资源。老年人的日常生活基本上是在家里做家务、带孙辈，空余时间与同辈互相倾谈或参与健身活动。另一方面，很多人认为老年人问题产生的原因主要是老年人个体生理上的衰退和老化。不少人对老年人存有偏见和负面的看法，对老年人抱有一种消极、否定的心态。这势必会影响老年人的自我评价，使老年人感到自卑，使其产生强烈的无助感及无能感和丧失感，觉得自己是社会和家人的累赘。

另外，在目前我国社区老年人服务中，较少运用社会工作方法为老年人提供专业化服务。而老年社会工作方法与传统的社区老年人服务最大的区别是：强调发掘老年人的潜能，降低老年人与社会的疏离，鼓励老年人提高社区参与，提升老年人的意识，改变部分人对老年人的负面看法，帮助老年人消除自卑、无能及无助的心态，建立积极的人生观，使老年人由一个被动的受助者转化为一个主动的、有自助能力的积极老年人，真正过上积极的、幸福的晚年生活。

基于以上几方面的原因，社会工作专业化服务会越来越受到社会的关注，面对老年人的需求及所面对的问题，老年社会工作成为社会工作实务工作者积极探索的服务领域。

二、社区老年社会工作服务的内容

社区老年社会工作服务围绕老年人的需要和问题展开，涵盖范围广，内容多样。2016年1月民政部发布了《老年社会工作服务指南》（MZ/T 064－2016）推荐性行业标准。根据这项标准，老年社会工作服务的内容主要包括救助服务、照顾安排、适老化环境改造、家庭辅导、精神慰藉、危机干预、社会支持网络建设、社区参与、老年教育、咨询服务、权益保障、政策倡导、老年临终关怀等。

（一）救助服务

评估老年人，特别是空巢、高龄、失能、计划生育特殊家庭老年人基本物质生活条件和经济状况；协助符合条件的老年人申请政府最低生活保障、特困人员供养、受灾人员救助、医疗救助、住房救助、临时救助等社会救助；协助有需要的老年人获得单位和个人等社会力量的捐赠、帮扶和志愿服务；提供相应的心理疏导、能力提升、社会融入等服务。

（二）照顾安排

组织开展老年人能力评估，包括日常生活活动、精神状态、感知与沟通、社会参与等方面内容，为老年人建立照顾档案；协助有需要的老年人获得居家照顾和社区日间照料等服务；协助有需要的老年人申请机构养老服务；协调老年人的长期照护安排，特别是居家照顾、社区日间照料和机构照顾之间的衔接；协助照顾者提升照顾技能。

（三）适老化环境改造

协调开展老年人居住环境安全评估；帮助老年人，特别是失能、失智等有需要的老年人及家庭申请政府与社会资助，改造室内照明、防滑措施、安装浴室扶手等，减少老年人跌倒等意外风险。

（四）家庭辅导

协助老年人处理与配偶的关系；协助老年人处理与子女等的家庭内代际关系；提供老年人婚恋咨询和辅导。

（五）精神慰藉

识别老年人的认知和情绪问题，必要时协调专业人士进行认知和情绪问题的评估或诊断；为有需要的老年人提供心理辅导、情绪疏解、认知调节，帮助老年人摆脱抑郁、焦虑、孤独感等心理问题困扰；协助老年人获得家属及亲友的尊重、关怀与理解；帮助老年人适应角色转变，重新界定老年生活价值，认识人生意义，激发生活的信心和希望。

（六）危机干预

识别并评估老年人所面临的危机，包括危机的来源、危害程度、老年人应对危机的能力、以往应对方式及效果等；统筹制定危机干预计划，包括需要干预的问题或行为、可采用的策略、可获得的社会支持、危机介入小组的建立及分工、应急演练、信息沟通等；及时处理最迫切的问题，特别是自杀、伤及他人等可能危及生命安全的行为问题。必要时，协调其他专业力量的支援，对老年人进行身体约束或其他限制行为；进行危机干预的善后工作，包括对介入对象的回访、开展危机介入工作评估和小结、完善应急预案以预防同类危机的再发生等。

（七）社会支持网络建设

对老年人的社会支持网络进行评估，包括个人层面可给予支持的人数、类型、距离及所发挥的功能，以及社区层面老年人群的问题与需求、资源配置情况及需求满足情况；综合使用各种策略以强化老年人社会支持网络，包括个人增能与自助、家庭照顾者支持、邻里互助、志愿者链接、增强社区权能等；巩固社会支持网络成效，建立长效机制。

（八）社区参与

开展适合老年人的文化、体育、娱乐等各项活动，培养老年人兴趣团体，提升老年人的社会活跃度，丰富老年人的社会生活；组织老年人积极参与各项志愿服务，培育老年志愿者队伍，发展老年志愿服务团体；支持老年人参与社区协商，为社区发展出谋划策；拓展老年人沟通和社区参与的渠道，促进老年人群体的社会融合。

（九）老年教育

评估老年人兴趣爱好及教育需求；推动建立老年大学、老年学习社等多种类型的老年人

学习机构和平台；开展有关健康教育、文化传统、安全防范、新兴媒介使用等方面的学习培训课程；鼓励和支持老年人组建各种学习交流组织，开展各种学习研讨活动，扩大老年人的社会交往范围；鼓励老年人将学习成果转化运用和传承，鼓励代际之间相互学习、增进理解。

（十）咨询服务

协调相关专业人士为老年人提供政策咨询、法律咨询、健康咨询、消费咨询等服务；完善老年人信息提供和问询解答的机制和流程。

（十一）权益保障

维护和保障老年人财产处置和婚姻自由的权益；发现并及时举报老年人受虐待、遗弃、疏于照顾等权益损害事项；开展社会宣传和公众教育，防止老年人受到歧视、侮辱和其他不公平、不合理对待；协助符合条件的老年人享受社区和机构的各项养老服务，获得老年人补贴和高龄津贴等。

（十二）政策倡导

研究、分析与老年人相关的法律法规及社会政策中在制定和执行中的不完善与不合理内容，向相关职能部门提出政策完善建议；对社会公众进行教育、宣传，树立对老年人群体的客观、公正的社会评价。

（十三）老年临终关怀

开展生命教育，帮助老年人树立理性的生死观；协调医护人员做好临终期老年人的生活照料和痛症管理；密切关注老年人的情绪变化，提供相应的心理支持；协助老年人完成未了心愿及订立遗嘱、器官捐献等法律事务；协助老年人及家属、亲友和解和告别等事宜；协调为老年人提供精神层面的支持；为有需要的老年人及家属提供哀伤辅导服务。

三、社区老年社会工作的基本策略

（一）加强老年人对社区的认识，鼓励老年人参与社区活动，实现老有所乐

要加强老年人与社区的联系，增进老年人的社区参与，首先要做的工作就是让老年人对居住地有足够的认识。在社区活动中心、老年人之家的服务中，可安排老年人进行社区探访活动；可以策划一些认识社区及收集社区资料的比赛活动，让老年人多关注身边的事物；在社区的宣传栏里，可以专门开辟一块"社区新闻栏"或"时事栏"，张贴社区新闻，让老年人定期阅读；可以结合春节、元宵节、端午节、中秋节等传统节日，多举办各种富有社区气氛的活动；可以邀请一些组织和单位到社区与老年人一起开展活动；可以鼓励和带领老年人参加其他机构或团体的活动。即使有些活动不一定是专门为老年人组织的，社会工作者也可以带动老年人作为普通居民去参与，让老年人多与社区人士接触，从而使大家认识到老年人是社区中的一个重要群体，不能忽略老年人参与社区活动的需求。同时，社会工作者鼓励老年人参与这些活动，也可以发挥老年人各自的特长。

（二）促进老年人的自助及互助能力，提升老年人的自信心

社区工作经常推行自助及互助计划，以加强居民的自助能力，鼓励居民的守望相助精神。老年人有丰富的人生经验和工作经验，这些经验都是十分宝贵的资源。社会工作者应鼓励老年人参与活动的策划及组织工作，如活动的宣传、制作游戏物品、布置场地、准备节目，甚至活动的主持等。社会工作者还应鼓励老年人善用闲暇时间，根据老年人各自的特

点,发动老年人的互助服务,例如理发、读写信、教唱歌、跳舞或演奏乐器等。只要社会工作者能有意识地去引导和支持老年人活动,他们的参与意识就会更好地发挥出来。

(三) 发展、培养老年志愿者,实现老有所为

发展、培养老年志愿者是社区社会工作者的一项重要的工作。社会工作者可以协助老年人成立志愿者小组,参与社区内的一些义务工作,如协助维护社区的治安、社区活动的策划和组织、争取社会资源等。志愿者还可成为老年人群与社会工作者的沟通桥梁,使社会工作者能更多地了解老年人的需求及对服务的意见,让老年人加深对社区的归属感,并使他们觉得被尊重和有能力参与。

社会工作者在发展、培养老年志愿者的过程中,应注意以下几点:第一,社会工作者应向老年人解释什么是志愿者,参加志愿者小组有什么好处,再主动邀请老年人成为志愿者;第二,社会工作者最好能身体力行,经常与老人们一起工作,这样更有利于建立平等、合作的关系;第三,社会工作者对老年人的贡献和付出要经常加以鼓励,利用媒体进行宣传、赞扬或颁发证书等;第四,社会工作者要建立起志愿者管理制度,加强对志愿者的培训,为志愿者提供更多的资源和良好的社会环境,鼓励老年人朝着自决自主的方向发展。

(四) 成立老年人组织,发动老年人关注社区事务,建立积极的晚年形象

在社区老年社会工作中,社会工作者可以引导社区的老年人成立老年人协会或小组。老年人对社区事务并不是完全冷漠的,他们对与其有切身关系的问题有自己的看法,社会工作者应重视他们的意见,对他们的意见应积极回应,发挥他们的积极性。在社区成立老年人协会或小组是完全有必要的和有潜力的,社会工作者应给予老年人机会,鼓励及引导老年人去关注社区事务。

(五) 提升老年人权益意识,使老年人权益深入人心

社区老年社会工作特别强调服务对象意识的提升。我们不能只为老年人解决问题,而忽略了老年人对自己权益的认识及觉醒。老年人自身权益意识的提高是维护老年人权益的关键。很多时候,老年人的权益意识十分淡薄,不知道自己有些什么权益,更不知道怎么样去维护自己的权益。因此,社会工作者要不断地向老年人讲解他们拥有的权利,要让老年人明白争取更多话语权、参与权和决策权的重要性,要帮助老年人逐渐消除消极的形象,让他们重新肯定自己的价值,提升其自信心,更使其自身的权益意识得以提升。例如,举办有关老年人权益的讲座、讨论等活动,进行老年人权益的宣传,使社会大众了解老年人曾经对社会所作的贡献,明白老年人应该得到社会的照顾,使全社会了解老年人权益,自觉维护老年人权益。

(六) 对社区老年人提供培训,培养社区老年人领袖

社区工作最重要的精髓在于推动社区内居民的参与、培养社区领袖和发掘人力资源。大多数老年人有与他人,特别是同辈的老年人交往的意愿,他们害怕孤独寂寞,热爱人群;老年人大多和蔼可亲,容易让人产生信赖感,易于与他人建立良好的关系;老年人有丰富的人生经验和工作经验,也接受过各种各样的考验,有一种坚忍不拔的精神;许多老年人对于社区内有困难的人往往抱以更多的热情;老年人有更多的闲暇时间在社区内度过。所以,很多老年人具有社区领袖的很多特质,经过一定的培训,他们会成为优秀的社区领袖,成为社会工作者的得力助手。

四、社区老年社会工作的方法

个案工作、小组工作、社区工作是社会工作专业主要的工作方法,在社区中开展老年社会工作专业服务,这3种方法同样是运用到的主要方法。这3种方法分别在项目六、项目七、项目八进行了详细介绍,在此基础上,社会工作者要根据社区老年人的特点及需求,灵活地运用不同的方法和技巧。

(一)个案工作方法

在社区老年社会工作中运用个案工作方法,是以生活适应不良的老年人及其家庭为服务对象,运用相关科学知识和专业技术,通过专业关系的建立和发展,在了解其个人内在心理特征和问题的基础上,针对老年人的特殊情况和需求,适当调整其所处的内在和外在的生活环境,并运用社会资源来维持或改善其社会功能,以解决其问题、增强其社会适应能力的工作过程。

【思考与讨论】

刘奶奶年近65岁,原来是某企业医院的医生,一直对营养非常感兴趣。今年春天,刘奶奶得知街道要邀请一个培训机构在社区举办为期半个月的营养师培训班,于是就积极地报名,没想到,第一天上课刘奶奶没有来,就在社区工作者和老师还很纳闷的时候,刘奶奶的儿子和儿媳妇赶来了。儿媳妇进教室就嚷嚷:"老太太来学习,谁带孩子?这么大年纪,不找工作,不缺钱,学什么呢?老太太有高血压和心脏病,万一有事,谁负责?"不论社区工作者如何劝说,儿子和儿媳妇都坚持退款退学。

请思考并讨论:社会工作者该如何帮助刘奶奶呢?

(二)小组工作方法

在社会工作专业服务中,小组工作方法一直发挥着积极作用。老年人参与小组也有诸多益处,包括:第一,能够帮助老年人了解和接受他们身心能力已经改变了的事实;第二,能够为老年人提供旧友相聚和结识新朋友的机会;第三,能够增强老年人对社区和社会的认同感;第四,小组成为老年人隶属于其个人和家庭之外的有效工具;第五,老年人能够在小组中获得他人的承认;第六,能够满足老年人的特殊需求。

【思考与讨论】

南京市Z社区处于繁华的商业区,占地面积为1 120 000平方米。社区内基础设施完善,有露天广场、便民商店,居民公共活动空间充足且环境优美,社区内有一

处200平方米的地下活动室。社区内有工商企业单位10家,金融机构3处,幼儿园和中小学各1所。社区周边的交通便利,居民出行方便。社区中共有7000家住户,其中有随迁老人的住户占整个社区住户的40%。社区内居民受过良好的教育,人员总体素质高,具有稳定的经济收入,拥有丰富的社会生活。但庞大的随迁老人群体都是从不同的地方汇聚到这里,有着不同的文化背景,语言以及生活习惯也不同。随迁老人因帮助子女分担压力或养老问题,不得不随着子女来到城市社区,面对陌生的环境以及城市的快节奏生活等多方面因素,他们未能很好地融入社区生活,面临着许多问题:如何适应新的社区环境?如何在新的社区中交友?如何处理与子女之间的矛盾?这些问题如果得不到合理的解决,不仅不利于老人的身心健康,同时也会影响其家庭的和睦。

社区的社会工作者应该以促进随迁老人更好地融入社区为己任,从实际出发,充分了解引起随迁老人问题的各种因素,运用社会工作的专业方法,协助随迁老人解决问题,从而提升其幸福感,培养其主人翁精神,更好地融入社区生活。

请思考并讨论:
1. 社会工作者可以开展哪些类型或主题的老年小组工作?
2. 开展老年小组工作时有哪些注意要素?

(三) 社区工作方法

随着老龄社会的到来,老年人的养老服务、医疗健康服务等问题成为社区和社会面临的重大问题。在社区老年社会工作中,如何促进社区老年居民积极参与社会事务和社区建设,切实组织老年人自助和互助,积极开展各种为老服务和老年人文化娱乐活动,提高老年人晚年生活质量,这是老年社区工作的核心所在。

【思考与讨论】

某社区有8200多名居民,其中老年人约有1750人。社区里的老年人大部分和子女分开居住,一周也就见面一两次。在社区聊天室建成后,社区里的老年人经常聚在一起,从家事到国际大事,无事不谈。

在社区社会工作者的倡导下,老年互助队也在聊天中逐步形成。参加互助队的老年人约有100人,年龄在60~70岁。他们文化程度不同,个人爱好不同,身体条件也不同,但是在社区社会工作者的组织联系下,他们走到了一起,积极参与社区建设。

互助队的老年人除了彼此相互帮助,还义务为有需要的其他老年人服务,所需要的费用由社区承担。有一年夏天,天气持续高温。为了让身体虚弱的老年人安全、舒适地度过夏季,社区特意购买了一批消暑用品和食品发给他们,互助队每天给他们送去消暑的绿豆汤。

老年互助队的行动也影响了一批年轻人。不久前,社区的一些中青年人主动提出要为老年人做点事情。张阿姨的女儿每次回来看父母时,都主动陪社区的孤寡老人聊聊天。社区家政服务部也提出,要免费为老年人清洗大件衣物和被单,免费为互助队的重点帮助对象做家庭保洁。

请思考并讨论:老年互助队对老年人的生活和该社区的发展分别有什么意义?你还知道有哪些方法可以提高老年居民的参与度呢?

实训项目

培育老年人社区组织与社区领袖。

【实训目标】

(1) 增强对老年人社区组织和社区领袖的理解。

(2) 培养社区老年人领袖的工作方法。

(3) 提升推动老年人社区参与的能力。

【实训内容与方法】

(1) 阅读以下案例后,分析下列问题:

① 老年人互访团的特点和功能分别是什么?

② 朱团长具有哪些优秀社区领袖的特点和工作技巧?

③ 推动老年人社区参与的原则和措施分别是什么?

(2) 先由个人阅读并分析案例,针对以上问题写出发言提纲。

(3) 再以小组或班级为单位进行讨论。

案例

随着社会的发展,部分郊区农民拆迁后住上了楼房。以前在乡下时,邻里间开门就见面,一些关系好的就像自家人,互相都有个照应。可现在搬到楼房里住了,却谁都不认识谁,几年下来,有的邻居连招呼都没有打过。面对这种现象,社区社会工作者不得不思考:怎样让邻里之间像家人一样,大家一起交流,互相帮助,老年生活不再枯燥无味呢?他们想了很多办法,后来就请了社区里一位资深的校长朱校长牵头,成立了一个社区民间组织"老年人互访团"。

互访团成立后,不断地开展活动,不断创新互访内容,吸收了大量的老年人。朱团长不顾自己患有严重的眼疾、腿也有病,日夜操劳,到处奔波。他深知,人老了,身体健康最重要,老年人首先应该自己关心自己,于是为互访团成员创建健康档案的想法就付诸实施了。在朱团长的带领下,互访团组织成员检查身体,遇到高龄老人时还提供上门服务,互访团医生有时一连要跑几幢楼,上下楼很多趟。

为了让大家熟悉起来,开阔视野,互访团不定期地组织一些户外短线旅游活动,如春之恋、乡情之恋等活动。社区一位老华侨提到互访团时赞不绝口:"人老了!孤独感就强了,互访团使我们大家聚在一起,谈经济、谈政治、唱歌、跳舞,生活充实了,人也开心了,活着更有乐趣了。"

互访团里的老人们个个都是热心人,不管谁家有困难,他们都主动去帮忙,出主意、想办法,以正确的途径尽量使难题得到化解。

互访团成立以来,每月都要为当月过生日的老人举行生日庆贺会,团友称为"生日盛会",在庆贺会上团友们唱生日歌、送生日卡、拍生日照,过生日的老人还带来生日蛋糕和水果。有一次为两位高龄老人过生日时,一位团友写了两幅书法"寿"字,并装裱得非常精美,送给过生日的老人,六七十个老人欢聚一堂,歌声、笑声、掌声、祝福声融为一体,老人们沉醉在欢乐的海洋里。有几位老人激动地说:"我从来没有过过这样热闹的生日,这是互访团带给我的快乐和幸福。"

【实训评估】

(1)评估标准:能准确把握老年人社区组织和社区领袖的特点,并掌握促进老年人社区参与的原则与措施。

(2)评估方式:

① 每个人的发言提纲可作为一次作业,评定成绩。

② 根据每个人在讨论中的表现评定成绩。

教学情境 社区老年社会工作案例分析

在本项目的任务中,我们详细介绍了社区老年社会工作的内容和方法。这里,我们将通过一个案例来示范社区老年社会工作实务是如何具体开展的。[①]

一、案例背景

据2010年的统计,广州市60岁以上老年人口已接近110万人,占全市户籍人口的14%,并以每年3.4%的速度递增。在庞大的老年人群中,大部分是空巢老人。不少老人自身经济情况不佳,子女也无法提供经济上的支持。他们当中许多人深居简出,很少与社会交往,也缺乏生活兴趣,没有信心重新设计晚年生活,长期的独居空巢生活,导致精神与心理需

---

① 邹文开,王婴.社会工作实务操作手册[M].北京:中国社会出版社,2015:217—229.

求不能得到满足。

为关爱空巢老人的身心健康,加强基层老龄服务工作,广州市委市政府推出了一系列惠及空巢老人的社区服务措施,包括推行社区居家养老服务、鼓励兴办民办养老机构、为空巢困难老人免费安装"平安通"等。尽管如此,社区养老服务仍无法完全满足这部分长者的日常照顾、心理、情感及发展、晚年生活合理规划等方面的需求。为此,广州市义务工作者联合会利用自身庞大的义工资源优势,率先申请政府购买项目,从 2009 年 11 月起,承接"关爱空巢老人"服务项目,以平安通用户(荔湾区、海珠区、白云区、天河区)为主,兼顾其他有需求的空巢老人。

二、需求调查

项目实施之初,4 名社会工作者先后组织 400 多名义工在荔湾区、海珠区、天河区、白云区进行了 2000 多次挨家挨户"扫楼式"社区探访,共探访了 1000 户空巢老人,收集了大量的社区空巢老人基本信息和服务需求。在第一年空巢老人服务累计 11 498 人次基础上形成的《长者服务需求调查报告》,为项目的再次需求评估奠定了坚实的基础和提供了丰富有效的原始信息和数据。第二年上半年度,社会工作者组织近 3000 多名经过培训的义工深入社区 2000 多户独居空巢老人家中开展探访,对空巢老人的健康状况、生活状况、居家环境和社会支持网络等多方面情况进行探访并记录。

分析:社会工作者在开展具体服务之前必须对服务对象的"真实需求"进行了解与评估,站在服务对象的角度去体会和感受服务对象的真实需求,而不是站在社会工作者自身的角度想当然地认为服务对象应该接受哪些服务,或者把现有服务强加给服务对象。同时,需求评估也并不止于开始阶段,而是贯穿于服务始终,在不同时期服务对象可能呈现出不同的需求,所以社会工作者在服务的开展过程中要及时了解和评估服务对象的不同需求。

三、服务设计

社会工作者通过前期对空巢老人的探访了解到,"老无所依"和"老难所安"是老年空巢化的两大长期挑战。综合来说,空巢老人呈现出生活照顾、情感支援、身体康复、住房安排、经济援助、社区参与以及获取政策、服务、日常生活信息等多方面、综合性的需求。

基于对老年人的需求及问题的评估,该项目制定了以下目标:① 为社区空巢老人提供适切的服务;② 整合"平安通"紧急呼援平台、社区服务中心等社区助老资源,引导空巢老人认识并善用社区服务资源;③ 连接社会慈善爱心资源;④ 提供一系列发展增能以及支援服务,使空巢老人实现自助互助、无惧空巢、安享晚年。

社会工作者根据空巢老人的特点和需求,不仅策划多元化、个性化的"特别服务计划",开展个案服务,还开展兴趣、缅怀、社交、康乐等小组工作和面向助老者的小组,也运用社区社会工作方法推行"爱心传递"计划、定期开展社区主题宣传、建立社区义工服务队伍,推行社工义工联动模式,整合服务资源。

分析:从社会工作专业视角出发中,在服务计划制订过程中,社会工作者注重对空巢老人需求的回应,既关注到个别空巢老人的特殊需求,开展一对一个案服务,同时也考虑到空巢老人的发展性需求、共性需求，开展小组工作。"社区照顾"理念通过推行"爱心传递"计划、定期开展社区主题宣传活动、倡导社区邻舍支持行动等方式得到落实，增强空巢老人对社区的归属感。

四、服务实施

广州市社区"关爱空巢老人"项目，由于采取社工、义工联动模式，对大量参与服务的义工的有效管理就成为项目实施中的首要问题。社会工作者是服务的引领者，义工是服务的重要组成部分，提升义工服务质量是实现项目目标的重要保证。社会工作者从志愿者招募、培训、使用、督导激励各环节提升义工的服务质量。

项目的实施、服务的提供需要平台和支持，社会工作者主动联系街道、社区及相关服务机构，先后找到并获得基金会、银行、超市等爱心单位和个人的支持，将连接到的各种资源与街道社区综合服务中心、民办社工机构等社会服务组织共享，共同开展"关爱空巢老人"服务，扩大长者服务受惠面。在社会工作者的努力下，一同携手开展"关爱空巢老人"服务的团体达到近150个，包括企业、机关事业单位、高校组织、义工服务组织。

空巢老人数量多，呈现出来的需求也各不相同。根据前期需求调查和评估情况，社会工作者搭建支持网络，使老人感受到了来自社会各界的温暖和关怀。在项目开展期间，为超过100位长者提供过专业个案服务，服务内容涉及专业咨询、资源连接、情绪支援、哀伤辅导等诸多方面，服务成效显著，受到服务对象的一致好评。在社会工作者看来，老年人本身就是一种丰富的人力资源，组织空巢老人通过为自己和他人服务，增强自信，实现人生价值，形成"自助"和"互助"的状态，融入社区服务。

分析：社会工作者的服务介入可以有不同层次和角度，一般来说可以概括为直接服务和间接服务，案例中呈现的义工管理、资源协调、支持网络的建立都是间接服务，增能视角下的服务、个性化服务、融入社区服务都是直接服务。间接服务为服务对象搭建了有利的服务环境，使服务能够高效地顺利地实施。直接服务直接服务于服务对象，使服务对象直接感受到帮助，并能够推动服务对象及其生活环境得到改变。另外，需要注意两点：第一，社区居家养老的关键就是找出老年人现有的功能中哪些仍可以发挥作用，只要通过补充性的辅助，就能够维持老年人的自立感；第二，在确定介入措施时，应侧重在尊重老年人自己做出决定的前提下提供各种机会。

五、服务成效

在项目实施过程中，社会工作者秉承"助人自助""增能""社区照顾"等专业理念，协调和整合资源，推行社工、义工联动机制，为空巢老人搭建了服务和支持网络，并为有个别需求的老年人提供深入服务，得到了服务对象的高度认可，取得了良好的社会效益。社会工作者以空巢老人为中心，强调老年人的自主参与、自主管理和自我发展。老年人兴趣小组活动的开展，老年人各方面特长的发挥，丰富了老年人的生活，提升了老年人的自我价值感及老年人之间的互助。专业社会工作的介入对空巢老人的生活产生了积极意义。

分析：从空巢老人主体来讲，该项目关注了老年人的经济、健康、医疗、照护、心理、精神慰藉等方面的需要,通过提供适合的服务满足老年人各方面的需要。从老年人所处的环境来说,该项目关注了老年人生活环境的安全,关注了老年人生活的社区可以利用的资源状况,帮助老年人了解并学会使用社区的资源。服务体现了"人在情境中"的专业理念,从空巢老人及其所处环境的多个不同层面出发,满足老年人的需要,并协助老年人与其所处环境间形成良好的互动。

【思考与讨论】

上述案例及分析对你有什么启发?

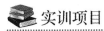

实训项目

1. 独居老人的社区服务。

【实训目标】

(1) 增强对社区独居老人需求的理解。

(2) 掌握为社区独居老人服务的介入策略。

【实训内容与方法】

(1) 阅读以下案例,并分析下列问题:

① 案例中的张先生遇到了哪些问题?

② 针对张先生目前的困境,社会工作者应采取怎样的介入策略?

(2) 个人阅读并分析案例,针对以上问题写出发言提纲。

(3) 以小组为单位进行讨论。

案例

家住上海市中山北路某社区的张先生,现年66岁,独居,身患肛瘘。平时,张先生自己可以独立生活,但病发严重时,经常卧床不起。张先生退休前在事业单位工作,有稳定足额的退休金,生活上还算过得去。张先生的四个儿女都在国外工作,由于工作原因,很少有时间回来探望他。张先生曾经想再找个老伴儿,以相互照顾,但担心影响与子女的感情,因此,没有向子女们开口。随着年龄增高,张先生记忆力下降,外出时经常忘记锁门或关煤气,有一次差点引起火灾。最近张先生病情加重,生活无法自理。受医疗条件限制,张先生所在的社区医院(一般无肛肠科)束手无策;大医院因张先生年龄较大且心脏不太好,不适宜动手术,也婉拒了他的求医要求,而且距离较远,上门送医送药也不现实。后来张先生几次打电话给某医院肛肠科求助,但该科青年医务志愿者帮助的对象是经济特困老人,出于道义,该科青年医务志愿者免费上门送医送药三次,帮助张先生缓解病情,但要根治,暂时还不可能。一个人生活,面对生活中遇到的种种困境,张先生常常感到孤立无援、焦虑不安。

【实训评估】

(1) 评估标准：能准确把握社区独居老人的需求，并掌握为社区独居老人服务的介入策略。

(2) 评估方式：

① 个人的发言提纲可作为一次作业评定成绩。

② 以小组为单位，根据分享讨论中的表现评定成绩。

2. 社区老年社会工作的介入。

【实训目标】

(1) 增强对社区老年人需求的理解。

(2) 培养与社区老年人接触的技巧。

【实训内容与方法】

(1) 阅读以下案例，并分析下列问题：

① 案例中的社会工作者是如何介入社区服务的？运用的介入方法有哪些？

② 社会工作者在获取老年人积极配合的过程中，需要注意的事项是什么？

③ 与社区老年人接触的技巧有哪些？

(2) 个人阅读并分析案例，针对以上问题写出发言提纲。

(3) 以小组为单位进行讨论。

案例

广州市一些街道试行"政府购买社工服务，再由社工介入居民服务"，其中，广州市越秀区建设街是率先试点的街道之一。据介绍，建设街在本街道建立了阳光社工站，其社工站负责人由广东工业大学社会工作专业的老师担任。社工站通过非行政化的手法介入服务内容，对辖区内困难群众、独居老人等重点人群开展有针对性的服务。其中，家庭探访是社会工作者与居民之间建立起相互沟通的主要渠道。

在家庭探访过程中，建设街社会工作者努力与街坊做好接触工作，真诚关心街坊，耐心与独居老人拉家常，从中了解他们所需要的服务，然后着手去帮老人解决，如社区服务中心"平安钟"服务。独居长者对社会工作者的来访都感到非常高兴，甚至有长者表示，几十年来都没有人愿意听他们说那本"家庭难念的经"，社会工作者的热情让他们能够完整地作一次倾诉，他们十分感动。

【实训评估】

(1) 评估标准：能准确把握社区老年人的需求，并掌握与社区老人接触的技巧。

(2) 评估方式：

① 个人的发言提纲可作为一次作业评定成绩。

② 以小组为单位，根据讨论中的表现评定成绩。

推荐阅读

1. 范明林. 老年社会工作案例评析[M]. 上海:华东理工大学出版社,2010.
2. 马伊里,吴铎. 社会工作案例精选[M]. 上海:华东理工大学出版社,2007.

项目十　机构老年社会工作

伴随着老龄化而来的养老问题给当今社会带来了巨大的挑战，尤其是目前"核心家庭""空巢家庭"与日俱增，打破了传统的家庭养老模式和养老观念，越来越多的老年人主动或被动地选择入住养老机构。于是，运用社会工作的专业理念和方法为养老机构中的老年群体提供服务的机构老年社会工作也逐渐兴起，并日益受到重视，同时也推动了我国养老机构服务的专业化发展。本项目将针对机构老年群体的特点，介绍机构老年社会工作的内容和方法，并通过具体的案例分析的方式，引导学生学习和掌握如何运用老年社会工作的方法处理养老机构中的老年人问题。

知识目标：
1. 了解机构老年社会工作的内容；
2. 掌握机构老年社会工作的方法。

技能目标：
1. 提高分析机构老年人问题和需求的能力；
2. 提高运用专业社会工作方法解决机构老年人问题和满足老年人需求的能力；
3. 提升在养老机构中独立开展社会工作服务的能力。

思政目标：
1. 全心全意为老年人服务；
2. 爱岗敬业，努力提升老年人的生活品质。

任务　掌握机构老年社会工作内容和方法

情境

一天，某养老机构的社会工作者小李正在带领合唱兴趣组的老人们开展活动。老人们正唱得起劲儿，坐在第四排的黄奶奶与旁边的张奶奶小声讨论了几句关于歌曲韵律的问题。这可引起了坐在她们后排的王奶奶的不满，王奶奶非常生气，开始拍桌子、骂人。小李赶紧过去安抚王奶奶，别的老人也一起劝说。黄奶奶没有说什么，拿着自己的歌本离开了活动室。但是事情并没有就此了结。黄奶奶感到十分委屈，回到房间里

大哭起来，无论别人如何劝阻，都无法让她安静下来，最后只好由楼长出面并答应帮她解决问题，她才停止了哭泣。楼长几次找黄奶奶谈心，劝她不要跟80多岁的王奶奶计较了。黄奶奶却说："她80多岁，我也70多岁了。我们都是老人，住在这里的老人都应该遵守老人文明守则，遵守这里的规定，怎么能动不动就骂人，这么不讲道理呢？"黄奶奶拿出机构与老人们签订的入住补充协议，要求院方取消王奶奶的居住资格，并要王奶奶赔礼道歉。而王奶奶也不依不饶，认为黄奶奶扰乱小组秩序，有错在先。以上是发生在养老机构的老年人生活中的一个片段，看起来事情不大，但是却大大影响了两位老人，甚至更多老人的生活质量。

学生分析：

如果你是小李，面对在机构生活的老年人，你该如何开展工作呢？

知识导学

一、基本概念

（一）机构老年人

根据我国目前养老机构的情况，机构老年人是指60岁以上，没有精神疾病和传染性疾病，根据个人意愿主动入住养老机构并能够适应机构的集体生活的老年人。

（二）养老机构

养老机构一般是指长期收住老年人的老年公寓、托老所、养老院（老年社会福利院）、敬老院、老年护理院等机构。这些机构是根据各自能够承担的照顾对象自理能力的不同进行划分的，而目前我国最需要的是有长期照护老年人能力的老年护理院。

二、机构老年人的一般特征

目前，我国入住机构的老年人主要有以下几个方面的特征。

（一）高龄老人多

养老机构的老年人大多是高龄老年人。在家里，他们生活自理有困难，子女又无暇顾及或无能力照顾他们的生活，所以他们选择居住养老机构。

（二）空巢老人多

近些年来在大中城市空巢老人越来越多，许多老人的子女定居国外或其他城市，想照顾老人也是心有余而力不足，所以老人选择入住养老机构。

（三）孤寡老人多

孤寡老人主要有这样几种情形：终身未婚、丧偶无子女或失独。这些老人因无人照顾，为了解决自己晚年的后顾之忧，选择入住养老机构。

此外，也有少数老人是以上三种情况之外的，他们仅仅是因为喜爱集体生活的原因，选择居住养老机构。

三、机构老年社会工作的内容

除了组织老年人兴趣小组的活动以外,接待或探访老人,给他们以安慰和鼓励,以及协调老人之间的关系,都属于机构老年社会工作者的工作范围。一般来说,机构老年社会工作包括如下内容。

(一)接待老年人入住机构的工作

接待老年人入住机构一般是指由养老机构的接待员完成预约入住或办理入住机构的工作。社会工作者在接待老年人入住机构的环节中所承担的工作包括两部分内容:评估和设计照顾方案。

1. 评估

老年人入住机构之前一般要先经过一个简单的评估,包括老年人的身体和心理健康、老年人的家庭生活情况、经济情况等,主要目的是了解老年人是否有入住养老机构的主观意愿,以及是否适合机构生活。

社会工作者参与老年人入住前的评估,主要负责评估老年人的社会交往能力和沟通能力、自理能力和家庭生活情况,通过一对一与老年人交谈的方式,辅助运用专业的评估测量工具进行评估。

2. 设计照顾方案

入住养老机构的老年人都会得到机构承诺提供的一般服务,但是从社会工作的角度来看,每位老年人都是一个独立的个体,都会有个性化的需求,所以社会工作者的工作就是根据前期评估的结果,协同机构其他专业的照顾者,一起为入住的老年人设计一套符合其需求的个人照顾方案。

(二)老年人心理支持工作

老年人选择入住养老机构,从心理和情感上来说,或多或少有着自己的无奈,所以当他们入住养老机构以后,需要重新调整生活规律,适应新环境、新设施,总是会经历心理上的困扰期,有的老年人困扰期时间长,有的老年人困扰期时间短,有的老年人甚至是居住一段时间以后才在情感上爆发出来,表现为烦躁、焦虑、不爱与人沟通、与其他老人发生纠纷等。

老年人心理支持工作是指社会工作者评估老年人的需求,运用个案工作、小组工作等社会工作专业方法提供心理疏导和情绪疏导的服务。其目的是帮助老年人尽快适应养老机构的生活,协调各种资源帮助老年人搭建新的人际关系网络、解决生活上的各种不便和问题,建立老年人与家属互动、机构与外界互动的良好关系模式,从而维护机构老年人的心理健康。

(三)休闲娱乐服务工作

居住在养老机构的老年人比社区的老年人更需要休闲娱乐活动,这是因为他们本身独立外出的能力比较弱,加上养老机构的生活相对比较闭塞,与社区开放的环境相比,缺少与社会交往的机会,所以社会工作者要根据老年人的兴趣爱好和身体情况,在平时和重要节日期间,适当开展休闲娱乐活动,如播放电影、组织文艺演出、游艺会、运动会和外出游园等活动。

休闲娱乐服务工作的开展要求社会工作者充分协调和利用社会资源,同时又要根据老年人实际的需求和身体状况合理设计活动计划,并且在活动过程中要注意老年人的身体、情

绪变化,对场地和环境的熟悉。

(四) 老年人教育工作

为了达到养老机构老年人"老有所学"的目标,养老机构一般会开设各种兴趣班来丰富老年人的日常生活,增加老年人学习的兴趣,寓教于乐。社会工作者可以通过招募志愿者的方式,邀请社会志愿者来机构为老年人开展兴趣班的教学服务,如书法、绘画、手工、交谊舞等兴趣班,也可以为老年人开展各种专题知识讲座或展览。在老年人教育工作中,社会工作者要做好志愿者的管理,包括招募、培训、沟通、协调、记录、总结和奖励等一系列的工作。

(五) 其他日常工作

社会工作者要服务于机构的老年人,就必须熟悉和了解居住在机构的每一位老年人,与他们建立起友善的关系,所以日常的接触和沟通是必不可少的。

一方面,社会工作者可以通过老年人的日常来访与老年人进行交谈,了解机构内老年人目前最关心的话题,最亟待解决的问题等。另一方面,社会工作者也要主动到老年人的房间、公共空间或与老年人约定时间、地点进行谈心,掌握需要重点照顾的老年人的情况,并将"定期走访老年人"作为一种工作要求和制度,做好走访记录,定期召开机构社会工作者讨论会,分享工作经验。

> 【思考与讨论】
> 你认为养老机构中的社会工作还包括哪些内容?

四、机构老年社会工作的方法及注意要素

个案工作、小组工作、社区工作是社会工作专业的主要方法,也是养老机构中开展社会工作专业服务的主要方法。社会工作者在养老机构中开展服务时,除了要掌握社会工作基本方法和技巧外,还需要对以下方面予以特别关注。

(一) 个案工作

1. 机构老年人面临的个案问题

在养老机构中,社会工作者常常会遇到以下几类老年人的个案问题。

(1) 老年人之间的纠纷问题。这类个案求助最多,往往是因为老年人入住养老机构以后,难以适应集体生活,加上遇到与自己脾气秉性不合的邻居或室友,需要社会工作者帮助老年人疏导情绪,缓和矛盾,建立良好的人际关系。

(2) 法律问题。机构老年人面临的法律问题多是向社会工作者求助如何处理自己的遗产或者如何写遗嘱等。这类问题多出现在子女较多或没有子女的老年人身上。

(3) 情感问题。这类个案问题多是丧偶的老年人的再婚问题或者是丧偶后的情绪问题,需要社会工作者予以情感上的协助或安慰。

机构老年人个案工作遵循一般个案工作的工作程序,即:接案—资料收集—制订计划—签订协议—开展服务—结案—评估—跟进。

2. 机构老年人个案工作应注意的要素

(1) 与老年人建立健康的信任关系的重要性。机构内的老年人长期居住于机构中,形成了对机构的依赖,包括对社会工作者的信任和依赖。但是,社会工作者一定要注意防止出现移情和反移情现象。有的社会工作者因为平时与某位老人接触较多,一旦承接这位老人的个案,就会不自主地偏向该老人一方,这是一种不利于个案进行的信任关系。

(2) 注重个案评估的作用。由于机构中经常出现反复接待一位服务对象的情况,所以社会工作者往往容易忽视个案结案之后的评估,造成个案工作流于形式而没有实质性的进展,这样会让老年人产生不信任感,也会给社会工作者造成压力,打击自信心。

(3) 个案结案后,通常社会工作者还会与老年人有很多的接触机会,所以在不违背社会工作伦理和价值观的情况下,社会工作者可以不定期地对老年人进行探访,给予持续的支持和鼓励。

(二) 小组工作

1. 机构老年人小组工作的一般类型

(1) 沟通交流小组。刚刚进入机构的老年人之间建立新的联系,或者机构内的老年人相互交流经验心得,或者老年人之间分享类似的生命历程时适合这类小组。

(2) 情绪疏导小组。改善老年人之间的矛盾关系或亲子关系时适合这类小组。

(3) 认知导向小组。为有老年痴呆倾向或患阿尔茨海默病的老年人开展康复活动时适合这类小组。

(4) 危机干预小组。在机构内有老年人去世,并且他/她的去世给机构内的老年人带来巨大的情绪影响,造成心理压力或身体上的不适感时适合这类小组。

2. 机构老年人小组工作应注意的要素

(1) 老年人反应速度较慢,讨论问题时容易跑题,为了给老年人更多的发言时间,也为了小组工作顺利进行,老年人小组一般不宜超过 10 人,尤其是针对机构中某一特殊问题开展的小组工作。

(2) 老年人小组工作开始之前,社会工作者可以通过走访的形式,逐个访问组员,以便提前告知组员小组的目标,确认时间、地点,这样能够保证组员按时参加小组工作。

(3) 小组工作过程中社会工作者说话声音要洪亮,吐字清晰。小组工作设计的活动或游戏要适合老年人,社会工作者讲解活动规则的同时,最好进行示范。此外,小组工作进程和节奏要相对缓慢,应安排一些比较容易看到成效的活动内容。

(4) 特别要注意的是,机构老年人小组的组员都是相互认识的,或者至少知道大家都是住在这个机构里的,所以难免会担心自己在小组中说的话或分享的事情被小组以外的其他老年人知道。所以,社会工作者要特别强调小组的契约,要求组员不要将小组内秘密的事情告诉其他人,否则就会失去大家的信任。

(三) 社区工作

养老机构本身可以看作一个功能型的社区,这里汇集了来自各行各业,甚至各地区的老年人,所以基本上是一个自成体系的"小社会"。在机构中运用社区工作方法时要注意以下要素。

(1) 在养老机构中开展社区工作,要求社会工作者首先要掌握机构老年人的构成情况,

包括自理状况、文化水平、原来从事的工作,最重要的是老年人对机构生活的需求和期望。

(2) 为了便于社区工作的开展,可以鼓励老年人参与机构的发展和规划。例如,组织成立老年人代表组成的老年人共同管理委员会,以便及时将机构的发展规划传达给其他老年人,也可以将老年人对机构的建议和意见转给机构负责人。

(四) 社工、志愿者联动

越来越多的社会团体和个人加入了社会志愿者的行列,其中很多志愿者希望为老年人提供服务,养老机构就成为开展志愿服务的最佳平台。社会工作者在机构中开展工作的重要方法之一就是社工、志愿者联动。在机构中,社会工作者与志愿者是管理和配合的双重关系。社会工作者既要对志愿者进行管理,包括志愿者的招募、登记、审核、安排服务内容、培训、考核、奖励等,又要配合志愿者的工作,为志愿者开展服务提供必要的物品、设备,协调场地、工作人员等,还要定期与志愿者团体或个人进行沟通,不断改进和完善志愿者服务。

【思考与讨论】
在运用个案工作、小组工作、社区工作方法时,你觉得还有哪些需要注意的要素?为什么?

实训项目

老年人入院适应小组工作方案设计。

【实训目标】
(1) 提高对机构老年社会工作内容的理解。
(2) 训练运用恰当的社会工作方法设计机构老年社会工作方案的能力。

【实训内容与方法】
(1) 根据刚入住的老年人的需求,结合以下内容,设计一个"老年人入院适应小组工作"的方案。
(2) 先由个人制订方案,形成个人的小组工作方案。
(3) 再以小组或班级为单位进行讨论。
(4) 小组工作方案设计参考资料如下:
① 小组方案设计之前的准备工作:
新入住老年人的特点:
_____
_____

老年人对小组的需求:
_____
_____

② 小组方案内容：
主题：_____
时间：_____
地点：_____
具体内容设计：_____
_____
_____

【实训评估】
（1）评估标准：
① 小组方案设计是否契合主题。
② 小组方案内容是否符合老年人的需求和特点。
③ 小组方案是否具有可操作性。
④ 小组方案是否运用了机构老年社会工作开展的方法。
（2）评估方式：
① 每个人设计的方案可作为一次作业，评定成绩。
② 根据每个人在讨论中的表现评定成绩。

教学情境　机构老年社会工作案例分析

一、个案工作案例

目前，我国社会工作还处于不断发展的过程中，社会认知度还有待提高，一些老年人急于寻求问题解决的即时效果，认为社会工作全面系统地促进老年人生活状况改善的工作过程冗长且效果缓慢，所以在个案辅导中不愿与社会工作者配合，以致个案无果而终。这对老年人和社会工作者都会造成不良的情绪影响。因此，社会工作者需要在众多个案辅导模式中找到一种适合老年群体的工作模式，使之与实践有机结合，从而解决老年人的实际问题。下面通过一个案例介绍在机构中个案工作方法的具体运用。

（一）基本情况

1. 服务对象基本资料

姓名：陈某

性别：女

年龄：86岁

籍贯：江苏

职业：小学教师（退休）

婚姻状况：丧偶

子女状况：无

2. 背景

（1）居住现状：陈某无子女，目前居住在某养老机构病房区。

(2) 社会关系状况：陈某有一个弟弟，但弟弟有病在身，不能外出，弟弟的女儿经常来看望并协助陈某做一些事情；陈某在养老机构有很多邻居，相处关系一般；有几位志愿者定期来探望陈某，陈某无其他社会关系资源。

(3) 接案背景：2020年2月，陈某因在自己的房间内不慎摔倒，所以转入机构的病房区生活。因为陈某内心希望回到原来的区域，所以要求机构仍然帮她保留原来居住的房间。这样，陈某就要付两张床位的费用，经济压力比较大。此外，两个区域的居住条件和制度有很大差异，陈某根本无法适应病房区的生活，对生活感到失去掌控和信心。一个月以来，陈某茶饭不思，身体消瘦，精神紧张、焦虑，拒绝吃药，总是念叨自己很不幸，心理极度失衡。医生多次劝告，效果不佳。

(二) 个案工作开展的基本程序

1. 接案

(1) 建立初步关系。

因为陈某以前常常参加机构的兴趣活动小组，所以与社工小李有过一定的接触，小李大致了解她的情况，以往的接触为本次接案奠定了良好的基础。

(2) 建立专业关系。

时间：2020年3月27日，上午9：30。

地点：病房内。

通过本次接触小李发现陈某整个人非常消瘦和虚弱。见到小李来看她，陈某表现得很激动，眼圈红了。陈某目前身体状况非常一般，转到这里以后一直情绪低落，吃饭很少，不敢喝水，说是担心自己总上厕所麻烦别人，又不想在床上解决大小便。陈某的便秘问题非常严重，并且摔倒的一侧腿也很疼。最近陈某开始拒绝吃药，她觉得医生给她吃的药没有什么作用。陈某对自己的未来很担心，很恐惧，还经常想一些不开心的事情，心理压力很大，有时甚至想到自杀。

陈某说自己以前的生活非常有规律，可是现在整天躺在床上，什么都要依靠护理员，觉得自己很没用。现在，同房间的老人都不能动，空调也不能开，房间里空气很不好，自己对这里的生活太难适应了。小李与陈某就"生活规律"的问题进行了讨论，并请她详细地告知以往每天从起床到入睡的作息时间。小李回应了陈某的感受，让她感到轻松了许多。小李提议帮她重建新的作息规律，逐步达到康复的目标，她非常高兴，表示乐意配合。

谈话结束后，小李根据陈某的描述列了一个以往陈某的作息时间表，然后进一步澄清陈某的问题：对未来感到担心的事情中，最重要的一件就是不知道自己在病房区的生活规律是什么，什么时间该做些什么。可以看到，陈某对以前的生活作息记得非常清楚，"习惯"没有了，让她非常焦虑。小李还发现陈某没有手表，房间里也没有时钟，这对于一个时间观念非常强的人来说，是个重大的问题。

为了进一步确认要帮助陈某解决的问题，在与陈某接触之后，小李又拜访了陈某在机构里的几位邻居，从她们的描述中可以看出，陈老的确是一个作息十分有规律的人，同时也是一个十分固执的人。她经常说"向规律生活要健康"，可见她对规律的重视。此外，邻居们曾送给陈某一些蜂蜜，可是她不太愿意尝试喝蜂蜜水，她说只听医生的，可是又不配合吃药。邻居们感觉陈某很固执，而且有一点娇气。小李说尝试用制定作息表和布置任务的方法帮

陈某,邻居们都觉得比较好。

2. 预估与诊断

根据陈某自己的叙述、邻居的描述以及与医生的沟通,小李发现陈某目前的确面临很大的生活危机,并且需要在短期内提供给陈某一些有效的帮助,让她看到改变和进步。通过几次会谈,小李诊断陈某主要有以下几个问题。

(1) 以前的生活规律被完全打乱,陈某找不到生活的重心和兴趣,感到生命不能自我掌控,产生茫然和失落的情绪。

(2) 由健康区转入病房区,陈某对这里的一切都不熟悉,对于陌生的环境和陌生的人都不适应,产生恐惧、焦虑和担心的情绪。

(3) 陈某摔跤以后生活不能自理,并且一侧的腿还很疼痛,心里急切希望腿快点康复起来。

3. 制订服务计划

根据陈某对以往生活作息的描述,小李为陈某制定了一个详细的作息表,并且与医生做了讨论,最后形成一张比较适合陈某的作息表,目的是帮助陈某重新找到生活的重心,逐渐恢复对生活规律的掌控。

(1) 针对预估的几个问题与陈某进行讨论,确定要解决问题的先后次序。

(2) 针对制定的作息表与陈某进行讨论,对不合适的地方做出改进。

(3) 与陈某制定社工和陈某各自要完成的工作任务并逐一完成。

(4) 对取得的成效加以跟进巩固。

4. 实施服务计划

(1) 澄清问题,确定次序和任务。

第一周陈某终于在护理员的搀扶下坐起来和小李讲话了,这也是小李提出的要求。小李跟她谈了关于她面临的几个问题及问题的紧急性排序。接着小李把制定的作息表给她看,她表示愿意尝试,但是还是想尽快解决便秘的问题。小李告诉她要治疗便秘,不是着急的事情,她的任务就是按照作息表上的时间做运动、吃东西。为了达到效果,她答应遵守时间表,并与小李共同对时间表做了调整。小李的任务是每周过来看望她一次,并观察她的进步和变化,还负责联系她的家人,及时带来一些她需要的物品。对问题、任务达成口头协议后,小李和陈某约定要在这一周内先试行作息表,一周后小李再来找她。陈某让小李帮她带信儿给家人,周末给她带一件夹袄来。

为了让陈某马上就能开始按照作息表去安排日常生活,小李第二天给她送去了一个小钟表,方便她看时间。

(2) 检查任务完成情况,调整作息表。

第二周小李发现陈某的气色好多了,正坐在椅子上吃香蕉。她说按照作息表上的时间锻炼,现在已经可以扶着床站立一会儿了。

这一次陈某跟小李谈了很多自己对合唱小组和京剧小组的建议,这表明:第一,陈某对自理生活的向往;第二,作息表上有练习唱歌的时间,陈某真的按照作息表做了,而且开始关注病情以外的事情。这可以分散她的注意力,避免自怜和焦虑的情绪。另外,这一周发生了一件让她难以接受的事:有一次她练习坐在椅子上,可是自己打盹了,护理员就担心她从椅子上滑下来,所以让她早早上床睡觉,那时候还不到作息表上规定的睡觉时间。还有,护理员要把一条

带子绑在椅子上,防止她摔下来,她觉得自己不是犯人,坚决不接受自己被这样对待,护理员就把椅子搬走了。她对此很气愤,虽然知道护理员是为了她好,可是护理员的态度让她难以接受。小李把护理员叫来,了解到这里的老人晚上一般8点多钟就睡了,可是陈某坚持不睡,让护理员很为难。于是,小李与陈某商量是否可以调整一下晚上的睡觉时间,一方面不能因为要完成自己的任务而给别人带来麻烦,集体生活的确要考虑到大家;另一方面她目前的状况的确不适合睡得那么晚。经过沟通陈某答应提前睡觉。此外,小李还问清了"椅子"问题,其实是医生让护理员拿走椅子的,因为担心陈某摔下来。小李请医生跟陈某解释了原因,并每天增加了5分钟的走步练习,陈某不再追究此问题,也认识到自己太过急躁了。

(3) 检查任务,关注未来。

半个月后,小李与陈某进行了第三次正式面谈。陈某状态好了很多,见到小李非常开心。会谈中,陈某表达了一直盼望小李来的心情,而且说自己一直在严格遵守作息表,认真地进行锻炼,还加了一些站立练习,还有活动腿的小动作。小李提醒她要在护理员的协助下进行。她说已经同意护理员在椅子两端拴上带子,以防摔倒。陈某还谈到她正在看一本有关健康的书,通过与书中的内容对照,发现自己心理不平衡,上次护理员要在椅子上拴带子,而自己觉得是对自己的不尊重,后来想想这都是为自己好,所以要经常调整心态。陈某还表达了希望尽快回到健康区生活的想法。通过会谈,小李了解到陈某已经可以独立地处理一些问题,尤其是对日常生活的安排,不再感到焦虑和困难,而且对自己的心理状况有了新的认识。小李开始关注陈某未来的安排。小李表扬陈某做得非常好,身体和心理状况都进步很大,鼓励她进一步练习和巩固,并答应陈某将会与医生讨论她的康复情况,以确定后面的安排。

(4) 回应服务对象的问题,准备结案。

通过对陈某现状的评估以及与医生和护理员的交流,小李了解到陈某目前还存在两方面的问题:一是费用问题。目前陈某住在病房区,但是健康区的房间并没有退,所以陈某负担双份的费用,陈某是一个孤老,靠侄女接济,在费用方面有一些困难。二是治疗康复问题。医生认为陈某恢复得很快很好,但是否需要在病房区继续治疗,何时返回健康区,还需要门诊评估后才能确定。小李就这两个问题与陈某进行了沟通,陈某表示费用问题她了解,但是没有感到压力,还能应付。小李向陈某介绍了治疗康复情况,并说明了回到健康区安全系数小,没有护理员照顾,可能会影响康复及面临再次摔跤的风险等情况。陈某表示能客观看待这个问题,一切听从医生的安排和建议。

陈某的问题基本都解决了,小李准备结案了。首先,小李表扬陈某任务完成得都很好。其次引导陈某回顾自身的改变。例如,不再担心上厕所的问题,生活有了新规律,腿不那么疼了,可以借助他人的帮忙慢慢行走了,等等。陈某表示她很高兴看到自己的这些进步。最后,小李鼓励陈某,没有社工的帮助和督促,也要独立完成每天的任务,巩固现有的成绩。刚开始,陈某对结案有些担心,但是小李告诉她,虽然不再定期见面,但是会抽空过来看望她,有什么问题仍然可以交流。陈某考虑了一下,答应会继续努力,争取早点康复,回到健康区,并对小李这段时间的帮助表示了感谢。

5. 效果评估

(1) 服务对象自我评价。

接受了将近5个月的服务,陈某感觉自己好多了,体重上升了,肤色变好了,不再那么焦虑和无助。她认识到自己还有一些心理不平衡，但是可以自我克服和控制。对比自己开始总是很悲观的情绪，她觉得现在非常开心。她已经比较适应医疗区的生活，找到了生活规律，而且很喜欢小李带去的小表，帮了她很大的忙。目前她非常配合医生的治疗，每天锻炼，期待康复。她可以很正确地对待自己的病情，认同医生的诊断结果。

（2）医生诊断。

陈某现在的精神状态非常好，而且头脑比较清楚。摔伤的腿恢复得也比较快，不久就可以回到原来居住的区域。陈某的焦虑情绪基本上没有了，她很积极地配合医生的治疗，很听医生的话，每天的生活依然很有规律。

6. 结案

（1）服务对象现状。

5个月后陈某已经基本康复，经医生诊断可以回到健康区生活，只是现在走路要依靠助步器，以防发生意外，毕竟陈某已经86岁高龄。陈某目前已经没有焦虑的情绪出现，而且每天作息有规律，坚持按时锻炼。在思想方面陈某有很大的转变，能够听医生和朋友的劝告，在自己病情的问题上不再固执，遇到困难的境况时能够独立地解决，能从体谅他人和保持自我心理健康、平衡的方面考虑问题，整体上有很大进步。

（2）问题的解决。

预估中发现的问题都一一得到了解决或改进。陈某掌握了新的生活规律，每天以康复锻炼为第一生活重心，以兴趣爱好为第二生活重心，锻炼之余就唱唱歌。在社会工作者的鼓励下，老人尝试跟护理员沟通，体谅护理员，与周围的老人接触，听他人的劝告，配合医生的治疗，非常快地对环境熟悉起来，不再感到孤独。陈某按照社会工作者与医生一同制定的康复锻炼方法，每天坚持锻炼，腿已经不疼了。

（3）跟进。

陈某后来回到了健康区，同时买了一个助步器，日常生活中走路也非常小心。经过这次摔跤住院，陈某意识到自己身体状况的下降，她听从医生的建议，准备去有护理员的区域生活。陈某也不再那么固执，能够主动发现自己心理不平衡，生活依然很有规律，性格也更加开朗了，经常到邻居那里串门。

（二）案例分析

1. 服务介入模式选择

本案例采取了目标任务为主的介入模式。

目标任务为主的介入模式是一种理论多元化的治疗模式。首先，此模式在老年个案中有较强的实用性和可行性，因为整个介入过程有一定的时间限制，在短期内可以见到效果，满足老年人对实效性的要求；其次，此模式强调的问题是生活上的问题，是每个人都可能会发生的，这一点又满足了大多数老年人不愿被看作特别的个体的一种心理需求；最后，此模式要求服务对象有充分的自主决定的权利，这一点也消除了老年服务对象抗拒被社会工作者指挥的阻碍，能够良好地互动协调，从而在个案辅导中积极地参与和配合。

2. 社会工作者及服务对象的角色

从整个介入过程来看，似乎社会工作者一直在做引导、指导、鼓励、劝告和建议的工作，但实质上我们要明确社会工作者的角色——幕后的辅助者，推动社会资源的利用。而服务

对象虽然在完成学习者、行动者的任务,但实质上是占主导地位的。

3. 服务介入的工作步骤

目标任务为主的介入模式,其工作步骤相对比较简单,关键在于社会工作者如何掌握每次面谈的内容和技巧以及老年人在面谈之外的独立行动。

(1) 第一步,找问题。

找问题是指社会工作者协助老年人界定要解决的目标问题。如何判断哪些是可以处理和介入的目标问题呢?该模式清楚地界定了目标问题的特征:

① 老年人了解该问题的存在;
② 老年人承认这是一个问题;
③ 老年人自己有解决该问题的意愿;
④ 老年人有能力在面谈以外的时间独立尝试处理该问题;
⑤ 该问题本身是有限的、清楚明确的;
⑥ 该问题是可以以行为形式来表达的。

明确了这几个特征,加上社会工作者自身的经验,就可以准确地协助老年人界定目标问题了。

(2) 第二步,订协议。

订协议是指社会工作者与老年人就目标问题、服务时间及服务安排达成协议。

(3) 第三步,定次序。

定次序是指社会工作者根据老年人对各问题的焦虑程度,制定问题处理的先后顺序。这一步要注意的是:要根据老年人自身的能力和环境资源决定是否要在辅导中解决多个问题。老年人往往会因为受到前期问题解决效果的鼓励,希望深入解决另一个问题,但是社会工作者需要与老年人探讨其可行性,如果老年人能力不足或前期的实践尚不充足,就不适合安排解决另一个问题。

(4) 第四步,定任务。

定任务是指社会工作者与老年人双方就目标问题制定需要完成的任务,并分配这些任务。在制定任务之前,社会工作者需要考虑几个问题:

① 老年人的动机,即他想做什么,做多少;
② 任务的可行性;
③ 任务的意义,即完成该任务是否会困扰他人;
④ 是否有次任务或复式任务;
⑤ 制定开放式任务要有一定的限度,制定封闭式任务要有一定的弹性;
⑥ 任务无论是由社会工作者提出还是由老年人提出,或者由双方讨论的,都要双方同意才能确定。

(5) 第五步,完成任务。

完成任务是指老年人与社会工作者完成相关的任务。这一步是任务为主介入模式的核心,需要社会工作者协助老年人提高对任务的承担意识、厘定完成任务的细节和步骤、估计可能遇到的阻碍、强化和激励老年人有助于完成任务的行为和态度。社会工作者要始终保持乐观、期望的态度。

(6) 第六步,检查跟进。

检查跟进是指检查成绩,并计划跟进老年人在辅导结束后应该继续履行的任务。

由此可见,该模式的每个步骤都清楚明确,便于社会工作者掌握工作进度。需要注意的是:并不是在每一个具体的个案问题中都会严格完成每个步骤,但是社会工作者必须要在一个步骤完成后才能进行下一个步骤。

4. 工作技巧

目标任务为主的介入模式中,沟通的焦点主要集中在问题与任务方面,但这并不代表社会工作者在沟通中不需要关注老年人的情绪。在该模式中,社会工作者可以用到以下几种技巧:

(1) 采用同感、关心、接纳的表达方式进行沟通,了解老年人的情绪、所处现状及经历。

(2) 采用认同、称赞的表达方式协助老年人作自我探索,使他了解现状,鼓励他的行动。

(3) 采用有机的组织计划,向老年人解释个案的介入工作安排。

(4) 采用引导性问句或专业的意见,建议老年人做出决定及选择行动方向。

(5) 采用奖励的方式鼓励和促进老年人完成任务,这种奖励可以是物质的,也可以是帮助老年人指出任务完成的正面后果,或者利用支持性资源给予老年人及时的关怀。

(6) 协调环境资源,确保老年人在有保障的环境下可以尝试独立处理问题。

(7) 充分利用面谈的时间指导老年人完成任务。

(8) 及时评估任务的可行性,运用检讨的方法共同讨论成就和有待改进的地方;

(9) 使用及时提醒的技巧,以终结为动力,促进老年人完成任务。

二、老年人小组工作案例

(一) 背景

由于居住在机构中的老年人的身体状况各不相同,所以根据他们各自的身体健康状况和自理程度,机构通常会给他们提供相应的日常生活照顾。有的老年人身体状况良好,疾病少,年龄低,自理能力强,通常给予其一般的照顾即可,而有的老年人年龄较高(一般在80岁以上),身患的老年病较多,所以会配备合适的护理人员。但是如果老年人在家里习惯了长期一个人独立生活,就很难适应有一个护理人员来"干预"自己的生活,或者身体状况骤降的老年人也很难接受护理员住在自己的房间里。

机构里的老年人相互之间接触的机会比较多,所以无论何种情感,相互传递的速度都比较快,同样,这种恐惧进入高龄老人行列、担心护理人员介入自己生活的情绪和观念也在机构老年人之间相互传递着。

以下,就引用一个机构社会工作者为了改善老年人的这种恐惧心理和抵触情绪而开展的小组活动。

(二) 小组工作基本情况

1. 小组名称

小组的名称是相亲相爱一家人。

2. 理念

通过小组活动的方式,让机构内的老年人相互了解、相互沟通,使有共同问题和需求的老年人能够相互支持。从而使老年人因身体健康状况衰退而需要护理的时候,不至于因为心理排斥而坚持不要护理人员,这不但会增加照料的风险,更加让老年人自己陷入危机之中。

3. 目标

(1) 总目标。

加强老年人之间的相互了解和沟通,建立老年人之间良好的人际关系,降低老年人对半自理、不自理生活的恐惧,减少照料护理工作的阻力和困难。

(2) 具体目标。

学习建立良好的人际互动关系,了解不同身体状况老年人的生活状态,学习如何尽快地适应新环境并建立信心,学习以良好的心态面对身体健康状况下降的问题。

4. 小组成员

(1) 资格:行动较方便的老年人。

(2) 特点:5个对半自理或不自理生活有恐惧的老年人;5个已经欣然接受护理人员照顾的老年人。

5. 小组特征

(1) 节数:4节。

(2) 时间:××年×月×日——××年×月×日。

(3) 地点:小组活动室。

(4) 人数:10人。

6. 招募方法

邀请老年人自愿参加,根据身体情况选择适合的老人。

7. 具体活动安排

具体活动安排如表10-1至表10-4所示。

表10-1　第一次活动:加深印象

时间	地点		目标	内容	所需物资
小组活动室	5分钟		让老人认识工作人员并明白活动目的	工作人员及助理工作人员自我介绍,并介绍小组的目的及内容	白板,白板笔
	2分钟		方便老人们之间互相沟通	让老人戴上写有老人名字和房间号的胸卡;配备护理人员和没有配备护理人员的老人穿插着坐在一起	胸卡,彩色笔
	8分钟		让老人互相认识	老人自我介绍	—
	10分钟		加深认识	让老人用一句话概括自己最容易让人记住的特征(如:我是个红军老战士,我的脾气很急……)	—
	15分钟		加深认识	欣赏歌曲《朋友的心》 人名"串串烧"	—
	10分钟		建立小组信任	让每位老人与自己左右两边的老人聊天,将胸卡作为名片互换	—
	8分钟		了解老人对此次小组活动的感受和意见	请老人简单谈谈对此次聚会的感受和意见。	—
	2分钟		—	教老人"爱的鼓励"	—
布置任务:请老人在下次活动之前拜访至少一位组员					

表 10-2 第二次活动：我心中的养老院

时间	地点	目标	内容	所需物资
小组活动室	5 分钟	分享两次活动之间与新朋友的交流	请老人简单分享一下拜访其他老人的经历和感受	—
	5 分钟	了解养老院内各生活区域的环境	猜地点：通过电脑屏幕显示的照片猜出这是机构内的什么位置	PPT
	20 分钟	通过分享自己的生活，让老人了解有护理人员和没有护理人员的区别	请老人跟大家分享一件目前自己在机构生活中最难忘的事情（最好是与护理人员之间的）	—
	5 分钟	加强信任	捶背游戏	—
	10 分钟	加强工作人员与老人的互动，调动老人参与小组活动的积极性	教老人歌曲《朋友的心》	音乐播放器
	5 分钟	了解老人对本次小组活动的感受	请老人简单谈谈对此次聚会的感受和意见	—

表 10-3 第三次活动：做客

时间	地点	目标	内容	所需物资
小组活动室、老人房间	5 分钟	调节气氛，使老人进入小组状态	温习歌曲《朋友的心》	音乐播放器
	30 分钟	更好地使老人了解不同身体状况的老人的生活状况	参观护理人员的生活区、有护理人员的老人房间和没有护理人员的老人房间	—
	15 分钟	了解老人对本次小组活动的感受	请老人简单谈谈对此次聚会的感受和意见	—
	5 分钟	—	再次合唱《朋友的心》，然后在爱的鼓励中结束本次活动	音乐播放器
布置任务：请老人邀请一位新朋友到自己房间做客				—

表 10-4 第四次活动：接受改变

时间	地点	目标	内容	所需物资
小组活动室	5 分钟	—	温习歌曲《朋友的心》	音乐播放器
	25 分钟	意识到身体状况下降时，应该有护理人员的照顾	老人们分享到其他老人房间做客的经历和感受	—
	10 分钟	正视自己的衰老，快乐度过每一天	通过短片《珍惜每一天》，与老人们探讨如何看待人衰老的过程	PPT，笔记本
	5 分钟	总结	每个老人用一个词概括感受，小组工作人员作最后总结，并对老人提出期望，在爱的鼓励中结束活动	—

8. 应变计划

应变计划如表 10-5 所示。

表 10-5　应变计划

预计困难	应对方法
招募不到组员，老人可能会有抵触情绪	亲自邀请，了解原因，向老人表明小组活动的目的
老人的身体状况限制，精力有限，不能完成 4 次活动	每次活动的时间不宜过长，适时穿插休息时间；在小组活动前提出希望，尽量完成活动
老人跟不上小组节奏	实时根据老人的反应调整小组计划内容
老人对活动没有兴趣，或者临时不能参加活动	活动设计从老人的需求出发，每次提醒老人活动时间；及时向老人征求反馈信息

9. 评估方法

（1）在小组活动前后进行问卷评估，对比情况变化。

（2）小组观察员及时记录每次活动的情况，并在每次小组活动后讨论改进。

（3）记录出席率及每次活动中老人的投入程度。

（4）请督导给予指导意见。

（三）案例分析

1. 小组的设计理念

小组活动的方案计划完全是根据养老机构中老年人的特点和需求制订的。养老机构收住的老年人一般是 60 岁以上，实际居住的老年人以高龄老人居多，70～85 岁的老年人比较多。由于他们在家里时往往是自己生活，或者是请保姆照顾，但是与保姆的相处关系并不理想。所以，他们抗拒护理人员，也不愿意承认自己身体机能下降的现实。在养老机构，他们仍然希望自己过"独立"的生活，不接受养老机构给自己配备护理人员。但是，养老机构一般会在老年人入院时对其进行评估，入院后也会定期对老年人进行评估，一旦评估结果为需要护理人员，那么老年人就要面对接受护理人员服务的问题，而老年人往往不愿意接受，除非是卧床不起。事实上，如果能及时配备护理人员，可以缓解老年人身体机能下降的状况。

针对老年人这一思想观念转变困难的问题，机构为老年人安排护理人员时常常受阻的问题，机构的社会工作者开展了"相亲相爱一家人"小组，既让老年人了解机构生活的全貌，也让老年人们对护理人员有所了解，消除戒心和顾虑。在机构中开展小组工作比较省时省力，既不用耗费大量的时间，也不必安排很多的社会工作者，同时又能达到比较好的效果，扩大受益的人群。

2. 运用的理论

（1）马斯洛的需要层次理论和舒茨的人际需要理论。

马斯洛把人的需要分为 5 个层次，从低到高分别是生理需要、安全需要、归属和爱的需要、尊重的需要、自我实现的需要。因此，在保证老年人日常生活中饮食起居良好的同时，也要注重老年人更深层次的需要，加强老年人之间的联系互动，促进两区之间的老年人互动交流，从而加强老年人对机构的归属感。

舒茨的人际需要理论不仅把人际需要的满足界定为个人身心健康的重要因素,还对这些需要做了系统的分析和说明。因此,通过小组活动,使老年人在小组互动中发展人际关系,相互了解,使老年人有一个更好的人际环境,能够更加愉快地在机构生活。此外,通过老年人之间的互动交流,可以帮助那些有偏见的老年人改变原来的想法,以良好的心态来面对身体机能下降和接受护理人员服务的问题。

(2)库利的镜中自我理论。

镜中自我的主要观点是:在与他人的互动过程中,我们通过感知他人对我们的反映和评价,建立起我们的自我意识、自我形象和自我评价。有些老年人由于身体状况已经不适合完全自理,但不愿意接受护理人员的一个原因就是怕被贴上标签。他们可能通过他人有意或无意的评价,感觉到自己的状况不被接纳,不愿意接纳自己的身体状况。社会工作者可以通过小组活动,使老年人在小组中相互支持,通过感知他人的评价,建立正确的自我认知,让他们认识到在什么情况下自己都是受到重视的,大家还可以相互交流,互相帮助。

3. 小组的工作技巧。

(1)在组员的招募上,社会工作者没有安排很多的成员,只有10名老年人参加,以便于社会工作者能够很好地控制小组的局面,也能够给每个老年人更多的分享时间。

(2)组员由"异质性"老年人组成,既有"恐惧"问题的老年人,也有"不恐惧"问题的老年人,老年人彼此间的交流本身就是在帮助"问题老人"解决问题。

(3)在小组活动的安排上,社会工作者选择了运动量较小的破冰活动和热身游戏,并且安排了一节带领老年人参观机构的内容,这其实是让老年人更多地了解和认识护理人员,以及正确理解护理人员是如何照顾身体不便的老年人,以打消他们为自己未来担心的顾虑。

(4)在小组工作的评估上,社会工作者采用了多元评估方法,从主观和客观两个方面对小组工作给予了评价。

【思考与讨论】

1. 你认为以上两个案例中机构老年社会工作方案的优缺点是什么?为什么?
2. 以上案例中运用了社会工作的哪些方法和技巧?

实训项目

服务方案设计。

【实训目标】

(1)提高对机构老年人活动方案设计的能力。

(2)训练捕捉机构老年人身体和心理特征的能力。

【实训内容与方法】

(1)请根据下面的资料,为该养老机构的老年人设计一个适合的小组。

> **资料**
>
> 　　某养老机构刚刚开业,陆续入住了几十位老人,可是社会工作者发现有的老人虽然已经在机构住了一个月了,但是还是不熟悉机构,老人们彼此之间也不是很熟络,平时大家的接触不多,这大大影响了大家对机构开展的各种娱乐活动的参与度,老人们热情不高,对机构的评价也略有微词。

设计小组参考资料:
小组名称:＿＿＿＿＿＿＿＿＿＿＿＿＿＿＿＿＿＿＿＿＿＿＿＿＿＿＿＿＿＿
小组理念:＿＿＿＿＿＿＿＿＿＿＿＿＿＿＿＿＿＿＿＿＿＿＿＿＿＿＿＿＿＿
小组理论:＿＿＿＿＿＿＿＿＿＿＿＿＿＿＿＿＿＿＿＿＿＿＿＿＿＿＿＿＿＿
小组目标:＿＿＿＿＿＿＿＿＿＿＿＿＿＿＿＿＿＿＿＿＿＿＿＿＿＿＿＿＿＿
小组具体内容安排:＿＿＿＿＿＿＿＿＿＿＿＿＿＿＿＿＿＿＿＿＿＿＿＿＿
小组预期困难:＿＿＿＿＿＿＿＿＿＿＿＿＿＿＿＿＿＿＿＿＿＿＿＿＿＿＿
小组评估方法:＿＿＿＿＿＿＿＿＿＿＿＿＿＿＿＿＿＿＿＿＿＿＿＿＿＿＿
(2) 个人设计制订方案。
(3) 以小组或班级为单位进行讨论。

【实训评估】
(1) 评估标准:
① 方案设计是否符合老年人的需求和特点。
② 方案是否具有可操作性。
③ 方案是否运用了机构老年社会工作开展的方法。
(2) 评估方式:
① 每个人制订的方案可作为一次作业评定成绩。
② 根据每个人在讨论中的表现评定成绩。

推荐阅读

范明林,马丹丹. 老化与挑战:老年社会工作案例研究[M]. 上海:华东理工大学出版社,2018.

项目十一　服务有特殊需要的老年人

项目概览

老年人除了具有一些共同的需要及面对共同的问题外,有些老年人还具有一些特殊的需要及面对特殊的问题,社会工作者在关注老年人普遍需要及问题的同时,还应该注意到一些老年人特殊的需要,并有针对性地提供适合的服务。本项目将介绍老年人在面对认知和情绪问题、受虐和疏于照顾问题、面对死亡等问题时的特殊需要、基本状况及所提供的服务。

学习目标

知识目标:

1. 了解老年人认知和情绪问题的特点和评估方法;
2. 掌握老年人认知和情绪问题的服务内容和方法;
3. 了解老年人受虐和疏于照顾的特点及评估方法;
4. 掌握老年人受虐和疏于照顾的服务内容和方法;
5. 了解临终老年人的需要及哀伤辅导、临终关怀的基本理念。

技能目标:

1. 能够识别老年人认知和情绪类型,并能够有针对性地提出后续介入的服务计划或服务建议;
2. 能够对老年人受虐和疏于照顾进行初步判断,并能够有针对性地做出服务计划或服务建议;
3. 能够为丧亲老年人或临终老年人提出初步服务的计划。

思政目标:

1. 全心全意为老年人服务;
2. 爱岗敬业,关怀有特殊需要的老年人。

任务一 服务有认知与情绪问题的老年人

情境

> 李奶奶今年72岁,往日里精神头儿还不错,对家人和邻居也很好,但近半年变得爱睡觉,不爱运动,动作缓慢僵硬,很少的家务劳动需很长时间才能完成,也不爱主动讲话,每次都以简短低弱的言语答复家人,面部表情变化少,有时双眼凝视,对外界动向常常无动于衷,只有在提及她故去的老伴儿时,她才眼含泪花。李奶奶自述许多事情自己都做不了,想不起怎么做,头脑经常一片空白。李奶奶的女儿很着急,来找社会工作者寻求帮助。

学生分析:
假如李奶奶的女儿找你寻求帮助,你该如何帮助她呢?

知识导学

一、老年人认知和情绪问题

认知是人们认识活动的过程,即个体对感觉信号接收、检测、转换、简约、合成、编码、储存、提取、重建、概念形成、判断和问题解决的信息加工处理过程。情绪泛指情感,在生理反应上的评价和体验包括喜、怒、忧、思、悲、恐、惊7种。行为在身体动作上表现得越强就说明其情绪越强。老年人认知和情绪随着年龄的增长、身体的老化而呈现出其变化特征。例如,老年人记忆力下降,处理形成记忆信息的能力改变,知觉速度下降等。

老年人认知和情绪问题不是指老年人正常心理老化的一部分,而是指一些老年人身上出现的异常和病态问题。若不予治疗和干预,将使老年人生活质量降低、承受身心痛苦,还有可能存在放弃生命的风险,这类老人是更需要关心关注和提供服务的。一般来说,老年人常见的认知和情绪问题主要有抑郁症、阿尔茨海默病、谵妄症和焦虑症。区分老年人群体中的抑郁症、阿尔茨海默病、谵妄症和焦虑症等疾病较为困难,初看起来老年人表现出来的症状差不多,但清晰地区分它们对于社会工作的开展是非常重要的。

二、老年人认知和情绪问题的初步识别和评估

(一) 抑郁症

社会工作者首先要对自己所听到、观察到的行为和现象进行区别和判断,判断老年人是否患有抑郁症,以利于进一步的彻底检查评估及干预治疗。抑郁症最主要的症状是情绪低落、负面的自我对话、嗜睡、饮食和睡眠的紊乱。例如,周老先生最近半年来总是郁郁寡欢,表情淡漠呆滞,对以往很感兴趣的事也表现得很冷淡,原来喜欢打牌跳舞,现在他也不参加了,感到自己老了,什么都干不了了。他还感到胃痛,出现便秘、食欲减退、失眠多梦等现象。判断老年人是否陷入抑郁,还要看老年人的抑郁症状持续的时间和表现的强度。一般来说,

可以通过表11-1中所示的一些状况对老年人是否陷入抑郁进行初步判断。

表 11-1 抑郁症状列表[①]

持续悲哀、焦虑或感到空虚
对平常的活动,包括性,失去兴趣和乐趣
精力下降,疲倦,感觉"慢下来"
饮食问题(失去胃口或体重下降、体重上升)
集中注意力、记事情或做决定有困难
感觉生活无望或悲观
有内疚感、无价值感或无助感
有死亡或自杀意念,试图自杀
易激惹
经常哭泣
有反复发作的疼痛,治疗却没有成效
※在年轻人群中这些表征可能是由其他原因引起的,而不是抑郁症的表现。

(二)阿尔茨海默病

阿尔茨海默病是由生理原因引起的认知或智力功能丧失,但不是正常衰老的一部分。阿尔茨海默病的特点是短时记忆、时间感、空间感和辨识人的能力、集中注意力的能力以及完成复杂任务的能力有明显的问题。一般来说,老人出现如表11-2所示的情况时,就可初步判断其可能患有阿尔茨海默病。

表 11-2 可能表明患阿尔茨海默病的症状[②]

老人从事下述活动是否越来越困难
——学习和记住新资讯。说话重复增多;难以记住近来的谈话、事件、跟别人的约见;常常把东西放错地方
——处理复杂的事情。难以跟上复杂的思索过程或者完成需要许多步骤的事宜,如平衡收支或准备晚餐
——推理能力。不能有条不紊地解决工作中或家中出现的问题,如不知道浴室跑水了该如何处理;表现出不是特别突出的漠视社会操守的行为,如在电影院喧哗或乱用餐具等
——空间能力和定向感。驾驶、料理家务、在熟悉的地方认路等有困难
——语言。越来越难找到词语表达自己想说的东西及跟上谈话
——行为。显得较被动,不大能回应别人;比平常更容易发火;比平常多疑;错误理解视觉或听觉信号
除了不能按说好的时间赴约外,临床工作者还可以看老人在谈论某个感兴趣的领域的事件时是否有困难,在行为或衣着上是否有所改变。

阿尔茨海默病最常见的情况是同时出现多个症状,而不只是一件事或单一行为问题,而且该病的发生是渐进的,一般会分为3个阶段。初期:约持续2~4年,会出现记忆丧失,记不得刚发生的事或说过的话;也可能出现重复性言语或行为,出现个性改变、社交退缩、迟

---

① 凯瑟琳·麦金尼斯-迪特里希.老年社会工作:生理、心理及社会方面的评估与干预[M].吕楠,隋玉杰,译.5版.北京:中国人民大学出版社,2023:107.

② 凯瑟琳·麦金尼斯-迪特里希.老年社会工作:生理、心理及社会方面的评估与干预[M].吕楠,隋玉杰,译.5版.北京:中国人民大学出版社,2023:111.

疑、易怒等情况。中期：约持续2~12年，渐渐地不认识亲人和朋友，记忆丧失更为严重，常坐立不安或游走；语言功能退化，常常词不达意；可能出现大小便失禁。晚期：不认得家人，无法走路、说话，需要卧床；完全依赖他人照顾。

（三）谵妄症

谵妄症的症状与阿尔茨海默病的症状类似，如注意力不集中、精神错乱等。谵妄症是由于器质性疾病引起的，大多数患者发病急，只要检查出病因就可以治疗，因此谵妄症也称为可逆转性痴呆症。与痴呆症不同，谵妄症发病快，症状的波动性大。病人有时表现为呆板、迟钝、注意力涣散、活动减少；有时则吵闹不止、躁动不安、做事缺乏目的而又带重复性；有时则表现为意识障碍完全消失，处于清醒状态。几种状态可交替出现。症状的波动常有昼轻夜重的特点，甚至白天如同正常人，夜间加重出现谵妄。当意识恢复后，病人对病中的经历全部遗忘或部分遗忘。

谵妄症是生理上的疾病，一定要及时就医，否则症状不会好转或自行消退。社会工作者无法治疗老年人谵妄症，其所扮演的角色应该是能够识别老年人的病症，并协助老年人及时寻求治疗。

（四）焦虑症

面对身体疾病、经济上的忧虑和孤独带来的伤痛，许多老年人会出现焦虑行为。焦虑症是老年精神疾病中常见的一种，患者可能会莫名地感到害怕或受威胁，或确实有麻烦或危险存在时，患者的反应会更加强烈。如果老年人有较强的恐惧感并持续6个月以上，还伴有如头痛、肠胃不适、发抖、疲倦和失眠等症状时，就要考虑其是否患有焦虑症。

抑郁症、阿尔茨海默病、谵妄症和焦虑症是最常见的4种认知和情绪问题，在老年人群体中区分这几种病症有一定的难度，有阿尔茨海默病的老年人可能也会有抑郁症，有谵妄症的老年人类似痴呆症患者，有抑郁症的老年人可能也有焦虑症。但识别区分开抑郁症、阿尔茨海默病、谵妄症和焦虑症对后续确定适合的干预措施是相当重要的，也是开展老年社会工作的重要基础。表11-3总结了抑郁症、阿尔茨海默病、谵妄症和焦虑症的区辨性特点。社会工作者在对老年人进行初步判断前，要考虑老年人表现出的症状、发病特点、认知特点、情绪特点、身体特点及风险因素。

表11-3 抑郁症、阿尔茨海默病、谵妄症和焦虑症的区辨性特点[①]

项目	抑郁症	阿尔茨海默病	谵妄症	焦虑症
症状	情绪低落、负面的自我对话、嗜睡、饮食和睡眠紊乱	记东西困难；失去时间感、方位感，辨识不出人；推理和思考能力出现问题	失去定向感、精神错乱、情绪易波动，出现类似躁狂的行为，幻觉	有强烈的、持续的精神紧张，如紧张、担忧；不安全感或发作性惊恐状态，如运动性不安、小动作增多、坐卧不宁或激动哭泣等
发病特点	发病缓慢；可能与身体患病、失去家人或朋友、经济收入或居住条件改变连在一起	发病缓慢；逐渐失去智力功能；头脑日益混乱；丧失做熟悉的事情的能力	突然发病；可能会在患病或手术后出现；病情迅速恶化	可能由来已久，并与特定的情境有关，也可能在没有任何明显的外部刺激的情况下突然发病

---

① 全国社会工作者职业水平考试教材编委员.社会工作实务（中级）[M].北京：中国社会出版社，2023：154-155.

续表

项目	抑郁症	阿尔茨海默病	谵妄症	焦虑症
认知特点	很少会丧失认知功能,但集中注意力和做决定有困难,可能会有轻微的记忆力丧失	记住近期的事件、学习新东西和与人沟通有困难,即使是在熟悉的环境中也容易搞不清方向和自己在哪里	头脑混乱、失去定向感,意识水平出现波动,同时特别难保持注意力	焦虑时有不合理的思维
情绪特点	失去对喜爱的事物的兴趣;持续悲哀、易激惹、有负罪感和无望感,表现得嗜睡、冷漠或有强烈的忧虑	随着与周围的环境失去连接,老人会变得被动、退缩,面对认知丧失可能会变得情绪激动	情绪激动、时起时落的狂躁、焦虑、不合作,对他人可能会有言语和身体攻击	深深的恐惧感,过于忧虑,心烦意乱,坐卧不宁,情绪易激动
身体特点	胃口和睡眠紊乱;抱怨有讲不清楚的身体不适,医治又没有效果;看起来非常悲伤	看起来"迷失"、混乱,可能衣着不当或者有迹象表明照顾不好自己	可能显得非常有定向感,外表可能乱七八糟	可能心动过速、呼吸过快、眩晕或出汗过多,有诸如头痛、肠胃不适、发抖、胸闷和失眠等严重的躯体症状
风险因素	家族有抑郁症病史、社会隔离、身体患病、低收入、服用的药物有副作用	有阿尔茨海默病或唐氏综合征家族病史,高龄	服用多种药物,有吸毒或酗酒史,营养不良和脱水,近期患病或动过手术,有帕金森病或多重硬化症,或者总体上健康状况差	生物学因素,如遗传影响与生理因素、疾病等;心理因素,如认知情绪等;社会因素,如居住环境、经济状况等

【思考与讨论】

作为一名社会工作者,为什么要识别和评估老年人的认知和情绪问题呢?

三、帮助认知和情绪问题老人的方法

对患谵妄症的老年人,社会工作者要做的主要是前期对老年人患病状况的识别和评估,并及时协助老年人进行医治。而本任务所介绍的对认知和情绪问题的干预,主要是针对患抑郁症、阿尔茨海默病、焦虑症的老年人。社会工作者对上述3种老年患者的干预主要表现为两个方面。一方面是从引起老年人患病的根源入手,减少引发老年人患病的影响因素。例如,当身体疾病、经济压力、悲伤等引起老年人抑郁时,社会工作者通过协助老年人医治、建立支持网络、情绪舒缓的方式,改变导致问题的情境,以缓解老年人抑郁。另一方面是帮助老年人适应他们无法改变的现实。在一些情况下,现实是无法改变的,但老

年人可以改变他们应对环境的方式,以适应环境。例如,患有阿尔茨海默病的老年人在现有医疗水平下不能得到治愈,但可以通过护理和关怀,降低病痛对老年人的影响,改善老年人的生活质量。

(一)认知行为治疗

认知行为治疗是一种常见的治疗方法,被用于解决情绪问题,包括抑郁症和焦虑症。有研究表明,认知行为治疗可以改善老年抑郁症病人的应对方式,改善其社会功能,提高其生活满意度,促进其康复。但最适合运用认知行为治疗的是口头表达能力不错,认知受损伤不大的老年人。认知行为治疗基于认知行为理论(详情参见项目五任务一),探讨的是思想、认识、态度、观念对其所形成的感觉和行为的关系和影响。此理论认为,人们对事物的认识、认知和行为是习得的。人们可以通过重新学习,改变对事物或情境的认知,从而改变情绪反应,也能改变随之而来的行为。

(二)缅怀往事疗法

缅怀往事疗法是指协助老年人通过对过去事物、感觉及想法的回忆,重新理解及评价过去一些不愉快的经历,从正面的角度去面对过去的失败和困扰,从而肯定自己,并促进对现况的适应。① 与老年人一起缅怀往事的目的主要是:第一,帮助老年人回忆愉快、幸福的往事,改善当前的情绪状态;第二,通过了解老年人过去成功应对人生难题的方式来改善老年人的自尊;第三,改善社交技巧。缅怀往事疗法不适用于认知有严重问题的老年人,如患阿尔茨海默病或严重精神疾病的老年人。对患轻度阿尔茨海默病的老年人运用缅怀往事疗法是很有利的。

(三)人生回顾疗法

人生回顾疗法与缅怀往事疗法不同,目的是重新建构老年人对人生历程的看法。美国心理学家埃里克森的成长阶段理论指出,生命中的每一个重要成长阶段中,每个人都要经历并化解特定的矛盾。如果不同人生阶段的矛盾不能得到适当的解决,将会带入下一个人生阶段,也会带来一定影响。通过正视负面情绪和事件,以察觉早期生命阶段中没有处理好的问题。社会工作者帮助老年人找出问题,并且决定其中的哪些问题可以改变。这个方法对正在寻找生活目标和意义的老年人很有效果,但不适合那些因主观性格问题而拒绝改变的老年人。

实训项目

识别老年人的认知和情绪问题。

【实训目标】
(1)增强对老年人认知和情绪问题的理解。
(2)培养区别老年人认知和情绪问题的能力。

【实训内容与方法】
(1)阅读如下案例,并分析下列问题:

---

① 梅陈玉婵,林一星,齐铱. 老年社会工作[M]. 2版. 上海:格致出版社,上海:上海人民出版社,2017:117.

① 每个案例中的老年人的问题症状有哪些？
② 请根据案例中描述的病症对老年人可能存在的认知和情绪问题类型做出初步判断。
(2) 个人阅读并分析案例，针对以上问题写出发言提纲。
(3) 以小组或班级为单位进行讨论。

案例

案例1

李先生今年70岁，妻子一年前去世，妻子去世后他一直独居。自从妻子去世后，李先生的家里总是很凌乱，碗池里堆满了碗筷，衣服散落在房间里。据李先生的儿子讲，母亲去世前生病期间都是父亲在照顾，而且做得都很好。李先生是社区老年活动中心的活跃分子，经常参加中心举办的活动。李先生所在的社区居住的大部分都是原来的同事，互相之间都很熟悉，李先生一直是一个外向的人，与他人的关系都很好。

现在李先生老觉得睡眠不好，总是感觉疲倦，一天当中大部分时间都是躺在沙发上或床上。晚上7点钟李先生就上床睡觉了，但睡到半夜就会起来在房间里走来走去，或是看电视。李先生经常记不清自己是否吃过饭，从来也不说饿了或是渴了。别人问他问题，他大多回答的是"不知道"，也不费心去想答案。李先生总说自己活得没意思，可以去跟妻子会合了。儿子建议他去看医生，但李先生都说不去。李先生比妻子在世时瘦了好多，他变得不愿意做饭，总是简单地弄点饭凑合一下。他没有什么不恰当的行为，当他集中注意力的时候，在辨识时间、地点和人方面没什么问题。

案例2

张梅是A社区的工作人员，她经常去探访76岁的李奶奶，还帮助李奶奶协调一些家务助理服务，李奶奶很感谢张梅，每次都很热情地欢迎她。张梅最近两周没有见到李奶奶，当她再次来到李奶奶家门口时，李奶奶不让她进屋，说她想偷自己的东西。张梅安抚李奶奶，说自己是来帮助她的，而不是来欺负她的。李奶奶似乎安心下来，让张梅进了屋。李奶奶近来对呼吸系统疾病及数额渐增的药费很忧虑，和张梅为此讨论了近一个小时。张梅还注意到李奶奶显得异常地恍惚、易激惹，经常起身四处走动，每次经过窗子的时候都躲躲闪闪地看窗外。张梅问她在看什么，她哭了，说有个人一直在窗外盯着她，让她担心。她请求张梅把她带走，带到那个人找不到的地方。当张梅安慰她时，她又打又骂。

【实训评估】

(1) 评估标准：能准确把握抑郁症、阿尔茨海默病、谵妄症、焦虑症的病症特点，并能进行初步判断。
(2) 评估方式：
① 每个人的发言提纲可作为一次作业评定成绩。
② 根据每个人在讨论中的表现评定成绩。

任务二 服务受虐待和疏于照顾的老年人

情境

小王在 A 社区工作已经 3 年了,她经常到社区居民家进行探访,了解社区居民的状况和需求。小王有几次到李先生家探访,总是无人开门,她听其他居民说李先生一直跟他母亲李奶奶一起居住,而且李奶奶也很少出门。小王又多次到李先生家去探访,有一次李先生开了门让小王进来,在与李先生聊天的过程中,小王发现李奶奶躲在卧室里偷偷向外张望,她头发比较乱,衣服不是很整洁,表现出明显的恐惧。小王说想跟李奶奶聊聊,李先生以李奶奶不舒服为由拒绝了。

学生分析:
假如你是小王,你该如何处理此事呢?

一、老年人受虐待或疏于照顾的评估

虐待老人指的是恶意对待老人,在身体上、情感或心理上、性方面或经济方面对老人构成非人道对待或剥削。疏于照顾老人既包括主动也包括被动地让老人得不到所需的照顾,导致老人的身体、情绪或心理方面的健康衰退。疏于照顾主要有两大类:一类是他人主动或被动地疏于照顾老人;另一类是老人自我忽视,即老人自己不在意自己的生活需要和幸福。

(一)老年人受虐待或疏于照顾的标志和特征

关于老年人受虐待和疏于照顾没有统一的法律上的界定。身体上的伤害会清楚地表明老人受到虐待,但对精神虐待的判断就可能存在一定的主观性。表 11-4 总结了最常见的老人受到恶意对待的类型、他人或老人自己的恶意行为、受到恶意对待的迹象以及与每一个恶意对待类型相关的高风险因素或情境。

表 11-4 虐待和疏于照顾老人的标志①

恶意对待类型	恶意对待的行为表现	受到恶意对待的迹象	高风险因素或情境
身体虐待	击打、体罚、推搡、冲撞、摇晃、掌击、烧烫和捏掐,不恰当的用药,限制人身自由或强迫进食	身体有擦伤、抽打伤痕、烧伤、烫伤、骨折或其他人为致伤;受伤很严重或不正常,不能归结为由摔跤或意外事故造成	老人的认知或身体有问题;老人对受伤非常警惕或紧张;照顾者拒绝让其他人见老人

---

① 凯瑟琳·麦金尼斯-迪特里希. 老年社会工作:生理、心理及社会方面的评估与干预[M]. 吕楠,隋玉杰,译. 5 版. 北京:中国人民大学出版社,2021:256—257.

续表

恶意对待类型	恶意对待的行为表现	受到恶意对待的迹象	高风险因素或情境
性虐待	未经当事人同意与之发生性行为,各种类型性攻击,包括强暴、非自愿地裸露身体或拍摄色情图片	胸部或生殖器周围区域有擦伤,患者无法解释原因的性传播疾病或感染,生殖器或肛门异常出血等	认知有问题或身体行动不便的妇女是有较高风险的人群;与虐待嫌疑人的关系不正常
情感或心理上的虐待	用语言或非语言的方式让老人遭受精神上的痛苦,包括用言语攻击、威胁、恐吓或骚扰老人,还包括把老人当孩子对待或者有意断绝老人与他人的社会接触,以此为手段惩罚或控制老人	老人一直易激惹或持续退缩;对虐待者会表现出害怕、退缩、愤怒或咄咄逼人的态度	老人和照顾者都有社会隔离;认定的虐待者常常对老人非常盛气凌人、敌对;环境中可能还有其他的虐待行为,如凶狠地对待孩子
经济虐待	不恰当地使用老人的经济资源、个人财产或其他有价物品,包括伪造支票或法律文件	突然改变在银行办事的方式,抱怨没钱,提到赢了竞赛或中彩,突然改变遗嘱	老人认知有问题;有大笔现金或值钱的东西放在家中;曾有过受愚弄或受致富诈骗的经历
他人疏于照顾	主动或被动地未尽责满足老人身心健康的需要,包括未能充分满足老人在饮食、居所、穿衣、医疗照顾和身体保护等方面的需要	尽管安排了照顾老人,但老人的个人卫生差,褥疮没有得到护理治疗,水分摄取不足或营养不良,以及缺乏适当的看管;老人的居住条件不安全或不卫生	老人认知有问题或身体行动不便;老人的生活条件差而其他人的生活条件却看起来不错;照顾者酗酒、吸毒等
自我忽视	老人没能充分照顾自己又没有其他的照顾者;由于缺乏自我照顾,自我忽视会危及老人的身心健康	老人营养不良或严重脱水,有病却没有求治,个人卫生差,由于外表不洁可能会被他人疏远或排斥	老人认知有问题或身体行动不便;有明显的精神疾病;在独居或无家可归

(二)老年人受虐待或疏于照顾问题的识别

1. 直接观察

社会工作者要根据自己的知识和专业敏感性去观察可能受虐待老人的身体、情绪、能力、处境和环境。在观察过程中,要留意以下几个方面的问题。

(1) 老人的衣服是否整洁。

(2) 老人的卫生情况是否正常。

(3) 老人身上是否有伤,包括旧伤痕。

(4) 老人是否有意回避这些伤痕。

(5) 老人是否有适合的理由解释伤痕。

(6) 老人是否非常恐惧和退缩。

(7) 老人是否在某些人在场的时候出现紧张、逃避或激动的情况。

(8) 老人是否异常警觉或容易受到惊吓。
(9) 老人的生活能力是否有变化。
(10) 老人的认知情况有什么变化。
(11) 老人的生活能力及认知情况的变化是否由于身心健康状况下降引起。
(12) 老人的居住环境是否干净。

根据对上述问题的观察,如果老人存在上述问题或老人的情绪、能力有所改变,社会工作者要找到存在问题或发生改变的合理解释。

2. 单独跟老人面谈

如果社会工作者怀疑老人有被虐待或疏于照顾的可能,就需要在被疑施虐者不在场的情况下,单独与老人面谈。面谈时要根据老人的具体情况,询问以下相关的问题。

(1) 老人是否挨过打或其他形式的身体虐待。
(2) 老人是否被关在屋子里面或绑在某处。
(3) 是否有人强行把老人的钱或物品拿走。
(4) 是否有人强迫老人违心对财产做出安排。
(5) 老人是否受到过威胁。
(6) 是否有照顾者或其他人不让老人服药、吃饭或看病的情况。
(7) 老人与被疑施虐者关系如何?
(8) 如果老人身上有伤或伤痕,询问老人受伤的原因。

老人是否受到虐待或疏于照顾,需要社会工作者细微的观察,以及对他人对待老人情况判断的专业直觉,最终的结论取决于实地观察和取得的直接证据。

二、老年人受虐待与疏于照顾问题的干预

(一) 危机干预

确定了老人受到虐待或疏于照顾后,如果老人眼下有受到严重伤害的危险,就需要进行危机干预,把老人安排到安全的能够为老人提供危机照顾的机构或地方。例如,协调其他子女、亲戚、朋友为其提供危机照顾。

(二) 支持性辅导

1. 对受虐老人的辅导

社会工作者的出现及对受虐老人被虐待情况的了解,可能会给老人带来一些轻松和安慰,但同时也会给受虐老人带来新的担心和恐惧:接下来会发生什么情况?会不会继续得到原来的照顾?会不会被赶出家,离开虽然危险但已熟悉的环境?社会工作者或他人不在时,会不会受到更严重的虐待?面对老人的担心和恐惧,社会工作者首先要与老人一同制订解决受虐或疏忽照顾的计划,包括短期的应急方案和长期的改变计划。在制订计划的过程中,社会工作者要让老人清楚计划实施过程中可能发生的改变,并针对老人担心和恐惧的问题,与老人一起协商预防和解决的办法。其次,社会工作者辅导老人对受虐或疏于照顾问题有正确的认识,让其明确免于受虐和疏于照顾是老人应有的权利,受虐和疏于照顾不是老人自身的问题和过错,他们不应该忍受别人对他们的恶意对待。

2. 对施虐者的辅导

由于大部分施虐者也是护老者,他们在长期照顾老人的过程中耗尽体力和耐性,也面对着很大的压力。社会工作者可以帮助施虐者识别哪些情况会导致出现虐待或疏于照顾的情况;帮助施虐者学会控制对老人的怒气和挫折感,学会解决冲突,学会如何识别和处理高危情况;帮助施虐者学会向他人寻求支持。

(三) 支持性服务

1. 向受虐老人提供的服务

与社会隔离的老人比跟家人、朋友和邻居保持接触的老人受虐待和疏于照顾的风险高。社会工作者应协助老人增加与外界的联系。例如,可以安排家人或朋友每天给老人打电话,或经常探望老人;协调社区工作人员或志愿者经常探望老人;在老人居住的地方安装求助设施;鼓励和安排老人参加一些社会活动,如参加老人活动中心的活动等。如果老人有抑郁或焦虑的情况,要协助老人医治。

2. 向施虐者提供的服务

许多虐待和疏于照顾老人问题的发生,都是由于照顾者或家庭成员承受了很大的压力,不能应付老人所需的照顾,他们需要一些支持性服务来缓解压力,同时也能扩展给予老人的照顾。社会工作者可以帮助施虐者了解和识别他们的需要,并帮助他们寻找相应的服务以满足他们的需要,如家务助理、居家护理、送餐服务等。社会工作者还可以协助施虐者建立起支持网络,如协调朋友、亲戚、邻居、志愿者帮助照料老人,以使施虐者能够缓解疲劳和辛苦,能有一点个人喘息的时间和空间。

(四) 改变和调整环境

改变和调整环境的目的是让老人处在一个安全的环境下。同时,通过改变和调整环境提升老人自我照顾的能力,可以缓解照顾者的压力。一方面,可以改变居住环境和条件。例如,改造老人的居住环境,在室内加设扶手,清理出较宽敞的空间,便于老人行走或挪动;在淋浴的地方加设座椅等。这些设施和环境的改变可让体弱或行动不变的老人提高自我照顾的能力。另一方面,可以协助老人寻找日间照顾机构。一些长期生活在家里的老人,白天可以离开家到日间照顾机构接受专业人员的照顾,晚上回到家里由家人照顾,以减轻家人的负担。

【思考与讨论】

你认为对老人受虐待与疏于照顾问题的干预只有上述内容吗?你觉得还有哪些呢?

 实训项目

受虐老人的服务计划。

【实训目标】

(1) 增强对老人受虐待问题干预内容的理解。

(2) 培养面对受虐老人进行干预的能力。

【实训内容与方法】

(1) 阅读以下案例,并分析下列问题:

① 案例中的高奶奶所遇到的问题是什么?

② 假如你是社会工作者,请制订你的服务计划。

(2) 先由个人阅读并分析案例,针对以上问题写出发言提纲。

(3) 再以小组或班级为单位进行讨论。

案例

高奶奶今年63岁,因从小受伤,两条腿发育不一样,20年前就卧病在床,一直与小儿子小李一起居住,生活都由小李照顾,高奶奶生活得也很愉快。每天小李既要忙工作,还要照顾母亲,感觉很累。两个月之前小李结婚了,高奶奶很高兴,小李也很快乐,妻子小张可以帮他分担一些家务并能帮助照顾母亲。可是好景不长,小张觉得每天太辛苦,太累了,就不愿意照顾高奶奶了,并开始嫌弃高奶奶,婆媳关系开始不和。每天照顾高奶奶的任务又落到小李一个人身上。

高奶奶每天躺在床上闲着无事,经常会哼唱家乡的小曲打发时光。一天晚上,在高奶奶哼唱小曲时,小张进来制止,说影响了她的休息。高奶奶不听,婆媳俩吵了起来,小张还出手打了高奶奶的胸部和头部,致使高奶奶眼部有淤青,眼里充满血丝。

【实训评估】

(1) 评估标准:能够对老人所面对的问题进行初步评估,并能掌握对受虐问题的干预内容,对案例中的老人干预做出安排。

(2) 评估方式:

① 个人的发言提纲可作为一次作业评定成绩。

② 根据每个人在讨论中的表现评定成绩。

任务三 处理死亡问题与临终关怀

情境

李大妈57岁了,初中文化程度,退休前是商店营业员。李大妈患乙肝已经有3年,到处求医,病情始终未见好转。李大妈怀疑自己患肝癌,感觉死亡的威胁日趋严重,整天提心吊胆,惶惶不可终日,晚上也经常梦见2年前因病去世的老伴儿,所以总是情绪烦躁不安,埋怨自己的命为什么这样不好,而且经常无缘无故发脾气。近来她开始向上帝

乞求宽容,希望多给她一段时间,让她有幸看到29岁的儿子成婚。她的儿子来找社会工作者寻求帮助。

学生分析:
假如你是社会工作者,你该如何处理此事呢?

知识导学

生、老、病、死是人生必经的阶段,但人们往往难以接受老化、疾病或死亡等现实,面对死亡而产生恐惧。对于社会工作者来说,了解和处理老人濒临死亡及人们丧亲的恐惧和哀痛是不可避免的,也是具有挑战性的。

一、死亡与临终

(一) 死亡与临终的现实

老年人和其他年龄阶段的人一样,面对死亡时会痛苦和恐惧,但也有迹象表明,老年人比其他年龄阶段的人更能够接受死亡这一现实。老年人面对老化过程带来的身体、心理和社会的挑战、朋友和家人的离世,很自然地就会联想到自己的死亡。对多数老年人来说,死亡不是突如其来的事,有些老年人对这个问题已经思考很长时间了。但不同的老年人面对死亡时的反应也不一样。有的老年人能够从容不迫地面对死亡,有些老年人则很害怕死亡的来临。

老年人不惧怕死亡并能够坦然面对死亡的原因有两个方面。第一,他们认为自己已经经历了人生的大部分阶段,因而能接受自己临近死亡的事实。他们经历了从童年到成年的所有人生阶段,期间既遇到了机会,也遭遇了挑战。他们曾坠入爱河、成立家庭或追求事业。他们的生活并不是还没机会展开就戛然而止。第二,随着年龄的增长,人们受到了越来越多的对待死亡的社会教育。老年人目睹了其他同龄人或家人和朋友的死亡,随着他们对死亡的熟悉,他们更容易接受死亡是生命周期自然而然的一部分。需要强调的是,接受死亡并不等同于对死亡所带来的破坏性的情绪后果有免疫力,而是接受死亡并不是只发生在别人身上这一现实。

也有些老年人相信死亡是去另外一个世界过宁静的生活,应该为死亡的降临而祈祷。还有些老年人将死亡视为解脱,特别是一些生活境况不好,对生活失去信心的老年人,因而能平静地面对死亡的威胁。

(二) 临终老人的需要

1. 身体方面的需要

不同老人的身体状况不一样,有些老人无疾而终,而有些老人则疾病缠身,需要应付或多或少的身体不适问题。社会工作者需评估他们的需要,鼓励其积极接受一切舒缓病痛的服务,以提高生活质量。有些老人由于经济状况不佳,或听信一些传言而拒绝医治,这是社会工作者需要特别关注的事情。另外,有些老人除了要面对身体老化和病痛带来的身体变

化外,他们对自己的外在形象也很在意,尤其是女性或一直很注重外表的老人。社会工作者要鼓励照顾者,尽量保持老人良好的个人卫生习惯,保持整洁的样貌和打扮,以使临终老人感觉更有尊严。

2. 心理方面的需要

临终老人在情感和心理上的需要跟身体方面的需要一样重要。老人需要尽量保持一些能够掌控自己生活、生命和自由自主的感觉,而临终老人的情感和心理方面的需要却常常被忽视。社会工作者可鼓励老人的家人或其他照顾者,让老人参与决定自己的照顾事宜,使老人有些独立感和掌控感。

临终老人将失去生命,将与所爱的人分离,老人可能会感觉到哀伤、愤怒、无助、怨恨或恐惧。社会工作者要协助老人调整自己,适应即将离世的现实,给老人支持;也要让其家人、朋友或其他照顾者了解到老人的这些情绪,并能够满足老人的情感需要。

3. 社会生活方面的需要

如果老人的身体情况允许,可以让他们与关系良好的家人或朋友相处,维持一些社交活动,这是很重要的。有些老人感觉自己时日不多,他们可能更想与自己的亲人或朋友见面,与他们保持联系。社会工作者可尽量鼓励老人的家人或朋友去探望老人或与老人守在一起。

(三) 为临终老人提供的服务

1. 协助老人获得资源支持

社会工作者在评估老人生理、心理、社会等方面需要的基础上,可以为老人及其家人提供所需的资源和服务,包括:医疗及治疗选择、情感支持、社会联系及其他支援服务。面对可能到来的死亡,临终老人及其家人可能会心绪不宁,其家人可能陷入情绪困扰之中,无所适从。这时,社会工作者扮演着支持者、鼓励者及资源搜集者的角色,可组织老人及家人所需的资源,如协调家人或其他对老人来说重要的人士来探望老人;可帮助老人的家人搜集临终关怀或殡葬方面的相关资料,协助其选择适合的服务内容。及时的信息和资源都有可能提升老人的生活质量。

2. 提供情感支持

临终老人及其家人需要精神上的支持,如老人及其家人需要有机会开放地表达自己的真实感受。有时候,老人和其家人在情绪表达上是片面的,如临终老人的亲人由于看到老人即将离开自己而感到悲痛,便会责备老人平时不爱惜身体,不听医生的嘱咐,过量饮酒或吸烟等,这种表达背离了亲人的真实感受;临终老人面临死亡可能会因为恐惧而指责家人或照顾者,有时看似无理取闹。社会工作者可以营造开放、真诚表达情感的气氛,鼓励老人及其家人表达真实的感受。值得注意的一点是,社会工作者要了解老人及其家人平时的沟通方式,在鼓励他们表达真实感受时应用原有的沟通方式。社会工作者的最终目标是让老人及其家人相互理解。

3. 代表老人及其家人争取合法权益

临终老人及其家人可能会心绪不宁,社会工作者可以代表他们跟医护人员沟通协调,确保医护人员能敏锐地体察和理解老人及其家人的需要。

二、哀伤辅导

(一) 丧亲与哀伤

人们经过的一段必须学会应对失去生命中的重要成员的时期即丧亲。丧亲的时候个人会感觉非常悲哀、万念俱灰或孤独，即哀伤体验。与社会和文化认可的仪式联系在一起的行动构成了哀悼，哀悼仪式从葬礼和埋葬死者开始，当个体能够重新组织起自己的生活，处理哀伤，并重新融入生活主流时，哀悼便告结束。

(二) 哀伤的阶段理论

著名学者伊丽莎白·库布勒-罗斯提出，人们在接受自己不可避免的死亡或他人的死亡时会经历如下几个阶段。①

(1) 否认期。刚得知死亡或濒临死亡的消息时感到震惊和麻木，人们常常在心理上拒绝接受这一消息。

(2) 愤怒期。当麻木感消失后，濒临死亡的人或者其家人可能会感到非常愤怒。愤怒的对象可能是非现实生活中的神明，也可能是医护人员或者行将离世的人。

(3) 讨价还价期。讨价还价的特点是向外界或自己提出一系列的"交换条件"，要求多活几年。

(4) 抑郁期。当愤怒和讨价还价都不能改变死亡一定会降临的事实时，人们常常就会抑郁，变得非常绝望或者退缩，有典型的抑郁症的临床症状。

(5) 接受期。当濒临死亡的个体或者丧亲的人已经达到能"安静地期待"死亡来临的状态，他们尽管没有绝望或者屈从死亡，但是不再与不可避免的死亡苦苦抗争。

(三) 哀伤的表现

1. 对心理和情绪的影响

陷入哀伤的人往往感觉到自己快要崩溃了，会表现出多种多样的情绪，如震惊、否定、伤感、愤怒、内疚、混乱等，在一段时间里，感觉到无所适从，对自己该做什么感到茫然。也有些人则好像感受不到什么似的，说自己的"心死了"。

2. 对身体的影响

悲伤会令人们身体做出特别的反应，普遍面对的是睡眠问题，有些人出现嗜睡，但睡眠中会梦到死去的亲人或者做噩梦，睡眠质量很差；有些人失眠，难以入睡。睡眠质量的降低，使他们感觉到身体很疲惫、四肢无力。睡眠问题也会带来呼吸困难和呼吸紧促的问题。

3. 对行为的影响

由于哀伤，人们往往出现的行为有哭泣、躲避交往或者过度依赖他人、敌对、坐卧不安等，他们没有情绪去与朋友交往，远离社交场合，失去与人相处的兴趣。

(四) 丧亲老人的服务

1. 心理辅导

丧亲的人需要接受丧亲的现实，并能向其他人说出这一现实。社会工作者要帮助丧亲的老人认识到丧亲后的哀伤是一个过程，是一个长期的系列调整的过程，要陪伴老人顺利度

---

① 全国社会工作者职业水平考试教材编委会. 社会工作实务（中级）[M]. 北京：中国社会出版社，2023：157-158.

过这个过程,鼓励老人把感受说出来,并营造氛围让老人有机会谈论死者,谈论记忆中与死者有关的事。

2. 提供资讯

老人及其家人可能需要有关丧葬安排、遗嘱执行、财产转移或者其他伴随家人去世而需要处理的相关事宜的信息,社会工作者可以向老人及其家人提供所需要的相关信息。

3. 支持性服务

评估丧亲老人的需要并为老人及其家人提供支持性服务方面的信息,帮助他们重新组织自己的生活。根据老人的不同需要,可以为老人提供的服务包括家务服务、理财服务、社会和娱乐性服务、参加支持性小组或协调家庭其他成员给予老人支持等。

三、临终关怀

(一) 理念

作为一种专业照护方法,临终关怀通过运用早期确认、准确评估、治疗病痛以及心理干预的综合手段来缓解临终老人的痛苦,并以此来提高相关人群的生活质量。老年临终关怀社会工作是指具备相应专业价值观和拥有家庭功能维系、带领团队、渲染生命等知识的社会工作者,通过采用专业的照护方法与服务技巧对存在时间限制的老年服务对象及其家庭提供缓解极端痛苦、维护死亡尊严、哀伤辅导等服务,最终拓展临终老年服务对象生命广度和生命质量的过程。①

(二) 临终关怀服务

临终关怀是一项重要的工作,是为生存时间有限的人提供适合的服务以减轻其疾病的症状,延缓疾病发展。在采用医疗手段尽可能减少身体不适的同时,还可以采用其他的治疗方法以缓解身心上的不适,如音乐治疗、艺术治疗、戏剧治疗等。把药物治疗和其他的技术结合起来,最大限度地减少临终病人的痛苦。对临终老人来说,以下3个方面的照顾是主要的需要,即医院的护理治疗、基本的生活护理、心灵陪伴和呵护。

【案例分析】

张奶奶,女,90岁,癌症晚期,在医院接受治疗,医生判断她的生命已进入倒计时,她的家人希望给予她最好的临终关怀,让她在舒适的环境中有尊严地度过余下的日子。社会工作者小张以"为张奶奶提供包含疼痛管理、心理支持和家庭支持等全面的临终关怀服务,以确保张奶奶能够在安详的环境中度过最后的日子"为目标,与医疗团队和家属合作,详细了解张奶奶的医疗状况、疼痛程度和其他需要关注的问题,制订了个性化的护理计划。服务内容如下:

1. 疼痛管理:与医生和疼痛专家合作,通过药物治疗、物理疗法、按摩或其他舒缓措施,减轻张奶奶的疼痛。

---

① 全国社会工作者职业水平考试教材编委会. 社会工作实务(中级)[M]. 北京:中国社会出版社,2023:157.

2. 心理和情绪支持：提供心理咨询和支持，帮助张奶奶和她的家人处理情绪上的困扰、焦虑和恐惧；提供心理治疗、音乐疗法、艺术疗法，以促进情绪的宣泄和心理的舒缓。

3. 家庭支持：与家庭成员分享关于临终关怀的知识和技能，帮助他们理解临终护理的重要性和如何支持张奶奶。提供家庭支持小组或个别咨询，提供情感支持并帮助他们处理丧亲之痛。

4. 尊严和安宁的环境：为张奶奶提供温馨舒适的环境，例如柔和的灯光、柔软的床上用品、音乐或自然声音。尊重张奶奶的个人偏好和文化信仰，并提供符合她的价值观和信仰的宗教或精神护理。

5. 悼念和支持：在张奶奶去世后，提供悼念和丧葬支持，包括遗体处理、丧葬安排、家庭支持和后续的心理咨询。

社会工作者小张在服务过程中，始终与医疗团队和家属进行定期沟通，分享张奶奶的状况和护理计划的进展，同时记录重要的观察和护理措施，以确保信息的连续性和沟通的准确性。

实训项目

丧亲老人的服务计划。

【实训目标】

（1）增强对老人丧亲问题干预内容的理解。

（2）培养面对丧亲老人进行干预的能力。

【实训内容与方法】

（1）阅读以下案例，并分析下列问题：

① 李爷爷经历了哪几个哀伤过程？

② 假如你是社会工作者，请制订为李爷爷服务的服务计划。

（2）个人阅读并分析案例，针对以上问题写出发言提纲。

（3）以小组或班级为单位进行讨论。

案例

李爷爷75岁，身体硬朗，老伴儿患脑血栓行动不便3年多了，一直都是由李爷爷照顾，老两口多年来感情一直很好，李爷爷又勤劳又细心，虽然辛苦，还是坚持要自己来照顾老伴儿，还总是跟子女说"不用操心我们，你们好好忙自己的事情吧"。一天深夜，老伴儿含含糊糊地说"心口难受"，正睡得迷迷糊糊的李爷爷说了声"天亮咱去医院看看"，转身就又睡着了。不知睡了多久，李爷爷突然醒了，感觉好像不对，发现老伴儿的脸憋得青紫，已不会说话了，李爷爷急急忙忙叫来救护车把老伴儿送到医院，但已经迟了。

李爷爷痛不欲生,怎么都不相信老伴儿会这样突然离去,他连续几天不吃不睡,反复自言自语:"怎么没有早点送医院呢?怎么就会睡不醒呢?"发丧的当天,李爷爷再也支持不住了,终于因晕倒被送进了医院。李爷爷醒来后总是说:"都怪我,我怎么就睡着了呢?老天爷怎么不把我也带走呢?"回到家中,李爷爷感到孤独绝望,茶饭不思,常常把自己关在卧室里不出来,身边摆满了老伴儿用过的东西。

【实训评估】

(1) 评估标准:能够对老人所面对的问题进行初步评估,并掌握对丧亲老人的服务内容,对本案例中的老人干预做出安排。

(2) 评估方式:

① 个人的发言提纲可作为一次作业评定成绩。

② 根据每个人在讨论中的表现评定成绩。

推荐阅读

梅陈玉婵,林一星,齐铱. 老年社会工作[M]. 2版. 上海:格致出版社,上海:上海人民出版社,2017.

参 考 文 献

[1] 周云芳. 老年人心理需求与调适[M]. 北京：中国社会出版社，2008.

[2] [美]罗伯特·F. 里瓦斯，小格拉夫顿·H. 赫尔. 社会工作实务案例分析[M]. 李江英，译. 3版. 北京：中国人民大学出版社，2006.

[3] 陈树强. 成年子女照顾老年父母日常生活的心路历程——以北京市15个案例为基础[M]. 北京：中国社会科学出版社，2003.

[4] 习米娜. 养老院的故事[M]. 北京：中国社会出版社，2010.

[5] 彭华民. 人类行为与社会环境[M]. 3版. 北京：高等教育出版社，2016.

[6] 范明林，张钟汝. 老年社会工作[M]. 上海：上海大学出版社，2005.

[7] 傅鼎生. 老年人权益保障实用手册[M]. 上海：上海文艺出版集团，上海：上海锦绣文章出版社，2011.

[8] 吴华，张韧韧. 老年社会工作[M]. 北京：北京大学出版社，2011.

[9] 张恺悌. 老年社会工作实务[M]. 北京：中国社会出版社，2009.

[10] 邬沧萍，姜向群. 老年学概论[M]. 3版. 北京：中国人民大学出版社，2015.

[11] 张乐天. 社会工作概论[M]. 3版. 上海：华东理工大学出版社，2007.

[12] 黄耀明. 老年社会工作理论与实践[M]. 长春：吉林大学出版社，2008.

[13] 梅陈玉婵，林一星，齐铱. 老年社会工作[M]. 2版. 上海：格致出版社，上海：上海人民出版社，2017.

[14] 梅陈玉婵，齐铱，徐玲. 老年学理论与实践[M]. 北京：社会科学文献出版社，2004.

[15] 范明林，马丹丹. 老化与挑战：老年社会工作案例研究[M]. 上海：华东理工大学出版社，2018.

[16] 范明林. 老年社会工作案例评析[M]. 上海：华东理工大学出版社，2010.

[17] 郑功成. 社会保障研究[M]. 北京：中国劳动社会保障出版社，2016.

[18] 凯瑟琳·麦金尼斯-迪特里希. 老年社会工作：生理、心理及社会方面的评估与干预[M]. 吕楠，隋玉杰，译. 5版. 北京：中国人民大学出版社，2023.

[19] 卞国凤. 老年社会工作方法与实务[M]. 2版. 北京：北京师范大学出版社，2021.

[20] 罗纳德·W. 特斯兰，罗伯特·F. 理瓦斯. 小组工作导论[M]. 刘梦，等，译. 5版. 北京：中国人民大学出版社，2010.

[21] 周玉萍，薛仲，康永征. 老年社会工作[M]. 北京：知识产权出版社，2007.

[22] 王树新. 老年社会工作[M]. 北京：中国劳动社会保障出版社，2007.

[23] 马伊里，吴铎. 社会工作案例精选[M]. 上海：华东理工大学出版社，2007.

[24] 万亚伟. 浙江社区社会工作案例选[M]. 北京：中国社会出版社，2012.

[25] 仝利民. 老年社会工作[M]. 上海：华东理工大学出版社，2006.

[26] 徐永祥. 社区工作[M]. 北京：高等教育出版社,2004.

[27] 王思斌. 社会工作概论[M]. 3版. 北京：高等教育出版社,2014.

[28] 周沛,易艳阳. 社区社会工作[M]. 2版. 社会科学文献出版社,2019.

[29] 佟新. 人口社会学[M]. 4版. 北京：北京大学出版社,2010.

[30] 穆光中. 挑战孤独——空巢家庭[M]. 石家庄：河北人民出版社,2002.

[31] 邬沧萍. 社会老年学[M]. 北京：中国人民大学出版社,1999.

[32] 赵宝华. 老龄工作——新范式的探索[M]. 北京：华龄出版社,2004.

[33] 全国社会工作者职业水平考试教材编委会. 社会工作综合能力（初级）[M]. 北京：中国社会出版社,2023.

[34] 全国社会工作者职业水平考试教材编委会. 社会工作法规与政策[M]. 北京：中国社会出版社,2023.

[35] 全国社会工作者职业水平考试教材编委会. 社会工作实务（初级）[M]. 北京：中国社会出版社,2023.

[36] 全国社会工作者职业水平考试教材编委会. 社会工作综合能力（中级）[M]. 北京：中国社会出版社,2023.

[37] 程建超,唐惠艳. 老年人虐待概念分析[J]. 护理研究.2021,35(02).